W0268601

Informatik-Fachberichte

Herausgegeben von W. Brauer
im Auftrag der Gesellschaft für Informatik (GI)

31

Firmware Engineering

Seminar veranstaltet von der gemeinsamen
Fachgruppe „Mikroprogrammierung" des GI Fachausschusses 3/4 und des NTG-Fachausschusses 6
vom 12.– 14. März 1980 in Berlin

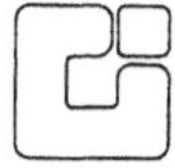

Herausgegeben von W. K. Giloi

Springer-Verlag
Berlin Heidelberg New York 1980

Herausgeber
W. K. Giloi
TU Berlin
Institut für Technische Informatik – CAMP
Einsteinufer 37
1000 Berlin 10

Der Programmausschuß:
H. Berndt
W. H. Burkhardt
W. K. Giloi
R. Hartenstein
R. Klett
H. Painke
R. Piloty
L. Richter
H. Schleich
R. Wendelin

AMS Subject Classifications (1980): 68-02
CR Subject Classifications (1974): 4.1, 4.21, 4.6, 6.2

ISBN-13: 978-3-540-10304-2   e-ISBN-13: 978-3-642-67774-8
DOI: 10.1007/978-3-642-67774-8

Library of Congress Cataloging in Publication Data Main entry under title: Firmware engineering. (Informatik-Fachberichte; 31) Papers in English or German of the seminar held in 1980. Bibliography: p. Includes index. 1. Microprogramming–Congresses. I. Giloi, Wolfgang. II. Gemeinsame Fachgruppe "Mikroprogrammierung" (Ger.) III. Series.
QA76.6.F49. · 001.64'2. · 80-23952

Druck- und Bindearbeiten: fotokop wilhelm weihert KG, Darmstadt
2145/3140 - 5 4 3 2 1 0

VORWORT DES HERAUSGEBERS

Seit vielen Jahren ist die Mikroprogrammierung das hauptsächliche Mittel zur Realisierung des Instruktionssatzes eines Rechners. In den letzten Jahren hat sich die Mikroprogrammierung aber auch zu einer Methode entwickelt, um die "semantische Lücke" zwischen den höheren Programmiersprachen und der Rechnerhardware zu verringern ("Spracharchitekturen"), um durch die Verlagerung besonders häufiger Operationen in die Firmware Leistungssteigerungen zu erzielen und um Kernoperationen des Betriebssystems dadurch besser zu schützen. Die selektive Verlagerung von Funktionen, die bisher der Software vorbehalten waren, in die Firmware und damit von einer höheren in eine tiefere Ebene der Hierarchie von Interpretationssystemen, durch die sich ein Rechner als Software-Hardware-Komplex modellieren läßt, nennt man daher die "vertikale Verlagerung". Daneben findet man vielfach auch die Ansicht vertreten, daß in Zukunft ganze Programme möglicherweise gleich in den Mikrocode übersetzt werden, statt sie wie bisher zunächst in eine konventionelle Maschinensprache zu übersetzen, die dann durch einen Emulator auf den Mikrocode abzubilden ist.

Die Erstellung der Mikroprogramme zur Emulation einer konventionellen Maschinensprache - einschließlich der eventuellen vertikalen Verlagerung von Systemfunktionen - ist ein Problem, das hauptsächlich den Entwerfer eines Rechnersystems angeht. Die Tatsache, daß es inzwischen auch Rechner mit 'writable control store' gibt, in den der Benutzer eigene Mikroprogramme laden kann, konfrontiert in steigendem Maße aber auch den Benutzer mit dem Problem der Mikroprogrammierung, zum Beispiel, um eine vorhandene Anlage für die spezielle Aufgabe, für die sie eingesetzt werden soll, besonders zu konditionieren ("fine tuning"). Es liegt auf der Hand, daß der Benutzer dies nur dann erfolgreich durchführen kann, wenn ihm entsprechende Programmier- und Testwerkzeuge zur Verfügung stehen.

Es gibt Maschinen, deren Mikroprogramm einige zehntausend Anweisungen umfaßt. Solche umfangreichen Mikroprogramme kommen bisher weniger durch Verlagerung von Software in Firmware zustande als durch eine starke Erweiterung der Hardware-Funktionalität, insbesondere auf dem Gebiet der Diagnose- und Wartungshilfe und durch integrierte Ein/Ausgabe-Steuerungen. Eine massive Verlagerung kann aber auch motiviert sein weniger durch Leistungserwägungen (wie bei der "vertikalen Verlagerung" allgemein üblich), sondern aufgrund der Tatsache, daß man für die Firmware Schutzrechte erlangen kann, die es für die Software nach der Entscheidung des U.S. Supreme Court nicht gibt. In jedem Falle zeigt dieses Beispiel die Komplexität an, die in gewissen Fällen die Firmware einer Rechenanlage erlangen kann. Der Entwurf, die Implementierung, die Verifizierung und unter Umständen auch die Wartung solch umfangreicher Firmware wirft ähnliche Probleme auf, wie wir sie vom Software Engineering her kennen.

Inspiriert durch die Fortschritte des Software Engineering hat sich im Bereich der
Mikroprogrammierung in den letzten Jahren auch eine Disziplin des Firmware Engineering - zumindest in Ansätzen - entwickelt. Firmware Engineering beschäftigt sich mit
der Anwendung wissenschaftlicher Prinzipien in der Praxis der Spezifikation, Verifikation, Konstruktion, Dokumentation und Wartung von Mikroprogrammen. Das steigende
Interesse an einer speziellen Methodik zur Entwicklung und Herstellung von Firmware
beruht maßgeblich auf der Tatsache, daß aus den oben angeführten Gründen mit einem
starken Anstieg der Komplexität und Funktionalität von Firmware zu rechnen ist, so
daß sich Endprodukt-Anforderungen, wie sie bisher nur für die Systemsoftware bestehen, auch auf die Firmware übertragen werden.

In Vorbereitung dieser Entwicklung wurde in einem von der Fachgruppe "Mikroprogrammierung" des Fachausschusses 3/4 der Gesellschaft für Informatik vom 12. - 14. März
1980 durchgeführten Seminars über FIRMWARE ENGINEERING versucht, eine Einführung und
Übersicht über existierende und vorgeschlagene Firmware-Engineering-Techniken und
-Werkzeuge zu geben sowie ein Forum des Erfahrungsaustauschs zwischen Firmware-Ingeni-
euren zu bieten. Dabei wurden nicht nur die bisher entwickelte Methodik für die Spezifikation, Implementierung, Verifizierung und Wartung von Firmware vorgestellt, sondern es wurde auch versucht, die Frage zu beantworten, ob sich nicht einfach die bekannten Software-Engineering-Methoden auch auf die Firmware anwenden lassen, oder aber
wirklich spezifische Firmware-Engineering-Methoden benötigt werden. Breiten Raum wurde auch der Frage nach Sinn und Nutzen der vertikalen Verlagerung gewidmet, und es
wurden repräsentative Fallstudien für solche Verlagerungen vorgetragen.

Die etwa 70 Teilnehmer des Seminars - die zum überwiegenden Teil in der Industrie
tätig sind - bekamen durch einen Fragebogen die Gelegenheit geboten, ihre Bewertung
und Kritik der Veranstaltung mitzuteilen und Anregungen für zukünftige Seminare dieser Art zu geben. Die Bewertung war überwiegend sehr positiv; soweit Kritik geübt
wurde, bestand diese hauptsächlich darin, daß eine Reihe der Vorträge "zu akademisch"
gewesen seien, daß im Verhältnis zu den Vortragenden, die als Wissenschaftler an Hochschulen tätig sind, zuwenig Vortragende aus der Industriepraxis berichteten.

Falls dies zutraf, war dies sicherlich nicht auf die Zusammensetzung der veranstal-
tenden Fachgruppe "Mikroprogrammierung" zurückzuführen. Sie besteht zu gleichen Teilen aus im Industriebereich und im Hochschulbereich Tätigen, wobei die Letzteren noch
zum Teil aus der Industrie kommen oder mit ihr durch gemeinsame Forschungsprojekte
verbunden sind. Sie hatte durchaus das Bestreben, eine praxisbezogene, nicht-akade-
mische Veranstaltung zu bieten. Wenn dennoch mitunter der Eindruck entstehen konnte,
einige der Themen seien zu akademisch behandelt worden, so reflektiert dies nicht zu-
letzt auch die Tatsache, daß es sich beim Firmware Engineering um eine neue Disziplin
handelt, in der vieles noch im Forschungsstadium ist. In diesem Stadium kommen neue
Methoden zwangsläufig zunächst vorwiegend aus dem Forschungsbereich. Selbstverständ-

lich findet solche Forschung nicht nur an Hochschulen sondern mindestens ebenso inten-
siv in der Industrie statt - es besteht hier in der Tat ein wechselseitiger frucht-
barer Austausch - und die am Ende erzielten, wirklich praktikablen Methoden entstehen
naturgemäß meist erst aus der Anwendung in der Industrie heraus. Man darf aber auch
nicht vergessen, daß wegen der strategischen Bedeutung, die die Firmware (im Hinblick
auf Leistungssteigerung und Erhöhung der Funktionalität einer Maschine bzw. auf die
Erlangung von Schutzrechten) für das Marketing haben kann, die Hersteller nicht immer
unbedingt ihre Methoden und Werkzeuge anderen mitzuteilen wünschen. Schließlich ist
zu bedenken, daß die steigende Komplexität der Aufgabenstellungen im Firmwarebereich
wie im Softwarebereich die Entwicklung formaler Spezifikations-, Entwurfs- und Veri-
fikationsmethoden notwendig macht, an die sich der in der Praxis Tätige unter Umständen erst noch wird gewöhnen müssen. Manches, was heute vielleicht noch "akademisch"
anmutet, wird unter Umständen die Praxis von morgen sein. In diesem Sinne hoffen wir,
daß die in diesem Buch zusammengestellten Beiträge des Firmware Engineering-Seminars
vom März 1980 in Berlin dem Leser von Nutzen sein werden.

Berlin, im Mai 1980   W. K. Giloi

INHALTSVERZEICHNIS

Seite

Firmware - Heute
H. Berndt 1

Firmware Engineering: An Extensive Update
B.D. Shriver et al. 25

Software Engineering - Firmware Engineering
H.K. Berg et al. 72

Spezifikation von Firmware
W.K. Giloi et al. 93

Firmware Development Systems, a Survey
P. Kornerup 124

Firmware-Entwurfs- und Test-Systeme - Fallstudie
H. Prechtl 138

Höhere Programmiersprachen für die Mikroprogrammierung
L. Richter 156

Correctness of Firmware - An Overview
H.K. Berg 173

Firmware Dokumentation und Wartung
R. Hartwich 225

Vertikale Verlagerung - Verfahren, Voraussetzungen, Anwendung
P. Albrich 242

Ein mikroprogrammiertes Unterbrechungswerk für einen Prozeßrechner
R. Klett 273

Die vertikale Verlagerung von Systemfunktionen
im System Nixdorf 8864
G. Schleich 280

FIRMWARE - HEUTE

Helmut Berndt
Siemens Aktiengesellschaft
Bereich Fernsprechsysteme
München

Firmware ist heute ein integraler Bestandteil fast aller gängigen
Datenverarbeitungssysteme. Aber auch auf Spezialgebieten - wie der
Prozeßsteuerung - gewinnt sie zunehmend an Bedeutung. Trotzdem herrscht
weder Klarheit darüber, was Firmware nun wirklich ist, noch wie man
sie entwickelt.

Zur Einstimmung auf das Thema *Firmware Engineering* wird deshalb versucht, heute erkennbare Entwicklungstendenzen historisch zu begründen
und in Relation zu derzeit praktizierten Vorgehensweisen zu setzen.

Erst daraus kann man eine eigenständige Disziplin ableiten.

1. Einführung

Der Gedankenstrich im Titel könnte auch für *bis* stehen. Denn eine Bestandsaufnahme ist Voraussetzung für jedwede Projektion in die Zukunft.
Sei es auch nur eine Darstellung gegenwärtig erkennbarer Tendenzen.

Firmware - und deswegen auch den ersten Ansätzen zu einem *Firmware
Engineering* - kommt heute eine besondere Bedeutung zu, da sie in zu-
nehmendem Maße für Zwecke der Funktionsverlagerung eingesetzt wird.
Dabei handelt es sich einerseits um eine *vertikale* Verlagerung (engl.
vertical migration), wenn z. B. Betriebssystemfunktionen in Firmware
realisiert werden, andererseits um eine *horizontale* Verlagerung (engl.
horizontal migration) beim Übergang zu distributiven Architekturen.
Um die hierbei auftretenden Probleme ingenieurmäßig beherrschen zu
können, braucht man Werkzeuge und entsprechende Verfahren. Diese

wiederum können nur dann entwickelt und sinnvoll eingesetzt werden,
wenn - zumindest intuitiv - klar umrissen wird

- *was* Firmware ist,

- *wo* Firmware ist,

- *wie* Firmware ist.

Diese drei Fragen sind leichter zu stellen als zu beantworten. Vieles
kann nur am Beispiel gezeigt werden, und gute Beispiele sind in der
frei zugänglichen Literatur selten. Schlüssige Theorien existieren
auch nicht. Denn schon über die dazu notwendigen Definitionen kann man
nächtelang streiten. Und trotzdem ist Firmware heute von einer kaum
zu unterschätzenden, wirtschaftlichen Bedeutung.

Hier soll deshalb versucht werden, das Phänomen *Firmware* nach den
klassischen Methoden der Naturwissenschaften anzugehen, nämlich gleichzeitig ordnend wie beobachtend. Im einzelnen bedeutet dies, daß die
Begriffswelt aus der historischen Entwicklung heraus abgeleitet und
der Gesamtkomplex Firmware in Modellvorstellungen für ein datenver-
arbeitendes System eingeordnet wird. Die zugehörige Argumentation ver-
deutlicht gleichermaßen typische Eigenheiten wie Eigenschaften, so daß
letztlich alle drei Fragen beantwortbar werden.

Aus dieser Bestandsaufnahme heraus werden abschließend Entwicklungstendenzen und offene Fragen angeschnitten.

2. Schichtenmodell

Aus der Sicht des Benutzers bietet ein Datenverarbeitungssystem durchaus unterschiedlichen Komfort im Hinblick auf seinen Einsatz. Bild 1
versucht dies zu verdeutlichen. Es stellt eine Art "Schnitt" durch den
insgesamt gebotenen Funktionsumfang dar. Von innen nach außen wächst
gleichermaßen Funktionsumfang und damit auch Komfort. Der Benutzer
sieht nur die äußerste - durch Anwender-Software - realisierte Kontur
in seinem Umgang mit dem System. Doch setzt diese Software auf den vom
Betriebssystem - besser der Betriebs-Software - angebotenen Funktionen
auf. Dieses soll die nächstinnere Kontur andeuten. Auch dort bestehen
ganz beträchtliche Funktionsunterschiede, je nachdem, ob man sich
z. B. gewisser Kompiler und/oder Datenbanksysteme bedient oder nicht.
Erst die Übergänge von der Software zu Firmware wie auch von Firmware
zu Hardware waren noch - bis vor wenigen Jahren - durch äußerst klare
wie auch funktionsmäßig *homogene* Übergänge gekennzeichnet. Diese

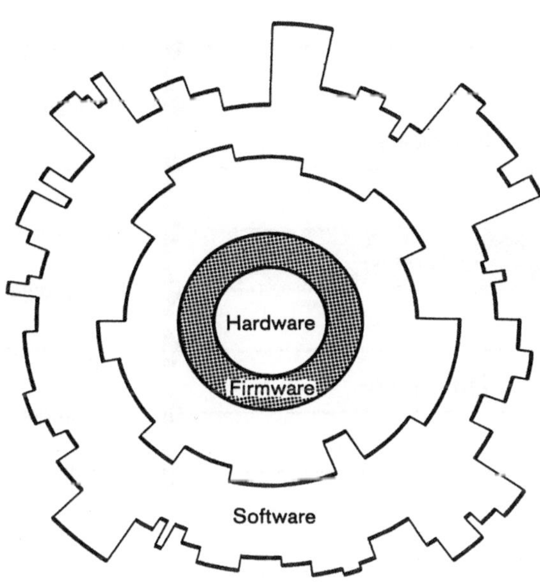

Bild 1: Schichtenmodell für den Funktionsumfang in einem Datenverarbeitungssystem

Situation wird in Bild 1 festgehalten. Die Firmware-Schicht ist schat-
tiert hervorgehoben. In ihr wird die klassische Maschinenbefehlsliste,
d. h. unter Einbeziehung administrativer Vorgänge, die eigentliche
Rechnerarchitektur realisiert. Entsprechende *Mikroprogramme* dienen
ihrer Interpretation. Diese Firmware benutzt funktional gleichwertige
Hardware-Funktionen. Sie bilden den Nukleus jedweden Datenverarbeitungssystems.

Eine derartige Betrachtungsweise reicht jedoch noch keinesfalls aus,
um das Firmware-Geschehen adäquat einzuordnen. Wir haben bisher nur
nach *Anwender-* und *Betriebs*-Software sowie Firmware und Hardware unterschieden. Erst die in Bild 2 dargestellte weitergehende Aufschlüsse-
lung nach *Betrachtungsebenen* [1] erlaubt die gewünschte, differenzier-
te Behandlung.

Diesem Ordnungsprinzip liegen ausschließlich sprachliche Gesichtspunkte
zugrunde. Die mehr intuitiven, menschlichen Aspekte [2] sowie eine
(postulierbare) Interpretationshierarchie [3] werden nicht berücksichtigt.

In der ziemlich amorph erscheinenden Masse aus Hardware, Firmware und
Software kann man zunächst eine *Schaltungsebene* als Basis definieren,

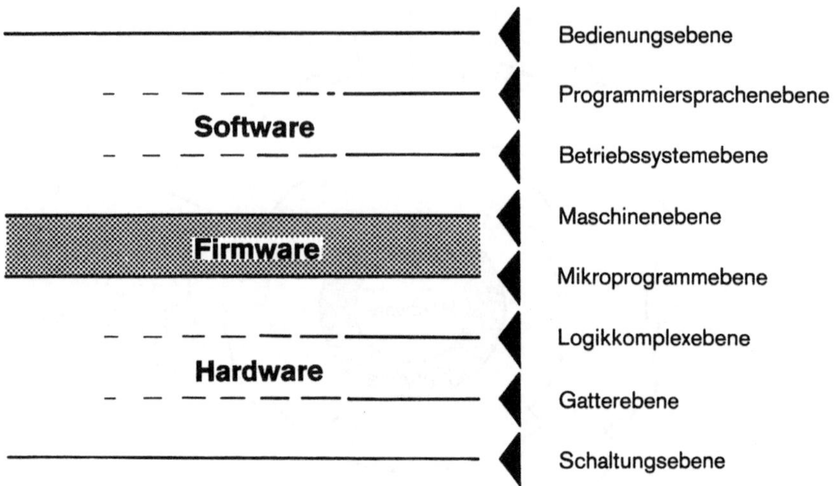

Bild 2:   Einführung von Betrachtungsebenen in das Schichtenmodell

auf der die weiteren Hardware-Schichten aufbauen. Es ist die unterste
Ebene in Bild 2. Dort haben wir es - im wesentlichen - nur mit Tran-
sistoren, Widerständen und Kondensatoren zu tun. Doch realisieren diese
Bauelemente in ihrer Zusammenschaltung schon die darüberliegende
Gatterebene. Hier operiert man dann mit OR-, NOR-, AND-, NAND-Funktio-
nen sowie den verschiedenen Flip-Flop-Typen. Sie wiederum realisieren
die darüberliegende *Logikkomplexebene*, die im Zeitalter gängiger LSI-
Bausteine nur noch aus relativ wenigen Komponenten besteht. Diese
bieten ihrerseits nun den nötigen Funktionsumfang für die *Mikroprogrammebene*. Aus der Hardware kommen wir damit zur Firmware. Durch
entsprechende Mikroprogramme erbringt sie den vollen Funktionsumfang
der *Maschinenebene*. Hierauf setzen dann die Software-Schichten auf. Die
Betriebssystemebene bietet noch alle Befehle der Maschinenebene 1:1,
jedoch in anderer sprachlicher Darstellung. Darüber hinaus werden aber
auch schon Funktionen bereitgestellt, die auf der Maschinenebene nicht
existieren. Doch erst im Bereich der Programmiersprachen, d. h. auf der
Programmiersprachenebene erfolgt eine wesentliche Ausweitung des Funk-
tionsumfangs. Er ist weitgehend sprachabhängig und deswegen schlecht
quantifizierbar. Mit der *Bedienungsebene*, die das Verarbeitungsge-
schehen steuert, enden auch die Software-Schichten. Bild 2 zeigt nicht
nur diese Zuordnungen. In der graphischen Gestaltung wurde durchaus
darauf geachtet, ein "Hineinwachsen" in diese Ebenenstruktur aufzuzeigen.

Das Konzept der Betrachtungsebenen [1] wurde hier ganz bewußt wieder
benutzt, weil es aus sich heraus objektivierbar ist. Die Eigenschaften
jeder dieser Ebenen lassen sich - zumindest prinzipiell - genau um-
reißen. Ein Benutzer jedweden datenverarbeitenden Systems betrachtet
es aus seinem wohldefinierten Blickwinkel. So sieht ein COBOL-Pro-
grammierer eben nur *seine* COBOL-Maschine während ein Mikroprogrammierer
gleichermaßen nur *seine* Mikroprogrammebene kennt, ja auch nur zu kennen
braucht. Die Funktionszuordnungen zu diesen Ebenen sind somit relativ
unproblematisch und es fällt damit auch leichter, Funktionsverlagerungen zu betrachten als in anders gearteten Schichtenmodellen. Die
sprachlichen Ausdrucksmittel - als ordnendes Kriterium - erweisen sich
hierbei als außerordentlich hilfreich.

Diese Betrachtungsweise ist deshalb auch im Prozeßsteuerungsbereich
anwendbar [4], wo speziell die Software-Schichten in der Vergangenheit
fehlten.

3. Mikroprogrammierung

Wenn wir heute von Firmware sprechen, deren zentrale Stellung zwischen
Hard- und Software im Systemgeschehen gerade aufgezeigt wurde, so
müssen wir natürlich auch auf die Grundlagen dieser *Technologie* - für
viele Praktiker handelt es sich aber nur um ein *Werkzeug* - eingehen.

Vor fast 30 Jahren wurde der Begriff *Mikroprogrammierung* (engl. *microprogramming*) von M. V. Wilkes erstmals öffentlich benutzt, als er an-
läßlich der Einweihung des Rechenzentrums der Manchester University
einen Festvortrag hielt [5]. Er hatte erkannt, daß bei der Abarbeitung
von Befehlsbereitstellungs- wie auch Befehlsausführungsalgorithmen
immer wieder gleichartige Vorgänge auftreten. Die Befehlsbearbeitung
konnte also in elementare Operationen, die durch *Mikrobefehle* ausgelöst wurden, zerlegt werden. Der gesamten Befehlsbearbeitung (auf
Maschinenebene) entsprach somit ein *Mikroprogramm*. Im Mittelpunkt des
Interesses stand dabei eine Systematisierung des Entwurfs der Steue-
rungslogik eines Rechners [6], [7]. Dieser "best way to design an
automatic calculating machine" [5] wurde jedoch erst wesentlich später
wirtschaftliche Realität - mit der Ankündigung des *IBM Systems /360*
im Frühjahr 1964 [1], [8]. Die Idee eilte ihrer Zeit zu weit voraus.

Bild 3 zeigt eine bewußt vereinfachte Darstellung der ursprünglichen
Gedanken von M. V. Wilkes. Taktgesteuert wird ein Registerinhalt de-
codiert, um so einen bestimmten Mikrobefehl auszuwählen. Über die
Matrix A werden daraus Steuersignale für die Rechner-Hardware unmittel-

bar abgeleitet. Die Matrix B dient der Folgeadreßbildung. Das heißt,
Rückmeldungen aus der Hardware (Steuersignale) sowie die Intensionen
des Mikroprogrammierers bestimmen den weiteren Ablauf. Diese Folge-
adreßinformation wird dem steuernden Register - es ist das Mikrobefehlsadreßregister - ausreichend verzögert wieder zugeführt. Das Be-
fehlsregister ist die andere Quelle zum Anstoß der Mikroprogramme.
Diese grundlegende Idee finden wir heute im Bausteinspektrum der An-
bieter von sog. *Bit-Slice*-Mikroprozessoren wieder. Es gibt kaskadier-
bare Verarbeitungsbausteine, die entsprechend der Matrix A angesteuert
werden können. Und es gibt Folgeadreßbausteine (engl. *sequencer*), die
die Aufgaben der Matrix B realisieren. Die "Breite" des angewandten
Bitschnitts ist dabei unerheblich. Doch muß angemerkt werden, daß im
Grenzbereich möglicher Verarbeitungsleistung auch heute noch weit
komplexere Strukturen Verwendung finden[1]). Das Grundschema ist in vielen

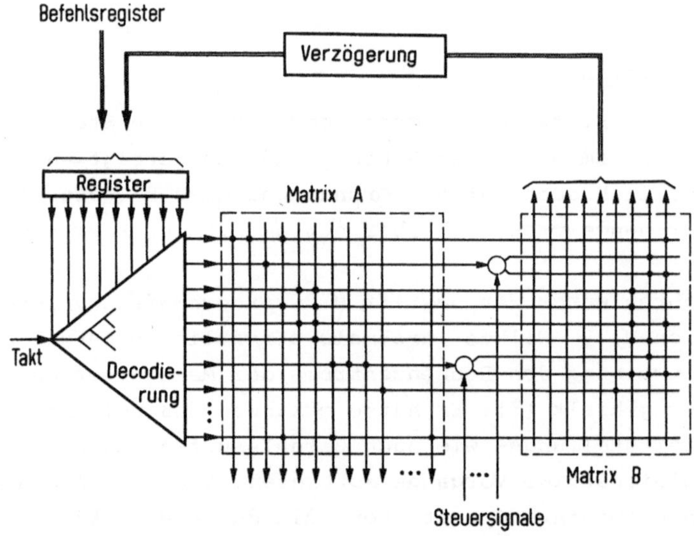

Bild 3:   Mikroprogrammsteuerwerk nach M. V. Wilkes [5]

Varianten nachempfunden, verbessert und abgewandelt worden. Wir finden
es heute praktisch in allen Datenverarbeitungssystemen und in zunehmen-
dem Maße auch im Bereich der Prozeßsteuerung.

Eine ganz *andere* Art der "Mikroprogrammierung" erlangte in der Pionier-
zeit der Datenverarbeitung ebenfalls Bedeutung [9]. Als Beispiel kann

---

[1]) Die in diesem Band enthaltene Fallstudie von H. Prechtl bietet
     hierzu ein interessantes Beispiel.

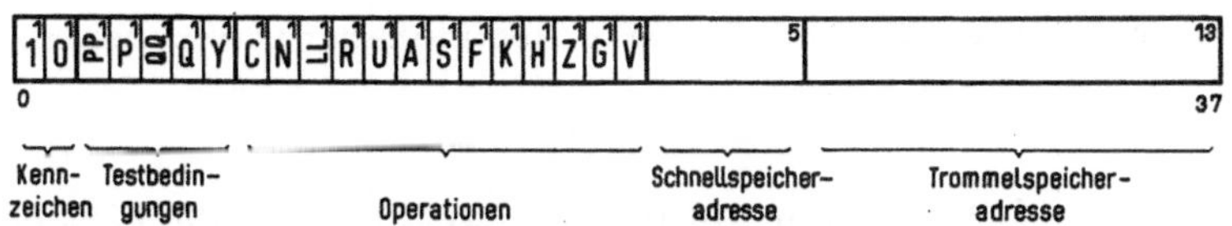

Bild 4:   Maschinenbefehlsformat[2]) des Rechners *Z22* [10]

hier die damals verbreitete *Z22* von *Zuse* dienen [10]. Bild 4 zeigt ihr
Befehlsformat. Es weist einen *funktionell codierten* Operationsteil aus.
Denn jedem Bit ist eine bestimmte, relativ elementare Funktion zugeordnet. Bezeichnete beispielsweise A*m* die *A*ddition des Inhalts der
adressierten Speicherzelle *m* auf den Akkumulatorinhalt und N das *N*ull-
setzen des Akkumulators, so bedeutet die Kombination AN*m* ein Laden des
Akkumulators. Das Kollektiv der auszulösenden "Mikrobefehle" wird unmittelbar über den Operationsteil des Maschinenbefehls gesteuert. Testbedingungen waren ebenfalls explizit vorhanden. Man kann sich leicht
vorstellen, daß eine derart *offene* Rechnerarchitektur - ohne die
entsprechenden Software-Hilfsmittel - auf betriebliche Schwierigkeiten
stoßen mußte. Eine Vielzahl unsinniger Anweisungen war nicht nur möglich, sondern sogar wahrscheinlich. Prinzipiell gilt dies zwar auch
für die übliche Form der Mikroprogrammierung. Der entscheidende Unterschied liegt jedoch darin, daß hier auf der Maschinenebene *unsinnige*
"Mikroprogramme" ausgelöst werden können. Bei der fast "klassischen"
mehrschichtigen Funktionsinterpretation - nach Bild 2 - ist dies nicht
der Fall. Somit nimmt es kaum Wunder, daß sich - trotz der Verfügbarkeit adäquater Software im Fall der *Z22* - diese Steuerungsrichtung
nicht durchgesetzt hat.

Die Anwendung im *IBM System /360* verhalf letztlich der heute noch
gängigen Mikroprogrammsteuerung (nach M. V. Wilkes [5], [6], [7]) zu
universellem Einsatz [1], [8], [11]. Anfang der 60er Jahre waren erstmals Festwertspeicher (engl. *read-only memory*) ausreichender Geschwindigkeit (Zugriffszeit) wirtschaftlich einsetzbar geworden. Und damit
war der technologische Durchbruch für mikroprogrammierte Steuerungen
gegeben. Mikroprogramme konnten rationell gespeichert werden. Es war
dadurch - gleichermaßen - möglich

● eine neue, viel komplexere Rechnerarchitektur auf durchaus unterschiedlichen Hardware-Strukturen zu realisieren, aber auch

[2]) In allen Bildern dieser Art bedeuten die Zahlenangaben in der
rechten, oberen Ecke jedes Feldes dessen Länge. Die unter dem Bild
gemachten Angaben beziehen sich auf die insgesamt genutzte Wortlänge.

● ältere – vergleichsweise einfache – Rechnerarchitekturen nachzubilden.

Ersteres bedeutete die Bildung insich *kompatibler* Rechnerfamilien. Der
Benutzer konnte somit ohne Neuprogrammierungsaufwand zwischen den einzelnen Modellen wechseln. Letzteres erlaubte durch *Emulation* den Wechsel
der Systemarchitektur. Der Benutzer mußte dabei nicht mehr schlagartig
alle Programme umstellen. Die Emulation ist meist ein mikroprogrammierter Hardware-Ersatz mit Software-Unterstützung. Sie wird heute vornehmlich dazu benutzt, kleinere Änderungen der Systemarchitektur in einem
evolutionären Sinn abzufangen. Beispielsweise um ein neues Platten-
speichersubsystem auch noch wie sein Vorgängermodell betreiben zu
können.

Als einfache Beispiele – um überschaubar zu bleiben – dienen uns zwei
leistungsmäßig wie auch aus Sicht der Systemarchitektur vergleichbare
Rechner jener Zeit: Das *Modell 30* aus dem *IBM System /360* und die
Zentraleinheit *4004/35* aus dem *Siemens-System 4004*. Komplexere Maschinen
sind beispielsweise in [11] ausführlich beschrieben. Hier geht es nur
darum, einen Eindruck von der Mikroprogrammierung realer Maschinen zu
vermitteln.

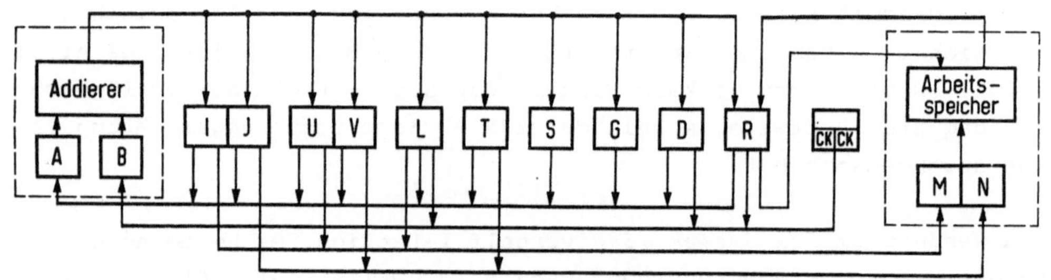

Bild 5: Vereinfachtes Blockdiagramm für das *Modell 30* aus dem *IBM
         System /360* [12], [13], [14]

Bild 5 zeigt das entsprechend vereinfachte Blockschaltbild für das *IBM
System /360 Modell 30* [12], [13], [14]. Es handelt sich um einen Prozessor mit byteweiser Verarbeitung und ebenfalls byteweisem Speicherzugriff. Nur die Arbeitsspeicheradressierung erfolgt in 2-Byte-Breite.
Deswegen sind auch zwei Registerpaare aus 1-Byte-Arbeitsregistern gebildet worden. Ein 2-Byte-Adressenweg führt zum Arbeitsspeicher während
alle Datenwege nur 1-Byte-Wege sind. Das zugehörige Mikrobefehlswort
ist in Bild 6 wiedergegeben. Es werden allerdings nur die 14 Felder gezeigt, die Steuerzwecken vorbehalten sind. Die Felder CA, CB, CD, CF,

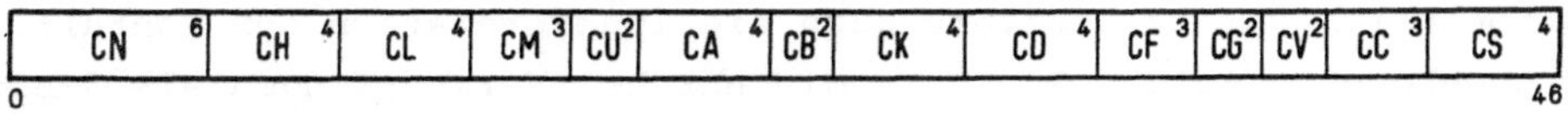

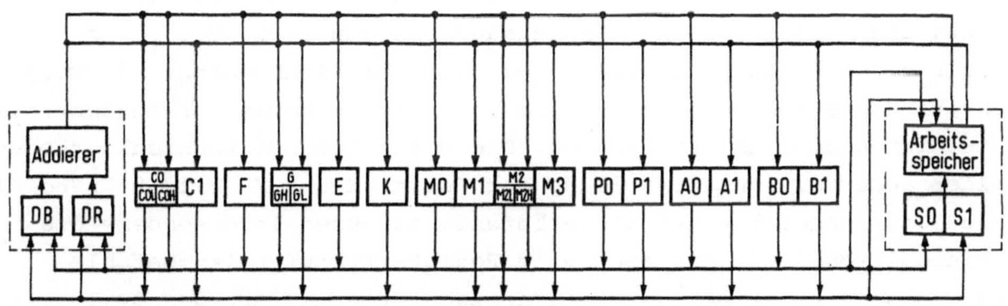

Bild 6: Mikrobefehlswort (Nutzformat) für das *IBM System /360 Modell 30* [14]

CG, CV und CC steuern die Verarbeitung. In CA und CB werden die Quellen-
register der zu verknüpfenden Operanden, in CD das Zielregister angegeben. CF und CG steuern die Art der Operandenzuführung zum Addierer,
CV eventuelle Komplementbildung oder 6-Korrektur bei Dezimaloperationen
und CC schließlich die Arbeitsweise des Addierers. In CK ist eine Wert-
angabe möglich. Die Felder CM und CU bestimmen den Speicherverkehr. CS
erlaubt das Setzen gewisser Zustandsbits, die die Fortsetzung des Mikroprogramms beeinflussen. Der eigentliche Mikrobefehlsfolgemechanismus
wird durch die Felder CN, CH und CL gesteuert. In Abhängigkeit vom
Operationsteil des Maschinenbefehls und der Zustandsbits ist eine Vier-
fachverzweigung möglich.

Bild 7: Vereinfachtes Blockdiagramm der Zentraleinheit *4004/35* aus
dem *Siemens-System 4004*

Das gleichermaßen vereinfachte Blockschaltbild für die Zentraleinheit
4004/35 – sie war funktionell mit dem Modell *RCA Spectra 70/35* identisch – zeigt Bild 7. Ein 2-Byte-Arbeitsspeicherverkehr bestimmt weitgehend die interne Organisation dieses Prozessors. Alle Datenwege – es
gibt keine getrennten Adressenwege – sind 2 Bytes breit. Der Addierer
arbeitet jedoch byteweise und auch die Arbeitsregister sind als 1-Byte-
Einheiten ausgeführt. Jeweils zwei Register können aber logisch zusammengefaßt werden. Einige Register erlauben auch eine 4-Bit-Nutzung.
Die Grundeinteilung des Mikrobefehlswortes dieser Zentraleinheit geht
aus Bild 8 hervor. Die 27 Bits verteilen sich auf fünf Steuerfelder.
Ein zusätzliches Prüfbit (Parity) ist in Bild 8 nicht gezeigt. Dem
Feld W kommt, in Analogie zu Maschinenbefehlen, die Bedeutung eines

Operationsteils zu. Er bestimmt auch die Interpretation der schraffiert
wiedergegebenen   Felder X und Y, die nur bei Verknüpfungen als 5-Bit-
Felder die Adressen der Operandenregister angeben. Dabei bezeichnet X
gleichzeitig auch das Zielregister für das Ergebnis. Die Felder T und

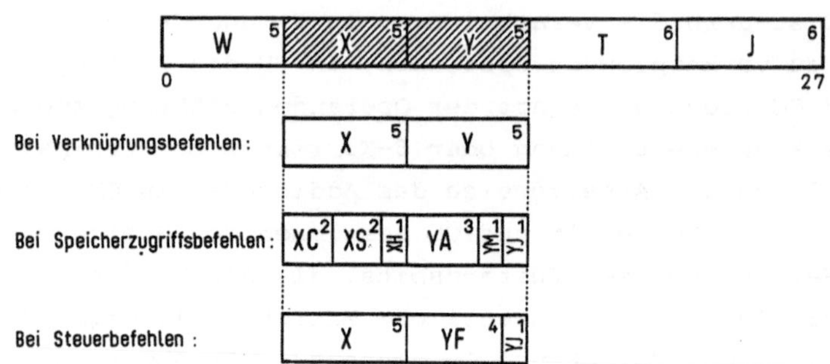

Bild 8:   Mikrobefehlsformate in der Zentraleinheit *4004/35*

J dienen der Ermittlung des Folgemikrobefehls. T enthält eine Testbedingung und J eine verkürzte Sprungadresse von sechs Bits. Damit kann
innerhalb eines Blocks von jeweils 64 Mikrobefehlen bedingt verzweigt
werden. Wird die Testbedingung nicht erfüllt, so kommt der sequentiell
nächste Mikrobefehl zur Ausführung. Die wichigsten Mikrobefehlsgruppen
mit einer andersartigen Aufteilung der Felder X und Y (Bild 8) sind die
Speicherzugriffsbefehle und Steuerbefehle zu denen insbesondere die
Verschiebemikrobefehle und spezielle Registertransfermikrobefehle
zählen. So steuert XC bei den Speicherzugriffen die Art des Zyklus, XS
bezeichnet das Adreßregister, XH unterscheidet zwischen Arbeitsspeicher
und "Scratch Pad"-Speicher. Die Konstante zur Adreßmodifikation steht
in YA während YM das zugehörige Quell- und Zielregister angibt. Alle
Registeradressen beziehen sich hier auf zusammengefaßte 2-Byte-Register.
YJ steuert die Interpretation der Felder T und J. Ist dieses Bit gesetzt, werden T und J gemeinsam als 12-Bit-Sprungadresse interpretiert.
Die gleiche Möglichkeit, unbedingte Sprünge auszuführen, gibt es auch
bei den Steuerbefehlen. Das dort noch vorhandene Feld YF dient der
Programmierung von parallel auszuführenden Unterfunktionen oder zur
Angabe von Registeradressen bei 2-Byte-Transfers. X wird wie bei Ver-
knüpfungsmikrobefehlen interpretiert.

Diese Steuerungsbeispiele zeigen - und deshalb war eine etwas detail-
liertere Darstellung erforderlich - daß ein durchaus gleichwertiger
Funktionsumfang auf der Maschinenebene bei vergleichbarer Verarbeitungs-

leistung durch recht unterschiedliche Funktionsaufteilungen zwischen
Mikroprogrammebene und Logikkomplexebene erreicht werden kann. Im zuerst betrachteten Fall wird ein sehr breites und deswegen kaum codiertes Mikrobefehlsformat benutzt, obzwar weniger Hardware-Funktionen
zu steuern sind als im zweiten Beispiel. Trotz umfangreicherer Hardware
kommt dort ein sehr viel schmaleres, stark codiertes Format zum Einsatz.

Versucht man nun die vor gut zehn Jahren aufgekommenen Begriffe *horizontale* und *vertikale Mikroprogrammierung* [15] auf diese Beispiele anzuwenden, so sieht man sich kaum bestätigt. Denn bei einer *horizontalen*
Organisationsform wird unterstellt, daß die resultierenden Mikroprogramme *kurz* sind, weil viel Parallelarbeit möglich ist, und im *vertikalen* Fall *lang*, da nur eine Mikrooperation auf einmal ausgeführt
werden kann. Dies ist hier durchaus nicht gegeben. In beiden Fällen
ist die mögliche Parallelität von Verarbeitung, Speicherzugriff und
Folgeadreßbildung als gleichwertig zu betrachten. Außerdem ist die
Mikroprogrammspeicherkapazität beim *IBM System /360 Modell 30* - nur nach
Mikrobefehls*worten* gerechnet - schon wesentlich größer als bei der
Zentraleinheit *4004/35*. Auch die ebenfalls einleuchtende Argumentation,
daß die *Flexibilität* mit der Breite des Mikrobefehlswortes steigt, wird
durch die Beispiele nicht erhärtet. Denn der geforderte Funktionsumfang
ist - auch einschließlich Emulation anderer Produkte - gleichwertig.

Streng genommen darf man nämlich den Begriff *horizontal* nur für den
Extremfall verwenden, wo die Summe aller Steuersignale n (für n =
1,2,...) auch n Bitpositionen im Mikrobefehlswort entspricht. So hat
es sich M. V. Wilkes vorgestellt [5]. Doch ist dieses Maximum an Flexibilität mit seinen 2^n-Möglichkeiten schon bei kleinen Steuerungen kaum
praktikabel. Den anderen Extremfall erhält man für den kleinsten Wert k,
der die Beziehung $n \leq 2^k$ (für k = 1,2,...) erfüllt. Bei diesem *vertikalen*
Format kann man kaum noch von Mikro*programmierung* sprechen [16]. In der
Praxis bewegt man sich - und das sollte gezeigt werden - relativ weit
von den Extremen entfernt sozusagen im Mittelfeld.

Bei einem Format mit einer festen Feld-zu-Logikkomplexzuordnung spricht
man präziser von *"quasi"-horizontaler* Mikroprogrammierung [17], [18],
da die Horizontalität nur feldbezogen existiert. Im zweiten vorgestellten Fall kann man von *"pseudo"-vertikaler* Mikroprogrammierung [18]
sprechen, weil die praktizierte Uminterpretation von Feldern wie eine
Formatverbreiterung wirkt. Neuere Konzepte benutzen sogar explizite
Steuerfelder für diesen Zweck [19]. Bild 9 enthält zur Verdeutlichung
der Terminologie noch *diagonale* Mikroprogrammierung [20]. Darunter ist

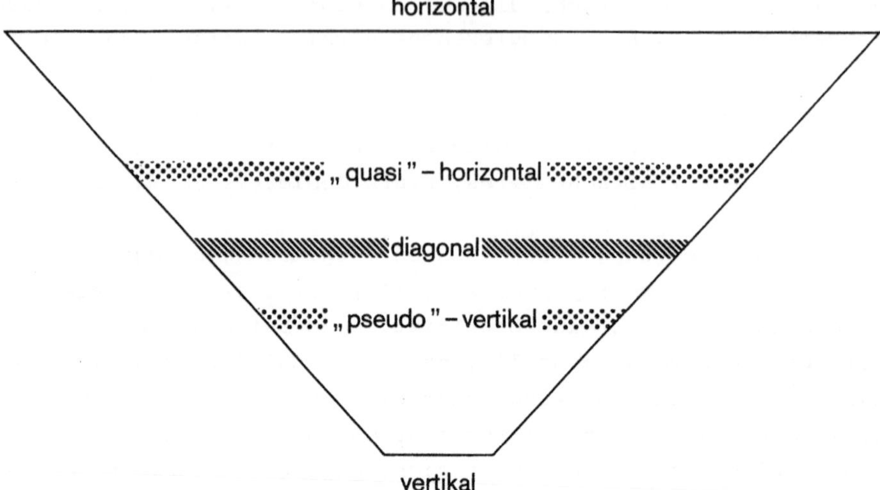

Bild 9: Begriffsbestimmung zwischen *vertikaler* und *horizontaler* Mikroprogrammierung

der Bereich zwischen den praktizierten Grenzfällen zu verstehen, wo unterschiedlich verfahren wird. Typische Vertreter sind mikroprogrammierbare Minicomputer [20] und aus Bit-Slice-Mikroprozessoren [21] aufgebaute Steuerungen. Gerade in letzterem Fall handelt es sich um eine feste Zuordnung von Funktionen zu Steuerfeldern, wobei voll codiert gearbeitet wird, um Anschlußpins zu sparen. Stückzahlenmäßig liegt das Schwergewicht mikroprogrammierter Rechner und – ganz allgemein – Steuerungen heute in diesem Bereich. Die Kostensituation steht dabei im Vordergrund. Gewisse Konzeptentscheidungen werden dadurch zwar vorweg genommen, doch wurde die Anwendung von Mikroprogrammierung schon immer sehr stark von der Umwelt [22] beeinflußt.

Es gibt aber einen noch aktuelleren Anwendungsfall von Mikroprogrammierung im Sinne einer Systematisierung des Steuerungsgeschehen: Die 16-Bit-Mikroprozessoren. Bei der Entwicklung des *SAB 8086* wurde erstmals der Steuerteil weitgehend mikroprogrammiert ausgeführt. Bild 10 vermittelt einen Eindruck von der Regelmäßigkeit in der Struktur des Bausteins, die dadurch entstanden ist. Beim *Z8000* ging man den entgegengesetzten Weg zur sog. *Random Logic*, damit ist ein nicht strukturierter Entwurf gemeint, um die Chipfläche so klein wie möglich zu halten. Dagegen ist der erst jetzt verfügbare *M68000* wiederum mikroprogrammgesteuert, und zwar in noch stärkerem Maße [23] als der *SAB 8086*. Unter einer "vertikalen" befindet sich noch eine "horizontal"-organisierte

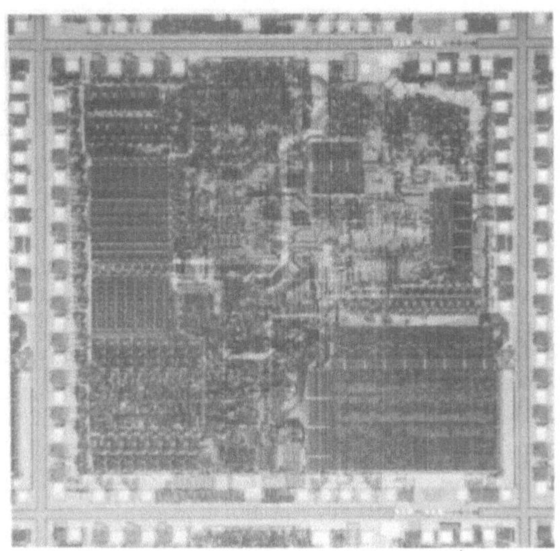

Bild 10:   Mikroprozessor *SAB 8086* (Scheibenausschnitt)

Firmware-Schicht [23], um die - für die Zukunft in Aussicht gestellten
Funktionserweiterungen - realisieren zu können.

Es muß nun noch auf die Eigenheiten von *Mikroprogrammiersprachen* eingegangen werden, die man braucht, um Firmware erstellen und dokumentieren
zu können. Im industriellen Einsatz verbirgt sich dahinter ein meist
umfangreiches Entwicklungssystem. Assemblerartige Sprachen sind noch
immer weit verbreitet, doch hat es viele Ansätze gegeben, die Vorteile
höherer Programmiersprachen[3]) auch für die Mikroprogrammierung zu nutzen
[18], [24]. Dabei kommt der Dokumentation große Bedeutung zu, da auch
heute noch Mikroprogrammunterlagen zu Wartungszwecken benutzt werden.

Wir wollen hier nur zwei Beispiele für spezielle Sprachentwicklungen
[18] aufgreifen. Einmal für *Registertransfersprachen* zum anderen für
Flußdiagrammsprachen.

Bild 11 vermittelt einen optischen Eindruck für den Einsatz von Registertransfersprachen einschließlich Adreßangaben und den jeweils generierten
Bitmustern. Die eigentlichen Operationen werden symbolisch dargestellt.
Im Detail erläuterte Beispiele finden sich in [18] und [24]. Bild 12
zeigt eine Rückvergrößerung vom Filmlochkartenformat als Beispiel für
die lange Zeit benutzten Flußdiagrammsprachen [18]. Sie waren speziell
auf die Belange des Wartungspersonals ausgerichtet. Zeile für Zeile

[3]) Der in diesem Band enthaltene Beitrag von L. Richter beschäftigt
  sich speziell mit diesem Thema.

14

```
UND (AND) RR(14),RX(54)

OP BK SEQ SS EO #     NADR         AADR
BEFEHL                TEST         SPRUNG       W.... X.... Y.... T..... J.....
--------------------------------------------------------------------------------
14 01 001 00 0100
M1*M3->M3                                       10000 10101 11001 000000 111111

14 01 002 00 0101
M0*M2->M2                                       10000 10100 11000 000000 111111

14 01 003 00 0102
A->S,HWR,-2                                     00010 11101 11110 000000 111111

14 01 004 00 0103             0131
B->S,FRR,+0                        14,02,1      00011 01110 00011 000100 110001

14 02 001 00 0131             012C
A->S,HRL,+0                        1A,02,41     00010 01101 00001 000100 101100
```

Bild 11: Beispiel für eine Registertransfersprache: UND-Befehlsaus-
führung (Ausschnitt) in der Zentraleinheit *4004/35* des
Siemens-Systems 4004

wurden parallel auszuführende Mikrooperationen - möglichst symbolisch -
angegeben. Der Steuerfluß ergab sich aus der Graphik. Für Details sei
auch hier auf die Literatur verwiesen [11], [18].

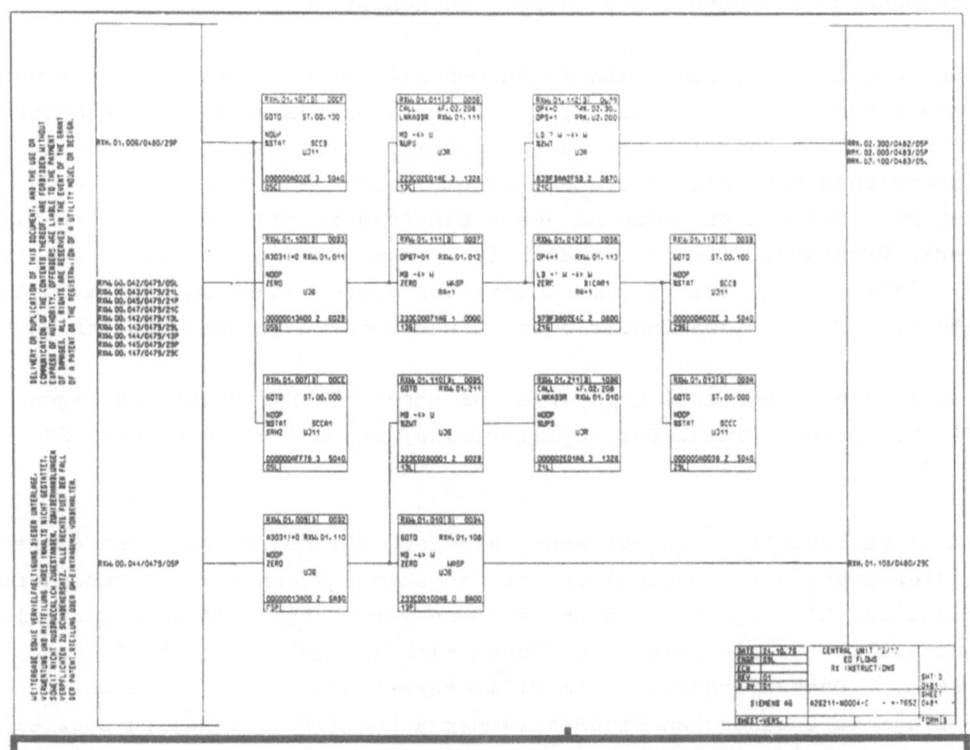

Bild 12: Beispiel für eine Flußdiagrammsprache: Festpunktbefehlsaus-
führung (Ausschnitt) in den Zentraleinheiten *7·740* und *7·755*
des *Siemens-Systems 7·700*

Trotz vieler allgemein gemeinter Ansätze ist man auf diesem Sektor
immer noch auf Speziallösungen angewiesen[4]). So wie man in Firmware
die Spezialisierung in der Benutzung eines Rechners - oder einer
Steuerung - sehen kann, so muß man auch spezielle Werkzeuge für deren
Mikroprogrammierung schaffen.

4. Funktionsverlagerung

Die am Markt bewiesene Tragfähigkeit des Emulationskonzepts [25] führte
sehr schnell dazu, daß man sich für *mehrsprachige* Rechner zu interes-
sieren begann, und zwar nicht nur auf Maschinen- sondern vor allem auf
Programmiersprachenebene. Der Begriff des *Gastgebersystems* (engl. *host*)
kam auf und gleichzeitig auch die *Zielarchitektur* (engl. *target architecture*). In der Argumentation ging man sogar so weit, zu behaupten,
daß beispielsweise das *Modell 50* aus dem *IBM System /360* die Architektur dieser Systemfamilie *emuliere* [15]. So etwas sollte man unterlassen,
denn jedweder Entwicklung liegen Zielvorgaben - wie eben die Realisierung einer bestimmten Architektur - zugrunde. Das gleiche gilt für
gewisse Emulationsmöglichkeiten anderer Zielarchitekturen [26].

So war es letztlich auch die Zielvorgabe für die - in den späten 60er
Jahren - begonnenen Projekte, *benutzer*mikroprogrammierbare Kleinrechner
oder Minicomputer zu schaffen. Sie mußten für viele Forschungsaufgaben
geradezu ideale Gastgeber sein, da im unteren Leistungsbereich der
potentielle Gewinn durch eine Funktionsverlagerung in die Mikroprogramm-
ebene am größten ist. Denn die interne Verarbeitung ist streng sequentiell, komplexe Mikrobefehlsfolgealgorithmen und Fließbandverarbeitung
sind unnötig. Auch zwischen Mikroprogramm- und Arbeitsspeicherzyklus
ist ein "vernünftiger" Faktor (wenn auch keine Größenordnung) möglich.
Schon im mittleren Leistungsbereich wird der potentielle Gewinn nicht
mehr dramatisch und es bedarf eingehender Kenntnisse der Umwelt, um ihn
zu realisieren. Aber nicht nur deshalb - es gibt noch ganz andere, be-
greifliche Gründe - sind die großen Anlagen aller namhaften Hersteller
nur *hersteller*mikroprogrammierbar geblieben.

Die eigentliche Ausweitung des Firmware-Einsatzes ging Hand-in-Hand mit
der Verfügbarkeit *ladbarer* Mikroprogrammspeicher vor knapp zehn Jahren.
Er erfolgte - gemäß unserem Schichtenmodell - zunächst nur *vertikal*
aber gleichermaßen zu Lasten von Hardware wie Software, so wie es A.
Opler [27] vorhergesehen hatte, als er den Begriff *Firmware* 1967 prägte.

---

[4]) Hierzu darf nochmals auf die Fallstudie von H. Prechtl verwiesen
  werden.

Aus Anwendersicht lag das Schwergewicht zunächst auf höheren Sprachmaschinen. Dabei kam auch die englische Bezeichnung *direct executable language* oder kurz *DEL* auf, die uns bis heute begleitet. Schon 1973 wurde eine erste Tagung ausschließlich diesem Thema gewidmet [28]. Signifikant waren dabei insbesondere Beiträge zu einer APL-Maschine (R. Zaks) und einer COBOL-Maschine (R. J. Chevance) [28].

Speziell die untereinander kompatiblen Rechner der *Burroughs*-Modellreihen *B1700/B1800* [29] bildeten in den Folgejahren das Testbett für Forschungen auf diesem Gebiet aber auch für Funktionsverlagerungen aus der Betriebssystemebene "nach unten". Wesentliche Charakteristika dieser *Burroughs*-Rechner sind Bitadressierbarkeit und damit Flexibilität in der Verarbeitungsbreite sowie eine problemlose Mikroprogrammspeichererweiterung durch den Arbeitsspeicher. Statt der traditionellen Maschinenebene wird firmware-mäßig gleich eine Zwischensprache realisiert, die eine Interpretation der Programmiersprachenebene erlaubt. Wesentlich ist, daß zu jeder höheren Programmiersprache - auch der Implementierungssprache des Betriebssystems - eine eigene Zwischensprache gehört.

Ein Interesse für Verlagerungen aus der Betriebssystemebene "nach unten" bestand zunächst mehr auf Herstellerseite, da ihr sehr diffizile Untersuchungen vorausgesehen müssen. Erstmals wurden bei den Modellen *138* und *148* des *IBM System /370* häufig benutzte Routinen für Supervisorfunktionen in dieser Weise unterstützt. Weitere *Assist*-Zusätze folgten. Am umfassensten dürfte der *Extended Control Program Support: VM/370* [30] sein. Aber auch für Funktionen der Programmiersprachenebene - z. B. bei APL [31] - gibt es eine weitgehende Unterstützung durch Firmware.

Es ist interessant festzustellen, daß eine erste Tagung, die schwerpunktmäßig der Betriebssystemunterstützung galt (im deutschsprachigen Raum) 1978 zustande kam [32]. Hier sind die Beiträge von P. Albrich und H. Maier/W. H. Burkhardt besonders hervorzuheben [32]. Amerikanische Vorarbeiten gibt es natürlich [33], [34], [35].

Halten wir nun den in Bild 2 jeder Betrachtungsebene eigenen Funktionsumfang einmal fest, so übernimmt Firmware aufgrund obiger Ausführungen einen Teil der Realisierung der Betriebssystemebene wie der Programmmiersprachenebene. Bild 13 zeigt diese Art der Verlagerung: Firmware wächst in die traditionellen Software-Schichten hinein. Man kann natürlich auch sagen, daß bisher in Software realisierte Funktionen "nach unten" in die Firmware abwandern. In Bild 14 ist deshalb auch noch das etwas gröbere Schichtenmodell gezeigt. Aus ihm wird klar, wie Software-Funktionen durch Firmware ersetzt werden können.

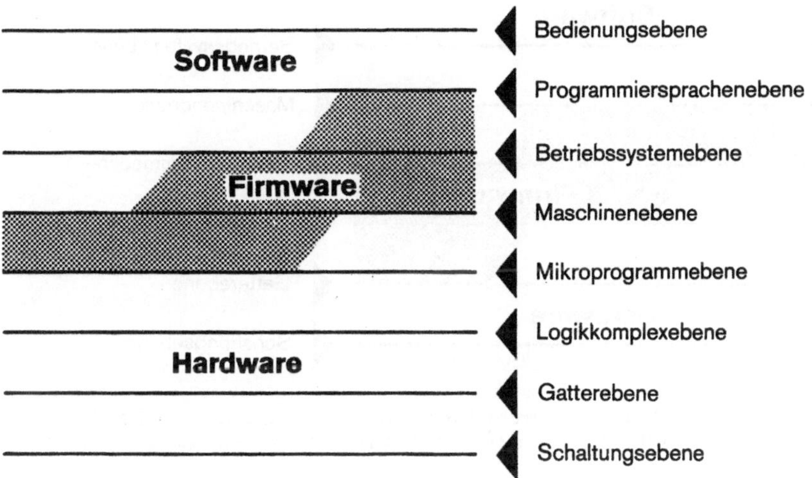

Bild 13: Vertikale Funktionsverlagerung zu Lasten der Software: Firmware wächst in die traditionellen Software-Schichten hinein und Hardware zieht nach

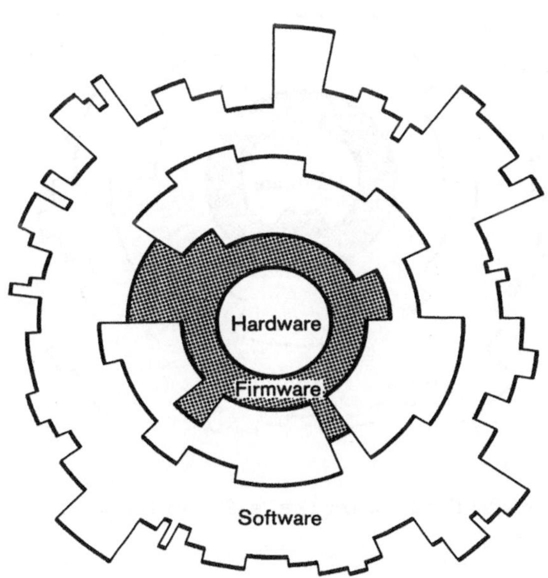

Bild 14: Schichtenmodell für vertikale Funktionsverlagerungen zu Lasten der Software

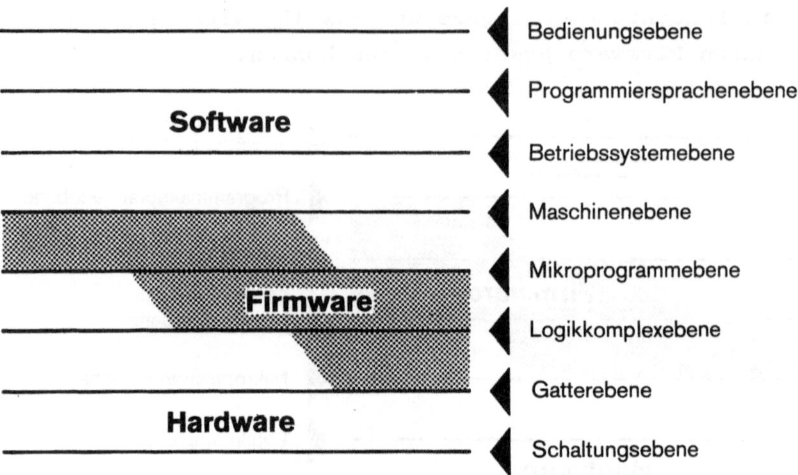

Bild 15: Vertikale Funktionsverlagerung zu Lasten der Hardware:
Firmware wächst in die traditionellen Hardware-Schichten hinein und Software zieht nach

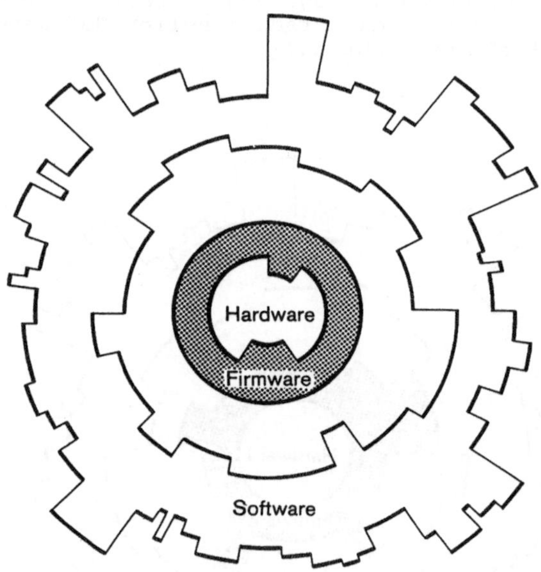

Bild 16: Schichtenmodell für vertikale Funktionsverlagerungen zu Lasten
der Hardware

Wie drang nun aber Firmware auch in die Hardware-Ebenen ein? Das *Nanodata*-Modell *QM1* [20], [36] ist hier ein relevantes Beispiel. Gleichermaßen kann man auch den Mikroprozessor *M68000* von *Motorola* heranziehen
[21]. In beiden Fällen wird eine "vertikal"-organisierte Mikroprogramm-
ebene nicht direkt durch Hardware der Logikkomplexebene, sondern durch

'horizontale" *Nanoprogramme* [1], [21] interpretiert, d. h. durch eine
zweite Firmware-Schicht. Zum Teil greift Firmware sogar bis zur Gatterebene durch [1]. Doch widerspricht dieser Trend eigentlich dem Einsatz
von VLSI-Bausteinen, sofern man deren Entwicklungsproblematik außer
acht lassen darf.

Wir haben es hier also mit einer Verlagerung in die Hardware hinein zu
tun. Bild 15 zeigt das Ebenenbild - wiederum mit festgehaltenem Funktionsumfang - doch übernimmt nunmehr Firmware vormalige Hardware-
Funktionen. Bild 16 zeigt das zugehörige Schichtenmodell.

In der Praxis sind jedoch *vertikale* Verlagerungen in beide Richtungen
wahrscheinlich. Schließlich wird kein Algorithmus besser, wenn man ihn
auf einer primitiveren Ebene ausführt. Auch sollte man sich nicht
scheuen, seltene Ereignisse in höhere Software-Schichten zu verlagern.
Neben intuitiven Ansätzen bestehen hierzu in Herstellerkreisen - aufgrund umfangreicher Messungen - konkrete Vorstellungen. Aber auch
Ansätze zu einer theoretischen Vorgehensweise sind gegeben [37]. Das
hierzu passende Schichtenmodell ist in Bild 17 wiedergegeben. Es muß
in vielen Fällen die eingangs - in Bild 1 - gebrachte Darstellung
heute ersetzen.

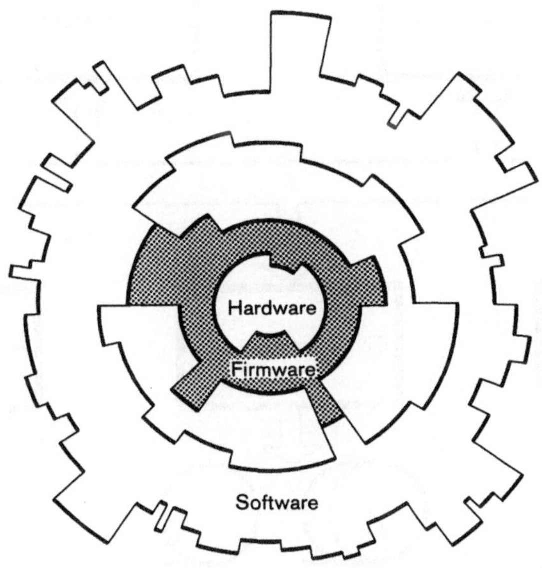

Bild 17: Resultierendes Schichtenmodell

Viel schwieriger ist das Problem *horizontaler* Funktionsverlagerung zu beherrschen. Allgemein gültige Lösungsvorschläge gibt es derzeit nicht, jedoch wichtige Ansätze. Auch hier hilft das Beispiel weiter. Denn unter einer horizontalen Verlagerung versteht man eine Auslagerung von Funktionen in parallelarbeitende Subsysteme. Mit Sicherheit findet dabei eine horizontale Verlagerung von Funktionen der Hardware-Schichten statt. Unklar ist vielfach der Einfluß auf die Firmware- und Software-Schichten. Bisherige Erfahrungen konzentrieren sich praktisch nur auf zwei Einsatzfälle

● die Auslagerung von Ein/Ausgabevorgängen und

● die Auslagerung von komplexen arithmetischen Funktionen.

Der erste Fall ist relativ klar umreißbar, im zweiten handelt es sich sowohl um die Behandlung der sog. "schnellen" Fouriertransformation (engl. *fast Fourier transform* oder nur *FFT*) wie auch konventioneller Gleitkommaoperationen.

Bild 18 zeigt eine bei Mini- wie Mikrorechnern durchaus gängige Funktionsaufteilung. Neben dem Zentralprozessor obliegen - in diesem

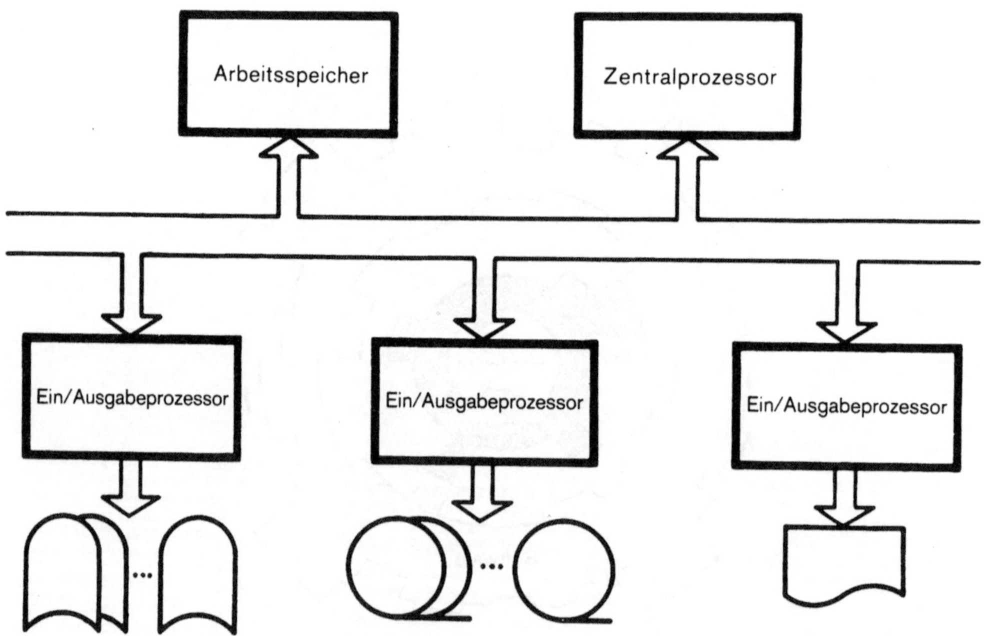

Bild 18: Beispiel für eine distributive Rechnerstruktur

Beispiel - drei Ein/Ausgabeprozessoren Verarbeitungsfunktionen. Allgemeine Verarbeitungsaufträge übernimmt der Zentralprozessor. Spezielle Ein/Ausgabeaufträge für Platte, Band, oder Drucker werden im jeweiligen Ein/Ausgabeprozessor bearbeitet. Derartige distributive Strukturen erhöhen den Systemdurchsatz und erleichtern die Diagnose im Fehlerfall, wenn den entsprechenden Prozessoren auch die allfällige Fehlerbehandlung zugeteilt wird. Die heutige Kostensituation erlaubt derart intelligente Ein/Ausgabeprozessoren.

Nehmen wir einmal an, alle Prozessoren in diesem System sind mit Bit-Slice-Mikroprozessoren, z. B. aus der weitverbreiteten *Am2900*-Familie realisiert. In diesem Fall umfaßt die horizontale Verlagerung alle Hardware-Schichten einschließlich Mikroprogrammebene aber auch die Maschinenebene. Erst darüber ist eine Verlagerung nicht mehr sichtbar. Folglich wurde auch Firmware horizontal verlagert. In beiden Fällen handelt es sich dabei um eine Funktionstrennung aufgrund der beabsichtigten Funktionsaufteilung.

Nehmen wir nunmehr an, alle Prozessoren in diesem System seien auf der Basis der *Z8000*-Familie realisiert. Dann verlagern wir nach wie vor alle Hardware-Schichten *nun* bis zur Maschinenebene - aus Sicht des Gesamtsystems - deshalb kommt in den Ein/Ausgabeprozessoren eine Art "Software"-Schicht hinzu, da dort die vorherige Maschinenebene zu einer Art Mikroprogrammebene wird. Die notwendige "Software" zur Anpassung an die Maschinenebene des Gesamtsystems bezeichnen wir deshalb konsequent auch als Firmware.

Noch komplexer wird es beim angedachten Einsatz von *SAB 8086*-Bausteinen. Auch hier bringt die horizontale Verlagerung gleichzeitig eine vertikale Verlagerung in den Ein/Ausgabeprozessoren: Der Zentralprozessor hat eine Firmware-Schicht, die Ein/Ausgabeprozessoren deren zwei.

Würde man nun noch den zweiten Fall einer vertikalen Funktionsverlagerung arithmetischer Operationen in eine Art Koprozessor zum Zentralprozessor explizit betrachten - beispielsweise auf *SAB 8086/8087*-Basis - so lassen sich noch vielerlei Kombinationen konstruieren, wo eine horizontale Funktionsverlagerung zu vertikalen Verlagerungen im Subsystem und damit natürlich auch im Gesamtsystem führt.

Hier überhaupt zu sinnvollen Strategien zu kommen, ist eine formidable Aufgabe für die Zukunft.

5. Ausblick

Es wurde versucht, das "Phänomen *Firmware*" ordnend wie kritisch beobachtend zu durchleuchten, um dem geneigten Leser eine Beantwortung der Fragen nach dem: "*Was, wo* und *wie* Firmware ist?", zu ermöglichen. Der Autor kann hier nur hoffen - wenigstens teilweise - erfolgreich gewesen zu sein.

Die Notwendigkeit für ein *Firmware Engineering*, das möglichst über die bescheidenen Ziele des *Software Engineering* hinauswachsen müßte, ist jedoch offenkundig. Der sinnvolle Einsatz von Mikroelektronik stellt uns hier vor entscheidende Aufgaben: VLSI-Komponenten, distributive Systeme und deren Möglichkeiten sind nämlich eng mit einem effizienten Einsatz von Firmware verbunden. Ohne ein Firmware Engineering sind schon die Aufgaben der unmittelbaren Zukunft kaum zu bewältigen.

Entsprechend der ursprünglichen Zielsetzung von M. V. Wilkes [5] wurde der Begriff *Mikroprogrammierung* hier nur im Sinne einer Systematisierung des Steuerungsablaufs in einem Rechner [1] angewendet. Der von A. Opler [27] geprägte Begriff *Firmware* wurde ausschließlich für die Spezialisierung der Benutzung eines Rechners verwandt. In Zukunft müssen wir uns jedoch auf *Firmware Engineering* für Design, Implementierung wie Realisierung derartiger Strukturen einstellen.

Schrifttum

[1]   Berndt, H.: Was ist Firmware? *Elektron. Rechenanl.* 19 (1977) S. 77-80.

[2]   Lawson, Jr., H. W., Reigel, E. W.: At the programming language - microprogramming interface. Proc. ACM SIGPLAN-SIGMICRO Interface Meeting, Harriman, NY, Mai/Juni 1973, S. 2-22.

[3]   Berg, H. K.: Mikroprogrammierung. In: *GI - 8. Jahrestagung,* Schindler, S., Giloi, W. K., Herausgeber, (Informatik-Fachberichte, Band 16). Berlin: Springer, 1978, S. 339-372.

[4]   Berndt, H.: Einfluß der großintegrierten Schaltungen auf Hardware und Software. In: *GI - 8. Jahrestagung,* Schindler, S., Giloi, W. K., Herausgeber, (Informatik-Fachberichte, Band 16). Berlin: Springer, 1978, S. 175-184.

[5]   Wilkes, M. V.: The best way to design an automatic calculating machine. Rept. Manchester University Computer Inaugural Conf., Manchester, UK, Juli 1951 (veröffentlicht 1953) S. 16-18. Nachdruck in: *Computer Design Development: Principal Papers,* Schwartzlander, E. E., Herausgeber. Rochelle Park, NY: Hayden, 1976, S. 266-270.

[6]   Wilkes, M. V., Stringer, J. B.: Microprogramming and the design of the control circuits in an electronic digital computer. *Proc.*

Cambridge Phil. Soc. 49 (1953) Teil 2, S. 230-238.

[7] Wilkes, M. V., Renwick, W., Wheeler, D. J.: The design of an electronic digital computer. *Proc. IEE* 105 (1958) Teil B, S. 121-128

[8] Tucker, S. G.: Microprogram control for System /360. *IBM Sys. J.* 6 (1967) S. 222-241.

[9] van der Poel, W. L.: Micro-programming and trickology. In: *Digitale Informationswandler*, Hoffmann, W., Herausgeber. Braunschweig: Viehweg, 1962, S. 269-311.

[10] Zuse, K.: Entwicklungslinien einer Rechengeräte-Entwicklung von der Mechanik zur Elektronik. In: *Digitale Informationswandler*, Hoffmann, W., Herausgeber. Braunschweig: Viehweg, 1962, S. 508-532.

[11] Husson, S. S.: *Microprogramming - Principles and Practices*. Englewood Cliffs, NJ: Prentice-Hall, 1970.

[12] Fagg, P., Brown, J. L., Doody, D. T., Fairclough, J. W., Green, J.: IBM System 360 engineering. *1964 Fall Joint Computer Conf.*, *AFIPS Proc.*, Band 26. Washington, DC: Spartan, 1964, S. 205-231.

[13] Stevens, W. V.: The structure of System /360 part II - system implementation. *IBM Sys. J.* 3 (1964) S. 136-143.

[14] Weber, H.: A microprogrammed implementation of EULER on IBM System /360 Model 30. *Commun. ACM* 10 (1967) S. 549-558.

[15] Rosin, R. F.: Contemporary concepts of microprogramming and emulation. *Comput. Surveys* 1 (1969) S. 197-212.

[16] Berndt, H.: Functional microprogramming as a logic design aid. *IEEE Trans. Computers* C-19 (1970) S. 902-907.

[17] Schünemann, C.: Mikro- und Piko-Programmspeicher. In: *Rechnerstrukturen*, Hasselmeier, H., Spruth, W. G., Herausgeber. München: Oldenbourg, 1974, S. 36-74.

[18] Berndt, H.: Trends in microprogramming language design. In: *Microprogramming and Systems Architecture, Infotech State of the Art Report 23*. Maidenhead, UK: Infotech Information, 1975, S. 373-389, 607-609.

[19] Berndt, H.: A multi-microprocessor design. 7th Annual Workshop on Microprogramming (Preprints), Palo Alto, CA, Sept./Okt. 1974, S. 299-306.

[20] Agrawala, A. K., Rauscher, T. G: *Foundations of Microprogramming*. New York, NY: Academic Press, 1976.

[21] Adams, P. M.: Microprogrammable microprocessor survey. *SIGMICRO Newsletter* 9 (1978) H. 1, S. 23-49, H. 2, S. 7-38.

[22] Strutynski, W.: Der Einfluß technologischer und funktioneller Randbedingungen auf das Mikrobefehlsformat. *Elektron. Rechenanl.* 14 (1972) S. 28-32.

[23] Nash, J., Spak, M.: Hardware and software tools for the development of a micro-programmed microprocessor. *SIGMICRO Newsletter* 10 (1979) H. 4 (MICRO 12 Proc.) S. 73-83.

[24]   Berndt, H.: A microprogram notation resembling statements of higher-level languages. *Elektron. Rechenanl.* 14 (1972) S. 220-228.

[25]   Mallach, E. G.: Emulation: a survey. *Honeywell Computer J.* 6 (1972) S. 287-297.

[26]   Mallach, E. G.: Emulator architecture. *Computer* 8 (1975) H. 8, S. 24-32.

[27]   Opler, A.: Fourth-generation software. *Datamation* 13 (1967) H. 1, S. 22-24.

[28]   Wexelblat, R. L., Herausgeber: Proc. ACM SIGPLAN-SIGMICRO Interface Meeting, Programming Languages-Microprogramming, Harriman, NY, Mai/Juni, 1973.

[29]   Wilner, W. T.: Design of the Burroughs B1700. *1972 Fall Joint Computer Conf., AFIPS Proc.*, Band 41. Montvale, NJ: AFIPS Press, S. 489-497.

[30]   Olbert, A. G.: Extended control program support: VM/370 - a hardware assist for the IBM Virtual Machine Facility /370. *SIGMICRO Newsletter* 9 (1978) H. 3 (MICRO 11 Proc.) S. 8-25.

[31]   Hassitt, A., Lyon, L. E.: An APL emulator on System /370. *IBM Sys. J.* 15 (1976) S. 358-378.

[32]   Berg, H. K., Herausgeber: Fachgespräch Mikroprogrammierung, 8. Jahrestagung der GI, Berlin, Okt. 1978.

[33]   Sockut, G. H.: Firmware/hardware support for operating systems: principles and selected history. *SIGMICRO Newsletter* 6 (1975) H. 4, S. 7-26.

[34]   Brown, G. E., Eckhouse, R. H., Goldberg, R. P.: Operating system enhancement through microprogramming, *SIGMICRO Newsletter* 7 (1976) H. 1, S. 28-33.

[35]   Brown, G. E., Eckhouse, R. H., Goldberg, R. P.: Operating system enhancement through firmware. *SIGMICRO Newsletter* 8 (1977) H. 3 (MICRO 10 Proc.) S. 119-128.

[36]   Flynn, M. J.: Interpretation, microprogramming, and the control of a computer. In: *Introduction to Computer Architecture*. Stone, H. S., Herausgeber. Chicago, IL: Science Research Associates, 1975, S. 432-473.

[37]   Stockenberg, J., van Dam, A.: Vertical migration for performance enhancement in layered hardware/firmware/software systems. *Computer* 11 (1978) H. 5, S. 35-50.

Firmware Engineering: An Extensive Update*

Scott Davidson and Bruce D. Shriver
Computer Science Department
University of Southwestern Louisiana
Lafayette, Louisiana 70504 USA

Abstract

This paper provides an extensive update to an earlier survey article
[23] which reviewed the state of the art and likely future trends in
the field of firmware engineering. The current survey covers the
areas of design and specification of microprograms, firmware
construction techniques, testing, verification and debugging methods,
and maintenance. The survey relates firmware engineering techniques
to the analogous techniques for software. An extensive set of over 80
references has been provided.

Keywords - Firmware Engineering, Microprogramming, Firmware
Specification, Higher Level Microprogramming Languages, Firmware
Verification, Firmware Testing, Firmware Debugging, Firmware
Maintenance, Firmware Education.

1. Introduction

Although microprogramming was introduced by Wilkes in 1951 [85], the
first extensive commercial microprogramming project was the design and
implementation of several processors of the IBM 360 series in the
early 1960s [78]. Since this time the field of microprogramming has
grown rapidly. Microprogramming is currently a widely accepted
processor implementation technique.

With this growth in microprogramming comes the requirement for better
microprogram production techniques. Just as the need for software to
be produced more quickly, cheaply and reliably has been recognized,
the need for these characteristics in microprogram development is
obvious. There are three major reasons for this need. The first is
that many microprograms such as those used in the implementation of an
instruction set are still being committed to Read Only Store. Errors
in these applications are expensive to repair if a proper set of

----

* This work was supported in part by NSF Grant MCS 76-01661

tools is not available. The second reason is that the increased migration of programs from other programming levels into firmware has led to larger microprograms. A third reason is the growth of user microprogramming brought about by the availability of processors with writable control store (WCS). In the past, the microprogrammer has been intimately familiar with the architecture of the machine. To open the field to others, tools such as machine independent higher level microprogramming languages, which do not require detailed knowledge of the host processor, are needed.

The history of firmware development tools is analogous in many ways to the history of software development tools. The earliest computers were programmed in binary, just as the first microprogramming was done at a very primitive level [39]. Machine dependent assemblers were next developed, which increased the productivity of programmers, and made programs easier to understand and maintain. Similarly, machine dependent microassemblers are currently widely used.

The next step in the evolution of software development tools was the machine independent higher level language. Recently, work has been done on software design methods, specification languages, verification methods, etc. These techniques are grouped together within a general area entitled software engineering. Boehm, in his survey article [11] defines software engineering as "the practical application of scientific knowledge in the design and construction of computer programs and the associated documentation required to develop, operate, and maintain them." We will define firmware engineering by substituting the word "microprogram" for the phrase "computer program" in Boehm's definition.

Our survey of firmware engineering, however, cannot hope to be complete. Since much firmware and its development is considered to be proprietary, many firmware engineering techniques have not been published in the open literature. This is yet another reason for the difference in the advancement of firmware engineering versus software engineering.

The structure of this survey corresponds to the four main periods in the life of a microprogram under development: 1) design and specification; 2) construction; 3) verification, testing and debugging; and 4) maintenance. In addition, we include a section on progress that has been reported in designing and developing tools to assist in the teaching of microprogramming. In the sections on each of these topics we will include an introduction, defining the problem and relating it to work done in software engineering. In some areas, higher level language design for instance, work in firmware lags behind work in software, while in other areas firmware engineering research has kept pace with software engineering research. We will discuss some reasons for this phenomenon. We will also give a survey of current work in the area and a short summary of likely trends and future research in the area. This paper is an expanded and updated version of a paper published in May of 1978 [23].

2. Design and Specification of Microprograms

The first step in any software or firmware project is the detailed specification of what is to be accomplished. This involves interaction with the eventual users of the system and other efforts to obtain a clear understanding of such factors as acceptable cost, interfaces with other existing or planned systems, etc. Techniques developed for design and specification of software systems include the use of specification languages [64], the use of techniques such as top down design [51], stepwise refinement [86], and structured walk-throughs [32], machine analyzable software requirements systems [75] and other related techniques.

There has been little work on requirements engineering specifically for firmware systems. We believe that this is due to the fact that microprograms can be considered as a further step in the stepwise refinement process, and that with the advent of higher level microprogramming languages the specification of a microprogram should differ little from the specification of a software program.

2.1. Current Work

Schoellkopf [69] presents a system which utilizes a top down approach for the implementation of an algorithm. Microprogramming is considered as just one level in a hierarchical organization of interpretive systems. Each interpretation level (i) is described in a Design Language (DL) which contains description facilities in a Pascal-based higher level language. The DL also contains simulation facilities for parallel processing between a main process simulating the basic interpreter and external processes simulating peripherals.

The DL contains syntactic restrictions corresponding to the technological constraints of an interpretation level, for example, a DL program describing the microprogram level for a processor without a multiplier would not be allowed the use of a multiply operator.

The transformation of one interpretation level to another proceeds as follows. The designer begins with a formal description of level i. This description is represented as a DL program I(i)/DL, and can be considered as a sequence of primitives in a new language L(i+1). We wish to execute program I(i) in L(i+1). The primitives of any level are called semantic operations and are defined by the designer. For instance, the requirement to increment the contents of register A by 1 and to move the contents of the memory location addressed by registers F and C to register B can be expressed by the text

        A := A + 1; B := M(F+C);

The entire statement can be considered as either one primitive or as two primitives, one the increment operation and the other the memory fetch operation.

Schoellkopf's system creates a list of user defined semantic operations. This list can be reduced by either defining one operation in terms of others, or else by gathering several operations into one by the use of parameters. The semantic operations eventually are considered as procedures in L(i+1). In other words, they form a program which is called I(i)/L(i+1), which is in turn considered as the formal description of the next interpretation level, I(i+1)/DL.

Thus one language, or rather different versions of one language, is used to describe the different steps in the stepwise refinement process. Variables are treated similarly, being defined in terms of the resources available in the environment of each interpretation level. We have not been able to determine whether Schoellkopf's system has been successfully applied to any practical problems at the time of this writing.

Schoellkopf's system was the only firmware specification system we discovered in the literature. There has been more work done on software specification methods, however Urban [80] has surveyed various software specification methods and found that none meet all the criteria of formality, constructability, comprehensibility, minimality, wide range of applicability and extensibility. There is no evidence that firmware specification techniques have succeeded where software specification techniques have failed.

2.2 Future Work

In addition to developing specification languages associated with the firmware level, other work must be done. The following questions must be addressed: should the limited power of the microinstruction set be reflected in the higher levels of the specification process? Are specification languages more applicable to the firmware design process than design languages developed for hardware design? How can timing, performance, fault tolerance requirements, serviceability, and other constraints be included in the specification process? How can the specifications of a firmware system be tested for consistency and completeness? And finally, is firmware peculiar in a way that would require special structuring and design techniques not developed for software specification?

3. Microprogram Construction Techniques

In this section we discuss tools to aid in the actual writing of microprograms. The construction phase of the development cycle for software and firmware should begin after the problem has been completely specified. We will postpone the discussion of testing and debugging techniques until Section 4, though we realize that both are an essential part of the construction process, and must not be delayed until after the program or microprogram is written.

Higher level languages (HLLs) offer the major support for software development. The construction of compilers is so well understood today that there is a wide variety of general and special purpose languages, which have allowed large programming projects to be attempted. These projects, in turn, have encouraged the development of techniques to handle the management and coding of large scale systems. These techniques include structured programming [51], the software factory [13] and the chief programmer team [3].

Firmware construction techniques are not nearly so well advanced. Though the microassembler is now a widely accepted design tool, there are no widely accepted higher level microprogramming languages, and little work has been done on microprogramming methodologies and firmware development systems.

The advantages of HLLs for software are well understood and will not be reviewed here. HLLs for firmware have all these advantages. One singularly important advantage of writing firmware in a HLL is due to the fact that target machine and host machine designs are often done by different design groups. This means that the architecture of the host machine may be changed during the design and specification of the target machine. Extensive changes to the target machine implementation would be required if lower level microprogramming methods were used. If a firmware HLL were used for target machine construction, changes could be confined to the code generator of the HLL to microcode translator, saving a good deal of implementation effort.

There are real difficulties in constructing a compiler for a horizontal machine, that is, a machine with more than one microoperation per microinstruction. The model of the machine architecture needed by a microcode generation module of the microprogram compiler is more complex than that needed by a software code generator. Classical vertical machines, those with only one microoperation per microinstruction, are not detailed enough models to allow the generation of microcode, and model's of the horizontally microprogrammed machine architecture such as those of Dasgupta and Tartar [19], DeWitt [28], and Mallett [47] must be used. The need of the microprogrammer to work with the machine architecture has also hindered the development of machine independent higher level microprogramming languages. This has meant that each researcher has developed a separate language [65, 29].

Another difficulty associated with the use of a HLL to develop firmware has been the attitude that a compiler that does not generate "optimized" microcode is unacceptable. Microcode optimization, which has been shown to be NP-hard [30], has proven to be an intractable problem. Until now current research devoted to higher level microprogramming languages has been concentrated in this area. Only recently has the focus of attention been moved to the design of machine independent microprogramming languages.

3.1. Microassemblers

The purpose of the microassembler is to assist the user in writing more understandable and maintainable code. The typical microassembler has a mnemonic defined for each legal microoperation, thus the writing of a microprogram consists of combining these mnemonics into microinstructions. The assembler will usually check the legality of the assembled microinstruction, however it will not assist the microprogrammer in making full use of the parallelism available in horizontally encoded microinstructions.

The microassembler also offers the services offered by the software assembler, such as the use of labels to define locations, the placement of the microinstructions in control store (though microprograms are not in general relocatable), radix control, cross reference tables and load maps.

3.1.1. Current Work

A recent example of the typical microassembler is an assembler designed for the Data General Eclipse [48]. Another application of the microassembler is for a bit-slice microprogrammable microprocessor. Several such microassemblers, AMDASM by Advanced Micro Devices, CROMIS by Intel, DAPL by Zeno Systems, MICRO-AID by Monolithic Memories, RAPID by Scientific MicroSystems, RAYASM by Raytheon and the Signetics MicroAssembler are surveyed by Powers and Hernandez [61]. They identify two main factors that distinguish microassemblers for bit-slice machines from other microassemblers. The first factor is that bit-slice microassemblers must allow changes in the word length of the target architecture as slices are either added or taken from the target machine. This requirement usually results in a definition phase of the microprogram wherein the target microarchitecture is specified.

The second factor is that bit-slice microprogrammable processors usually have horizontal architectures. Therefore, one statement of the microassembler program, which represents one microinstruction, will contain several opcodes, representing several microoperations of the target machine. Microassemblers for vertical machines more closely represent more traditional assemblers by allowing only one opcode per line. Aside from the constraints imposed by the bit-slice target architectures, the microassemblers described above closely resemble typical assemblers. We will now describe two assemblers that are not typical.

Hodges and Edwards [38] describe a Meta Assembler designed to be usable for a number of microprogrammable machines. Target definitions for these machines can be written at the assembler directive level. This means that the assembler need not be recompiled for a new machine. The definitions of the target machines allow the parameterization of the syntax of the assembly language desired. This is possible due to the selection of what Hodges and Edwards call "a complete set of data gating functions that are natural subsets of the operational capability of any one microinstruction." A library of target machine definitions can be built up to be used to allow one assembler to generate microcode for a number of target machines. Other features of the Meta Assembler include macro definition capability, and the ability to specify default values for microinstruction fields not filled by the user. The Meta Assembler has successfully been used to generate assemblers for the PDP-11, IBM 360 and Raytheon 706 machines, among others.

The Microbe microassembler described by Laws [43] is designed to be self documenting in the sense that Microbe prints a commentary about each microinstruction written by the user. This commentary describes all effects and side effects of the microinstruction. The commentary provides improved documentation of the microcode, and provides assistance with code improvement and debugging. While this technique has been reported to have been used on only one detailed example, the technique can be easily applied to other target machines.

Patterson and Lew [55] describe a system that translates machine language assembly code into microassembly code. Their purpose in designing this system was to automate the production of microcode to implement operating system routines. The requirement that already existing code be used as source for this system meant that a new language was not suitable for this task. A system to translate already existing HLLs into microcode was rejected as being too complex. In addition, Patterson and Lew found that parts of operating systems supposedly written with an HLL were actually written in assembly language.

Initially they decided to use a macroassembly code to microassembly code translator. A direct macro-to-micro assembler translation system was attempted, but this effort failed due to difficulties in parsing the source code, doing global optimization, and discovering the structure of the source program that was lost in the assembly language implementation. It was found to be impossible to relate adjoining assembly language statements without simulating the effect of their execution on the state of the machine. Therefore, a simulator/translator was designed.

The results of the simulation of the source assembly language program (which was disassembled into a higher level form) were used to assist in the generation of microcode. One example is the constant folding optimization. The direct translator did not retain enough information between the translation of assembly language statements to detect when a block of assembly language code was manipulating constants. In the simulator/translator variables and constants are distinguished. If, in simulating the source program, an operation involving two constants is found, no microcode will be generated and the operation will be performed by the simulator at translation time. The result of the operations involving only constants will be placed in the object microcode. If an operation involving two variables is simulated, however, microcode that will perform this operation is generated.

When the source program branches, the simulator must perform a fork operation, saving the state of the simulation and proceeding with one branch of the fork. When simulation of this branch is complete, the simulator backs up and performs the other branch. A join (performed at a label) is more difficult. The possibly inconsistent states of the two execution paths must be resolved. If the join occurs during a loop, some states might lead to infinite simulator loops. This problem was not resolved, but did not occur in the code that was translated by the system. This system was used to translate HP 300 machine language programs into HP 300 microcode.

3.2. Higher Level Microprogramming Languages

There are two major areas of concern in current higher level language to microcode translating systems. The first is the definition of the HLL and the second is the design of a code generator and optimizer for the system. The second concern has historically attracted far more attention than the first, but recently the emphasis has shifted to language design.

We believe that the term "optimization" has been used much too loosely in the literature to date. First of all, current work has concentrated only on the reduction of the number of words of control store needed by the microprogram. Little work has been done on reduction of microprogram execution time. Therefore the term optimization used without a modifier is not precise. Second, many of the "optimization" strategies proposed do not minimize the amount of control store needed, but only reduce it. For these reasons we believe that it is more correct to speak of "microcode compaction" or "microcode improvement". Software HLLs were widely used before the code improvement problem received attention.

It has been recognized that the major unsolved problem in the design of HLLs for microprogramming is the inclusion of machine dependent information in a machine independent language. Several machine dependent languages have been designed [31, 56, 65], but programs written in these languages are not transportable. In fact, if the structure of the language is tailored to a specific machine, the concepts behind the language are not transportable. Machine independent languages, though allowing the construction of transportable programs, do not allow the programmer to utilize the full range of target machine resources. In addition, machine independent languages force the task of resource allocation onto the compiler, even if the programmer wishes to specify the binding of some variable to a specific target resource. This binding might be useful in the construction of cooperating co-resident microprograms.

3.2.1. Current Work

The first discussion of the microcode improvement problem was in a paper by Kleir and Ramamoorthy [42]. They examined the problem of control word reduction for vertical microcode. Since vertical microcode closely resembles machine language, techniques used by software translating systems could be used with slight modifications. Subsequent work on the improvement problem has concentrated on horizontal microcode, for which software techniques do not completely apply.

Current work on microcode improvement has been described and evaluated in surveys by Agerwala [1] and Dasgupta [20]. However, the following work is of special interest. It presents techniques which apply to single entry, single exit straight line microprograms (SLMs). Local optimization is performed on these SLMs, which are then concatenated to form a complete microprogram.

Yau, Schowe and Tsuchiya [89] describe a method that generates a partition of microoperations corresponding to an improved allocation of microoperations to microinstructions for a block. Candidate microoperations for inclusion in a microinstruction are those which do not have a data dependency on any microoperation not already included in a microinstruction. A "complete" microinstruction, defined as one which can contain no other microoperation in the data available set, is generated from the data available set. For all reduction techniques there is a tradeoff between processing time and the amount of improvement obtained. Yau, Schowe and Tsuchiya therefore describe two versions of their algorithm, one that operates by exhaustive search and one that uses heuristics to reduce the cost of the improvement process at the price of a lesser reduction in the amount of control store needed.

The heuristic used is a weighting of possible complete instructions from the data available set. The weighting factor used is the number of descendants of the microoperations in the microinstruction. The microinstruction with the greatest weight is added to the microprogram, and its constituent microoperations are removed from the data available set.

Wood [88] has implemented another heuristic for the Yau algorithm. Instead of generating all complete microinstructions from the data available set and choosing the one with the greatest weight, Wood assigns weights to each microoperation, again by the number of descendants, and builds a microinstruction by choosing the most heavily weighted microoperations for inclusion, one microoperation at a time. If a microoperation clashes with (has a resource conflict with) a microoperation already in the current microinstruction, the microoperation is deferred for inclusion in the next microinstruction. Packing continues until there are either no microoperations in the data available set, the microinstruction is complete, or all microoperations in the set have clashed.

Ramamoorthy and Tsuchiya [65] describe a higher level microprogramming language based on the single instruction principle. This language, called SIMPL, is Algol-based and not machine independent. Their microcode compaction method generates code for a block by identifying the earliest and latest possible execution times for microoperations based on a data dependency graph. Microoperations whose earliest and latest timings are equal are called critical microoperations and are placed in microinstructions first. Then non-critical microoperations are placed in microinstructions with as early a timing as possible. Tabandeh and Ramamoorthy [74] describe a version of this technique that uses an exhaustive analysis technique to generate improved code regardless of microoperation ordering.

Dasgupta and Tartar [19] describe a linear compaction technique. Microoperations are placed at the end of a list of microoperations composed into partial microinstructions. The microoperation rises in the list until it reaches a point where it is data dependent on some microoperation already placed. It is then included in the first possible microinstruction after the one containing the conflicting microoperation.

Each of the reduction techniques described above use an explicit or implied model of a microoperation. This model includes the input and output resources needed for the microoperation, the functional units of the microprocessor required (such as the ALU), and other elements depending on the completeness of the model. DeWitt [28] develops a complete model for a microinstruction control store word, which he uses to aid in the composition of microoperations into microinstructions. He has incorporated this model, an extensible higher level language based on data abstraction techniques [29] and a method for generating complete microinstructions into a HLL to microcode translation system [30].

The utility of the published microcode compaction algorithms has not been not well understood or easily contrasted because:

1. These algorithms utilize limited and different models of microoperations and microinstructions;

2. Few cases of total implementation of any of these algorithms have been reported;

3. There are few published results showing the usefulness of any of these methods with large amounts of production microcode.

Mallett [47] describes a comparison of the compaction techniques of Yau, Schowe and Tsuchiya, Ramamoorthy and Tsuchiya, and Dasgupta and

Tartar. The first step in this work was to define a complete method for specifying microoperation semantics. The model developed was a six tuple, specifying the name of the microoperation, the input and output resources required by the microoperation, the functional units required by the microoperation, the phases of the microinstruction cycle during which the microoperation executes, and the fields of the control store word in which the microoperation resides. This model is more complete than that of DeWitt in that it allows "versions" of microoperations, that is microoperations that can use one of several functional or residence resources, and it allows the specification of more complex relationships between microoperations than that allowed by DeWitt's model.

The compaction algorithms were extended and redesigned to accept microoperations specified using this model, and thus were made comparable. The algorithms were implemented, and a large amount of microcode was compacted using the algorithms. The microcode was produced by a compiler for the microprogramming language BMPL, which is very similar to BCPL [67]. Results of the experiment indicated that a modified, simplified version of the Dasgupta and Tartar algorithm, and several heuristic versions of the Yau, Schowe and Tsuchiya algorithm produced maximally compacted microcode in time that was linear with the number of microoperations input to the algorithm. An example is that of a SLM consisting of 375 microoperations. A heuristic version of the Yau algorithm produced a maximally compacted set of microinstructions in half the time required for the linear Dasgupta algorithm. The non-heuristic, exhaustive version of the Yau algorithm did not complete the compaction task after taking 1500 times longer than the Yau algorithm. On a Honeywell 6180 processor, running Multics, the Yau algorithm took 20 seconds to compact the SLM, the Dasgupta algorithm took 40 seconds, and the exhaustive Yau algorithm did not finish in over eight hours.

Microoperations are more difficult to model than machine language instructions because of the wide range of possible microoperation characteristics. For example, not all microoperations take exactly one microinstruction cycle to execute, and not all resources are used by microoperations for only one cycle. An example of this is a memory fetch microoperation on a machine with a primary store fetch cycle that is longer than the control store fetch cycle. There is often a choice of microinstruction coding, due to the fact that some microoperations may have a choice of control word fields in which to reside. Tokoro, Tamura, Takase and Tamaru [76] develop a reduction strategy taking these factors into account.

All of the above code improvement methods are basically local techniques, in that they work on SLMs. Further code improvement can be achieved by global methods. Dasgupta [21] describes one such method. A flow graph is constructed of the microprogram to be compacted, each vertex of which is an SLM. Dasgupta's algorithm works only on acyclic graphs, so a reduced, acyclic graph is produced from the graph by well known methods [2]. Then symmetric pairs of SLMs are identified. A symmetric pair, (Si, Sj), has the property that Si is executed if and only if Sj is executed. The algorithm attempts to find microoperations in Sj that can be moved up to Si. Such microoperations must be data independent of all microoperations in SLMs between Si and Sj. Once a microoperation from Sj has been moved up into Si, it can be tested for parallelism with microoperations from Si using the method described in [19]. If the microoperation cannot be included in any microinstructions made from Si, it can be returned to Sj. Therefore this method can do no worse than local methods, and possibly can do better.

Tokoro, Takizuka, Tamura and Yamaura [77] present a more general global compaction technique. They construct resource usage graphs from the microoperations composing a microprogram. They enumerate situations in which microoperations can be transferred between contiguous SLMs, giving possibly more compact code. Their method can transfer microoperations between non-contiguous SLMs, in a way similar to Dasgupta's. The authors provide results showing that these global techniques further improve code compacted by local techniques described in [76].

Work has been reported recently on the design and construction of translators for microprogramming languages, and on high level microprogramming design. Wood [87] describes a system that separates the design and implementation of microprograms. The system consists of three phases. The microprogram is written in terms of Register Transfer level microoperations. These microoperations can be written independently of the format of the target microinstruction, though they are not strictly machine independent. The format of the target instruction is specified by means of a field based representation schema. The specification is processed by the second phase of the microprogramming system. Wood identifies five types of microinstruction fields that when used together define a microinstruction format. These types are a Composite type, that allows an ensemble of associated fields to be defined, a Bit Steering type, that can be used to interpret the mode of a field, a Select type that defines microoperations used to control the gating of data, an Execute type, that controls the loading of registers and the execution of target functions, and an Emit type, that holds immediate data packed in the microinstruction word.

In the third phase, the microoperations from phase one are packed into microinstructions of format defined in the second phase. This packing is done using the heuristic code improvement algorithm [88] that was described above.

MIDDLE [27] is a language designed to assist in the verification of object microprograms. It is described in Section 4.1.1 below.

MIMOLA [49], developed by Marwedel and Zimmerman, is both a hardware description language and a microprogramming language. MIMOLA was developed for the following applications:

1. Production of a non-procedural description of hardware.
2. Allowing a functional description of digital systems.
3. Production of an algorithmic description of digital processors for optimizing top-down hardware design.
4. Serving as a high level or intermediate level microprogramming language.
5. Modelling of algorithms or machine instructions on a state transition level for measuring and comparisons.

Since MIMOLA supports two quite different applications, the language can be best described in two parts. The hardware description language part of MIMOLA is used to define modules which represent hardware components. Modules are primitive constructs of the language. Module definitions include the inputs and outputs of the module, the function implemented by the module, and the control inputs required. Modules can be functional units or storage units. Examples of modules include the register and the stack. The register can store only one word, while the depth of the stack can be indefinitely large, but an upper bound can be defined. Associated with the stack are Push, Pop, Clear and other functions. Push is executed automatically when the stack is referenced.

A MIMOLA description of hardware resources is static. Data paths and multiplexers, serving as connections between modules, can be defined, but assignment statements and high level control structures are not part of the hardware definition language part of MIMOLA. When MIMOLA is used to generate microcode these constructs can be utilized. Assignment statements are translated into the proper microoperations, and high level control structures are implemented by means of macros. The fundamental construct of a microprogram is the elementary statement block (ESB). The ESB consists of all the statements that can be executed in parallel during one cycle, and is thus similar to a microinstruction. No storage cell that contributes to the state of the hardware being described can be altered during the execution of an ESB, except for the microprogram counter in the RP register. The RP points to the next ESB to be executed.

Control information for the hardware modules comes from a special control module, which both generates clock pulses and decodes the current microinstruction. In this way a MIMOLA program describes both the hardware resources and control of a digital system.

One approach to the design of a machine independent microprogramming language is to define a low level language, containing only those constructs that can be implemented on a wide range of microprogrammable machines. Patterson, Lew, and Tuck [57] have designed one such language, called YALLL (for Yet Another Low Level Language). YALLL is a machine independent language, but YALLL programs are not transportable between machines. A YALLL program first defines the registers and data resources to be used by a program, in a machine dependent fashion. The operators of the language are very simple: add, subtract, increment, decrement, and, or, exclusive or, complement, shift, and bit testing and masking facilities. Conditional branches, case statements, (actually an implementation of a jump table) and subroutines are provided, but no high level iteration statements. Memory must be accessed explicitly through the use of Load and Store statements. YALLL translators for the DEC VAX 11/780 and the HP 300 have been written.

A higher level machine independent language is described by Sommerville [72]. SUILVEN closely resembles Pascal, differing in the lack of I/O statements and in the addition of a form of the repeat statement that allows an escape from inside the loop. Target machine resources cannot be accessed directly, however a compiler directive allows the allocation of often used variables to local store. A compiler that generates code for the B1700 has been completed, and several programs (a Pascal Pcode interpreter is one) have been written and run using SUILVEN.

There have been investigations of novel language constructs that can be used for microprogramming. Malik and Lewis [46] describe design objectives for a microprogramming language meant to write emulators. They enumerate the following criteria that the language should meet:

1. The language should be high level.
2. The language should be machine independent.
3. The language should have simple, reliable constructs. Reliable constructs are those that are difficult to misuse.
4. A program written in the language should compile into compact microcode for a variety of microprogrammable computers.
5. The target machine should have a horizontal architecture.
6. The targets are register oriented, word addressed machines.
7. A test facility for programs in the language should be provided.

The proposed language allows the declaration of variables representing machine resources. Descriptor attributes associated with these variables describe special functions defined on the variables, such as a Stack Pointer register that is incremented/decremented automatically after the execution of a Push/Pop command. The CLASS attribute allows the user to retain the identity of the storage resource a variable represents. In other words, though a target machine resource is represented by a complex declaration, the CLASS attribute allows the identity of the declaration as representing a single resource be kept.

The proposed language is to contain a standard set of condition code flags. Each operation can specify which flags are to be set as a side effect of the operation. The operators include shift and field extract. An assignment statement can include but one operator on the right hand side. Malik and Lewis base this constraint on the observation that most assignment statements written contain but one operator.

External procedures, variables and flags allow the program to communicate with other microprograms running on the target machine.

The code improvement techniques described above will compact the horizontal microcode produced by the translator. Register allocation will be facilitated by allowing the programmer to set priorities on the variables declared in the program. Variables with higher priorities will be assigned to registers first. A simulator for the intermediate language produced by the translator will be provided in order to allow diagnostics for the machine being emulated to be run. Malik and Lewis do not describe the progress of any implementation of the language.

Dasgupta [22] has an alternative definition of a higher level language for microprogramming. According to him, such a language should include:

1. The ability to construct control structures that clearly designate both sequential and parallel flow of control.
2. The ability to describe and arbitrarily name microprogrammable data objects and parts of such data objects.
3. The ability to construct microprograms whose structure and correctness can be determined and understood without reference to any control store organization.

Dasgupta proposes a _schema_ — a language whose semantics is not completely defined. The schema is machine independent. A particular completely defined language is obtained when a schema S is _instantiated_ into a machine dependent language S(M), where M is a machine.

Dasgupta describes S*, a schema based on Pascal. S* is composed of composite structures, by which the control structures of the language are devised. Elementary constructs (for instance simple statements) are only partially defined. These constructs are completely defined by the instantiation of S* into S*(M1), and correspond to target microoperations. Thus, the instantiations S*(M1) and S*(M2) differ only at the elementary construct level.

S* contains mechanisms by which the programmer can specify parallelism in the source program at the elementary construct (and thus microoperation) level. The intent of this capability is to allow the user to produce optimal microcode segments at the source level. No mention is made of a mechanical compaction phase of the compilation process.

A third approach is that of Davidson [24]. In the virtual Machine Resource Binding Language (MARBLE) user defined types can be marked as bound. A variable declared to be of a bound type is bound to the corresponding machine resource. Since types are bound, not variables, as in the proposals above, meaningful variable names can be chosen without renaming. Since each bound type must be built up from primitive types, each MARBLE program is machine independent in that any program can be run on any target machine through recompilation. Programs running on machines on which target resources do not correspond to bound types will not run as efficiently, however.

MARBLE is a Pascal-based language. The syntax and semantics of the language, are described in [25]. Other features include the ability to declare types to be read-only or write-only, and the ability to specify views of a type, which allows access to fields of the type representation, possibly considered as a variety of types, without violating the strong typing of the language.

Since a mission of microprogramming is the implementation of virtual machines to assist in the solution of particular problems, techniques other than the traditional compiler system can be used to generate microcode. Rauscher and Agrawala [66] describe one novel method of microcode generation.

In this approach a translator, instead of generating code for a predefined instruction set, defines a new instruction set suitable for the problem being solved. The system generates microcode to implement this new instruction set, then translates the higher level language program that solves the problem into code for this new instruction set. This approach is required when the higher level language program to be translated into microcode is too complex to fit into a possibly limited amount of control store.

The new instruction set defined for the problem is built on a kernel instruction set, composed of instructions that perform flow of control modification, basic arithmetic and logical operations, and manipulation of primitive data types. New instructions are defined by compile time procedures that examine the intermediate language representation of the program and decide which sequences of intermediate language instructions should be implemented as new target instructions. The analysis carried out by this procedure attempts to discover the most frequently appearing sequences of intermediate language code, both statically and dynamically, and to pack the microcode representations of these sequences into control store. Rauscher and Agrawala present an algorithm to perform this task. They report that these techniques have resulted in a significant improvement in execution time for small programs without inner loops.

3.3. Structured Microprogramming and Microprogramming Support Systems

One definition of structured programming is "programming that uses stepwise refinement to generate code using a limited number of well defined control structures". It is possible, certainly, to write firmware programs using stepwise refinement; however it is more difficult to restrict the programmer to the If-Then-Else and While-Do control structures due to the lack of higher level microprogramming languages. Current microprogrammable machines do not support these control structures efficiently. Jones [40] proposes several machine architectures designed to support efficient implementation of these structures.

A microprogram support system is a collection of utilities that supports the construction, debugging, testing, and maintenance of microprograms. A support system today generally includes a microassembler, a simulator to be used in the testing of microcode, and a loader to generate machine readable output from the microassembler as well as output that can be loaded into the simulator. There are many such systems, MIKADO [68] and MIS [79] are two examples. Persson [59] describes a support system for the Varian V73 consisting of a microassembler (MICAS), a linker/loader, and a simulator (MICSIM). Support systems in an educational context will be described in Section 6.2.

An advanced support system is described by Guha [37]. His paper describes the design of a dynamic microprogramming support system in the UNIX time sharing environment. Microprograms are developed on the system and tested using a simulator. Only after a microprogram has been certified harmless, meaning that it will not hurt other users or the system, can it be loaded into control store. A library of safe microprograms is available.

There are two classes of microprograms defined, static and dynamic. Static programs are used heavily enough to be permanently stored in control store, dynamic microprograms are swapped in and out as needed. Guha's system implements a virtual control store. This requires techniques to aid in the allocation of control store, techniques that will prevent thrashing and deadlock.

There are three levels of microprogram usage on the system: no microprograms, the use of canned microprograms from the library, and the use of user developed microprograms. The software assembler for the system has a protocol for calling microprogrammed subroutines, and microfunctions have been added to C, the systems programming language for UNIX. The system is not yet complete and therefore we cannot comment on its utility in quantitative terms, but a routine called for environment switching has been microprogrammed, and some performance improvement has been detected.

3.4. Future Work

A major emphasis in Firmware Engineering must be the design of machine independent, efficient, universally accepted HLLs for microprogramming. Such a language must be machine independent, must compile into efficient and compact microcode, support systematic programming, and allow the efficient use of target machine data and functional resources through high level constructs. As described above, there are several research efforts under way attempting to design a language to fulfill these requirements, but as yet none have been completed.

The microcode compaction problem, the focus of most work during the past decade, appears to be solved. Though DeWitt has shown the problem to be NP-complete, it appears that heuristic methods exist that produce maximally compacted microcode in linear time in almost all cases. Counterexamples to optimality do exist, but it is conjectured that these cases will appear rarely in real microcode.

Comprehensive microprogram support systems will continue to grow in complexity as the components of the system are improved. Future support systems will include more sophisticated testing aids than simulators. These include test case generators, data bases to provide a record of the progress of testing and debugging, and firmware verification systems. Another component of future support systems will be instrumentation to aid in the measurement of system performance. This instrumentation will assist in the identification of high level primitives that can be migrated into firmware, a process described in [73].

4. Verification, Testing and Debugging

The next phase of the firmware life cycle is the testing and/or verification of the completed microprogram. By verification we mean the attempt to prove the absence of errors from the program or microprogram. By testing we mean the attempt to discover errors in the code or microcode, and the measurement of how well the specifications of the problem have been met. By debugging we mean the location and correction of know errors in the code or microcode.

Interest in validating software, among other things, has led to the study of software verification methods. One such method is symbolic execution of the program, which can demonstrate correctness for a range of inputs. Another method is a proof of correctness, usually done by making assertions about the input/output behavior of the program, and then algebraically proving that these assertions accurately reflect the program's actual behavior. The major difficulty with these methods so far is the complexity of non-trivial programs, which often have a large number of execution paths, which makes the assertions too complex for present methods to handle.

Despite the fact that nonexhaustive testing can never prove the correctness of a program or microprogram, it is by far the most widely used technique. The large proportion of program development time spent in testing has been recognized, and work is being on ways to do testing most effectively, including the use of automated testing aids [62].

The importance of good testing methods for firmware should be obvious. Especially without readable higher level microprogramming languages, the presence of errors in the microprogram becomes inevitable. Microprograms are more difficult to alter, both physically and logically, because on the one hand they often reside in ROS, and because on the other hand microprograms are often unstructured, leading to possible further errors when an attempt is made to repair a discovered error. Therefore it is important to discover as many errors as possible by testing the specification before the microprogram is committed to ROS, and to verify the correctness of the microprogram if at all possible.

Fortunately, the nature of firmware makes testing and verification of microprograms more tractable than testing and verification of software. Microprograms interpreting conventional machine instruction sets and realizing machine diagnostics are generally small, usually no more than a thousand microinstructions. Thus the complexity of the microprogram is of a manageable degree. In addition, each of the microoperations in a microinstruction performs a simple, well defined action.

An often heard criticism of program proof methods when applied to software is that these methods are only practical for "toy" programs. Patterson has pointed out that small microprograms quality as toy programs, for the above mentioned reasons [54]. This is why we see a good deal of research done in the field of microprogram proof methods.

The small size of microprograms has led to testing and debugging techniques not practical for software systems, especially testing through simulation. A microprogram affects a relatively small and well defined set of resources and data items. This makes simulation of the microarchitecture of the host machine a simple enough task to be feasible on most machines. The small number of resources and data items affected by the microprogram allows a tester to follow the execution of the microprogram on a simulator closely enough for the tester to be able to recognize and isolate errors as they appear.

Firmware engineering is most advanced in relation to software engineering in the area of testing and verification, as will be seen below.

4.1. Verification of Microprograms

Work in the verification of firmware programs is based for the most part on work done on the verification of software programs. The methods used are closely related, with the firmware work having the practical advantages of having smaller programs to prove, of having these programs being made up of microinstructions with simple input/output relationships, and of the simpler effects of one microinstruction on the state of the microprogram execution.

We can distinguish between two major classes of verification methods. In the first method assertions are made about the effect of the execution of a number of microinstructions. This leads to an assertion about the effect of the execution of the entire microprogram. The verifier then attempts to prove that these assertions are correct in one of two ways. The first is to define the effect of each microinstruction, and show that given the truth of the assertion at the beginning of a block of microcode the assertion at the end of the block will also be true. The second method is to prove the assertion about the input/output relationship defined by the microprogrammer by the symbolic execution of the microcode.

In the second class of verification methods the verifier attempts to find a simpler microprogram that is equivalent to the program to be proven. The proof then proceeds in two steps, first the equivalence of the given program and the simpler program is demonstrated, then the simpler program is proven by one of the methods given above.

4.1.1. Current Work

A first step in simplifying the verification of microprograms is to show that they are not self modifying. Maurer [50] describes four classes of procedures that can be shown to be safe, i.e. are either not self modifying or else modify only a limited subset of their instructions. Microprograms in general can easily be shown to be pure, and therefore safe, procedures.

Current work has resulted in the development of verification aids. Patterson [56,54] defines a language called STRUM, which has a Pascal-like syntax and includes statements useful in proving programs, such as assert. The STRUM system includes a verification system, modelled after London's Pascal verification system [45], which uses Floyd's inductive assertion method. The STRUM compiler uses assertions written by the programmer to generate Verification Conditions (VCs). The VCs are simplified by one module of the system, then proven using user supplied axioms. The failure to prove an assertion can mean either a mistake in the microprogram or a mistake in the assertion. Both of these possibilities must be checked by the verifier. A test of the STRUM system is described in [54]. An emulator for the HP-2115 was hand coded in a microassembly language and written in STRUM. The results indicated that STRUM did indeed catch errors in the source microprogram, and produced code better than that produced by hand. Patterson speculates that this was because global inefficiencies in a microprogram are easier to spot in a higher level language version of the program. Though a short microprogram may be hand optimized in a matter of hours, a long, hundred line, microprogram might need hundreds of hours to be hand optimized. Thus the writer of a large microprogram in a microassembly language will probably introduce the same inefficiencies as a compiler, without getting a global view that will allow the discovery of high level inefficiencies.

Ramamoorthy and Shankar [63] describe a general method to represent and sometimes verify loopfree microprograms. They define a machine independent representation for the hardware and firmware in a system, and a transformation from a microprogram to a machine independent representation.

Ramamoorthy and Shankar state that a microprogram is correct if it produces both correct output and a correct final machine state. To show correctness, first the microprogram is transformed into a machine independent format. Then the transformed microprogram is partitioned into a number of computational paths. Each of these paths must be checked to ensure that the execution of the path would result in correct output and final machine state. The correctness of the machine state is verified by checking that a number of protected locations (registers or store) have either not been modified or else modified but restored. The correctness of the output vector is verified by interpreting the virtual microprogram produced by the above mentioned transformations. If the desired output is known, the results of the interpretation can be compared to this output.

This method also allows the verification of the equivalence of two loop free microprograms. This is done by transforming them both into a machine independent form, then comparing them on a path by path basis, proving that corresponding paths or groups of paths are equivalent.

Blikle and Budkowski [10] describe the meaning of a microprogram by a binary input/output relation that describes the mapping of the initial values of a vector of values into the terminal values of this vector. The microprogram to be verified is then split into a number of modules, and an input/output relation is defined for each of these modules. The intention here is that the relation for each module should be simple enough to be easily provable. Since the program is a combination of the modules, the input-output relation of the microprogram as a whole must be a combination of the relations for each of the modules. The function defining this combination is found by an algebraic method that consists of finding and solving a set of fixed point equations. This function is then used in an analysis carried out in the algebra of relations that will eventually, it is hoped, prove both the partial and total correctness of the microprogram. This method has been tested on a number of microprograms written for a floating point arithmetic unit. An example is described in the paper.

A verification effort has been carried out by a group at IBM [44, 41, 17]. This method uses a high level description of the function to be microcoded. This description is written in a Language for Symbolic Simulation (LSS), which is an APL-like language. LSS is also used to describe the attributes of the intended host machine. The microcode to implement the desired function is written for this machine.

Thus there are two descriptions of the function to be implemented, one in a higher level language and one in microcode on a model of the intended host. The equivalence of these descriptions is proven by symbolically executing each of them and proving the truth of a number of simulation relations at various points during execution. This is done through use of a proof tree, each node of which represents a class of states in the system at one point in time. An example is the root of the tree which represents the entire problem of proving the simulation. Each son of a node represents a subgoal corresponding to a branch in the symbolic execution of the function. Thus, a branch in the proof tree represents a computation path, and the leaves of the tree represent all possible final states.

Proofs using the proof tree are aided by an automated interactive system called MCS (Microprogram Certification System). MCS contains an expression simplifier and a theorem prover, to assist in proving the truth of the simulation relations. This system is currently being applied to the design of a real machine, the NASA Standard Spaceborne Computer-2. MCS was previously used in the design of the Hybrid

Technology Computer (HTC) [41], during which time some of the microcode of the HTC was proved correct, and some errors were detected. This demonstrates the viability of this approach.

This verification effort suggested improvements to MCS, which are described in [16]. The weaknesses discovered in the original version of MCS include:

1. The description of asynchronous, parallel actions such as the interaction of an I/O interface and a program was difficult and awkward.
2. The simplification algorithms used generated excessively long and complicated proof expressions. New approaches should be able to speed up expression simplification and symbolic execution.
3. The interface between MCS and the user needed improvement. It was difficult for several people to work on one proof tree and combine results.
4. The proof tree was kept in main storage, and was therefore vulnerable to computer system malfunction.

Parallel, asynchronous processes were modelled as a number of sequential subprocesses [18]. Two new LSS constructs were introduced to specify when the interleaving of these subprocesses is permitted. These constructs are _delay_, which delays the present subprocess an indeterminate amount of time, letting another subprocess from a specified set run, and _wait_, which suspends the current subprocess if an associated boolean expression evaluates to false. The subprocess is allowed to resume execution when the value of the expression, which should contain shared variables, changes to true. As before, another subprocess from a specified set begins execution when the current subprocess is suspended.

When a subprocess is suspended more than one other subprocess may be ready for execution. A proper verification of an architecture or of a microprogram must examine the effect of selecting each of these subprocesses for execution. If there is a difference in the effect of executing one subprocess before another, there is a race condition in the architecture or microprogram, and thus an error.

To speed the proof process, goals can be checked to see if they are an instance of another goal. A goal s' is an instance of a goal s if there is a substitution into the symbolic values of s' that will make s' identical to s. Goal s' can be marked as proved if it is an instance of a previously proved goal s, or if it is an instance of a goal s with sons, each obtained from s by at least one computation step. This ability can cut down the size of the goal tree and speed the proof. Work has also been done on the simplification of expressions in LSS.

In order to preserve the goal tree from possible system malfunctions, and to allow access to the tree by several users at once, the tree is stored in disk files. Only the goal currently being proven is kept in core. Newly generated goals are stored on a user's disk, and are given a name chosen so as to not allow the goal to be easily erased or edited. Work continues with the improved MCS on verifying the HTC horizontal microprogram.

Van Mierop, Marcus and Crocker [81] have used a similar approach in the verification of microcode for the Fault Tolerant Spaceborne Computer (FTSC). Their work is primarily on the verification of emulators for this system. They describe the host and target systems in ISPS, a variant of Bell and Newell's ISP [5]. The verification system accepts host microcode and a set of proof commands. The goal of the proof is to show that the state changes induced by running the host microcode on the described architecture is equivalent to the state changes caused by running the target instructions. Symbolic execution of the microcode can be used to find the state changes.

The progress report describes the current state of this research and includes a brief list of verification commands. As with many verification systems human assistance is required to suggest subproofs, when to apply heuristics, and to transform results of the proof to match the results of symbolic execution of the target.

The approach of Budkowski and Dembinski [15] is to verify microprograms in object form. The object microprogram is translated into the Microprogram Design and Description Language (MIDDLE). This transforms the firmware verification problem into a software verification problem. The difference between firmware and software, according to the authors, is that firmware is directly linked to the hardware that will execute it. Thus, hardware documentation must be included in the microcode to make the transformation possible. The steps in a proof of a microprogram are:

1. Define the microprogram at the MIDDLE "implementation" level. This corresponds to the program in Control Store, and contains a representation of the hardware of the machine on which the microprogram is to run.

2. Prove this program correct with respect to a specification at a given level of abstraction. If the specification is given at the implementation level, all that is needed to prove a correspondence between the microprogram and the specification. If the specification is at the Register Transfer (RT) level, mechanisms defined in MIDDLE are applied to the microprogram to transform it into a MIDDLE program at the RT level. The RT level MIDDLE language, called A-MIDDLE, is a high level microprogramming language, and is hardware independent in the sense that an A-MIDDLE program contains no description of the underlying hardware. The RT level specification and the RT level microprogram can now be compared. If the specification is given at a level further abstracted from the hardware environment, the microprogram is again translated into A-MIDDLE, and then simulated. The results of the simulation are compared with the specification. Finally, if only a functional specification of the microprogram is given, software proof techniques are applied to the A-MIDDLE program. The result of the proof is intended to show that the microprogram matches the specification.

The MIDDLE language is described in [27]. The semantics of the language are formally described, to aid in the verification of MIDDLE programs. The language allows the description of operation (functional) units and control units of the microprogrammed processor. The functional unit description specifies entry and exit variables, the function implemented by the unit, and whether the implementation is combinational or sequential. Functions may further be described as synchronous or asynchronous. The documentation of the control unit specifies the format of microinstructions and which operation units are controlled by which microinstruction fields.

Budkowski and Dembinski describe how an implementation level microprogram is transformed into an A-MIDDLE program. The process is basically one of the substitution of the functional description of operation units in the hardware documentation into the implementation level microprogram.

4.2. Testing

Firmware testing is much different from software testing due to the different natures of the programs being tested. One important method of software testing is the display of the state of the execution of a program, via the printing of the values of variables, information giving a trace of procedure entry and exit, etc. This can be done simply by inserting the higher level language statements necessary to output this information in the program.

This strategy is not feasible for firmware testing. There are generally no firmware primitives for control of output devices, let alone for the formatting of output data. Without external aids the firmware tester is limited to observing the machine's panel lights, which may not even be able to display many of the resources used by the microprogram.

Therefore, some equipment external to the microprogrammable machine under test is often required. This equipment can be attached to the machine under test, or it can be independent of the machine. An example of the former case is a system that allows the insertion of breakpoints at various locations in control store, an example of the latter is a simulator of the microprogrammable machine running on a different host.

To effectively test microprograms, the firmware tester should be able to do the following:

    (a) Display the state of the microprogrammable machine resources, i.e., all registers, control and primary store, switches and latches.

    (b) Modify at least some part of the processor state easily. The registers, control and primary store should be modifiable to allow input of test cases.

    (c) Halt execution at preselected points. Breakpoints should be allowed to enable the examination of the processor state.

    (d) Generate a record of execution. This requirement is important in order to allow a record to be kept of the execution paths that have been examined, to allow for examination of the experiment off line, and to allow the restarting of the test process from a checkpoint at some later time, instead of having to start over from the beginning. It would be useful if a machine readable record were generated, so that the construction of programs for the examination of large amounts of test results would be possible.

(e) Be usable as an instructional tool, to aid in the training of microprogrammers. The simulator should also be constructed to serve as part of the documentation of the architectural design of the microprogrammable processor.

Software simulation of the microprogrammable machine is the method most suited to meet these requirements. In this section we will describe three reports on testing of microprograms using simulation. There are many more simulators than these three reported in the literature, but papers describing them ([60,33,14,52]) report on experiments with the microarchitecture of systems or performance analysis, for example, and not testing.

4.2.1. Current Work

Available technology has a major effect on the testing of microprograms. The test procedure described by Whitney [84] was a result of the cost of modifiable control store at the time the work was done (1970). Whitney describes a three step procedure for testing the microprogramming of a Floating Point Processor (FPP) designed to operate as a peripheral to a minicomputer. The first step was testing the system on a simulator. After this, it was necessary to conduct tests on a breadboard implementation of the FPP, in order to eliminate timing and other dynamic errors. The results of this testing are likely to result in changes to the microprogram being required. The use of a ROM would cause the changes to be expensive and time consuming to make, and the use of WCS was prohibitively expensive at the time of this work.

The solution adopted was to use a small amount of writable store as a virtual control store, using the primary store of the attached minicomputer as backing store. Connections between the FPP and the minicomputer allowed examination and alteration of the registers of the FPP. Two modes of testing were available, which led to the last two steps of the test procedure. The first mode was running the microprogram in step mode, with a listing of the registers being produced after every cycle. This listing was printed on a line printer, which made a trace of the microprogram execution available for examination. The fact that the registers of the FPP were user modifiable during the testing process made the user able to feed test data to the microprogram under examination.

The second mode of execution possible was full speed mode. Breakpoints were available, and reaching a breakpoint resulted in possibly dumping the state of the registers of the FPP for examination, possibly setting the mode to step mode, or possibly setting another breakpoint.

The availability of inexpensive WCS makes complex testing schemes such as this one unnecessary today. Little has appeared in the microprogramming literature about dynamic testing. We believe this is due to two reasons. First, much of the firmware research today assumes the availability of a well defined, stable, host machine, making the debugging of the hardware unnecessary. Second, these machines are designed to make possible microoperation timing conflicts detectable from an examination of the microcode. The microinstruction sets of these machines make it more difficult to make errors that would only be detectable in a hardware test situation.

Hardware additions to microprogrammable processors that allow testing and instrumentation of firmware have been developed. An example is the Snooper Facility of the Mathilda Processor [70]. The Snooper Facility includes a Snooper control store and Snooper Resources. Snooper instructions control the operation of Snooper resources and can cause interrupts conditional on the state of the resources. The Snooper resources can be written through the I/O ports of the system, and are useful for making measurements such as instruction reference counts.

Davidson and Tao [26] describe an interactive simulator for the Lockheed SUE. This system was designed primarily to aid in the testing of microprograms, and reflects the architecture of the SUE at the microprogram level, not attempting to model lower level architecture.

The SUE Simulator allows examination of the entire range of system resources, and the modification of many of them. The user can run a microprogram in step mode, set breakpoints, or trace the flow of control of the microprogram. Primary and control store can be saved, but there are no facilities to record the state of the SUE during execution. Firmware testing strategies designed for a tester who desires to follow the execution path of the microprogram under test in detail are described. Simulator facilities to permit bottom up, top down, and integrated testing are described.

The Mathilda Interactive Simulator (MIS) developed by Turner [79] contains facilities that allow the presentation of a pseudo-tutorial which displays in a step by step manner the values affected by each subcycle of the microinstruction execution cycle. MIS also contains advanced display facilities, conditional breakpoints, and an on-line help facility.

Persson [58] describes a simulator generation system. The simulator is considered to be composed of three levels. Level 0 contains the basic simulator monitor, which has the capability to set breakpoints, run a program, open and modify the simulated resources of the target machine, etc. In Level 1 the components of the simulated machine are declared. It is possible to build up a library of machine components, making the task of writing a simulator much easier. In Level 2 the components defined in Level 1 are generated and linked together. The architecture of the target machine is created here. This scheme for simulator generation is analogous to the Meta Assembler described above.

Barbacci and Parker [4] describe the verification of machine architecture descriptions through simulation. Due to the fact that physical implementations of the architectures existed, machine diagnostics were used to verify the descriptions. Barbacci and Parker give several arguments as to why diagnostics comprise a viable set of test programs in this environment.

4.2.2. Future Work

Future work in firmware testing should follow some of the current work being done in software testing ([36]). Many software testing practices have not yet been adopted for firmware testing. A data base of errors detected, patches made, paths checked, etc. should be developed for each system under test. This will help to ensure the completeness of the testing process.

An important issue in testing is when to stop. One way of determining this is the injection of known errors into the system before testing begins [35]. When all of these errors have been found the tester can be more confident in the state of the system. Random injection of errors is not sufficient for this process, rather areas of code and control and data structures that are most likely to contain errors must be identified, and the error injection must be done so that these structures will contain an appropriate percentage of the ·injected errors. No work on error injection in firmware has been reported to the best of our knowledge. Systems that ensure that all paths through the microprogram are exercised are needed, as well as a method of test data selection. Systems that use data produced by a simulator, or that actually drive the simulator could produce reports assisting the user in evaluating the extent that the testing has been completed. Interactive systems of this type could remove much of the burden of details from the tester's shoulders.

On the hardware side, systems with more test facilities built in would aid the microprogrammer in monitoring the progress of the firmware on the machine. This would give the user access to what is effectively a maintenance console, which would allow more effective on-line testing.

The testing procedures outlined in this section were dynamic in nature, with the testing being carried out on a microprogram being executed by a host processor or by a simulator. Another possible testing method is static testing via analysis of microprograms. This can include the generation of flow graphs, live variable analysis, etc. Static testing of software is described in [35]. Many of these techniques should be investigated to determine their applicability to microcode testing.

4.3. Debugging of Microprograms

Isolating and correcting discovered firmware errors is little different from software debugging, except that the limited effect of a microoperation makes the process simpler.

Presently debugging is done employing either hard (utilizing the host machine) or soft (utilizing a simulator) techniques. Gasser [34] describes a hard interactive debugger for the Intercomputer i-50 minicomputer. Two processors sharing a common memory are used for the system, with the debugging program on one processor controlling the execution of the microprogram to be debugged on the other. A special routine for debugger communication was added to the instruction fetch routine of the microprogram being debugged. This method only allows one breakpoint to be reached per machine instruction execution. Though calls to the communication routine can be placed in other locations throughout the microprogram, the fact that the microprogram return address is not saved requires the machine instruction execution interrupted by the breakpoint to be restarted from the beginning.

Menchard and Prat [53] describe a hard debugging system for bit-slice microprogrammable microprocessors. The system consists of two components: a loader that allows the user to load the RAM control store, and a tester that allows the user to manually clock the microprocessor, to dump memory and registers, and to display the state of the machine on a display unit constructed of a number of LEDs. This system, designed to be inexpensive, is implemented for an Intel 3000 bit-slice microprocessor system.

Davidson and Tao [26] describe one soft debugging method, that assists in isolating a bug by examination of affected resources in the region of error in a step by step manner. This system has been used to debug a PDP-11 emulator, the lexical analysis pass of a Pascal compiler, and a firmware data compression/decompression unit. Vickery [83] describes two types of debugging programs for the Interdata 85, one hard and one soft. One, called Micro-Delta, is an interactive program running on the machine being tested. It contains facilities for memory search, examination and modification, breakpoints and disassembly for both the microcode and machine language levels of the machine. However there are problems with systems such as this. Some machine resources are not accessible from the microprogram. Examples of such resources on the Interdata 85 include the control store address and data registers, the user instruction register, the memory address register and others. An even more important disadvantage is that the debugger will affect the program or microprogram being tested. An example of this is that, on the Interdata 85, subroutine calls are of the branch and link type, so that executing the call inserted at a breakpoint will destroy the contents of one register.

The advantage of the resident debugger is that, since it is using the actual machine hardware on which to run the program or microprogram, errors in a simulator that cause the simulated machine not to be an accurate representation of the target machine do not occur. Another advantage is that the debugger can run on a stand alone configuration, and does not require another, generally larger machine to serve as host.

Vickery also describes a simulator for the Interdata 85, designed for batch but usable interactively, meant to serve as both a research and educational tool. The Simulator was designed so that its structure paralleled the structure of the Interdata 85 as much as possible, and that the I/O functions of the 85 are simulated as closely as possible. As a result, the simulated execution times for machine instructions agree closely with real timings.

In the future, symbolic debugging systems should be developed that allow the tester to work at the level in which the microcode is written. This will be especially important for HLL to microcode systems, for much of the advantage of the HLL is lost if debugging must be carried out at a low level. Facilities that allow the logical isolation of segments of microcode under test are needed, as well as the easy and efficient construction of scaffolding for these sections.

It is essential to have a data base of detected errors, attempted patches, working patches and corrections available to avoid duplication of effort and the insertion of incorrect patches into the code.

5. Maintenance

Firmware maintenance consists of modifications to the microprogram after it has been released. Maintenance can be broken into two categories: repair and updating. Fast, correct firmware repair is of extreme importance due to the fact that many microprograms are embedded deep in the host system, and affect all areas of system activity. Furthermore, many of these microprograms are resident in ROM, frequently at sites remote from the point of fabrication. Therefore field engineers must be sent to do the repair, increasing the maintenance cost. Updating of traditional standard instruction set emulators often involved an entire rewrite of the firmware, making this not really a maintenance problem. However, as firmware is used in more complex ways, the updating of portions of a microprogram will become necessary.

Software maintenance is a neglected field, firmware maintenance, at least seen from a careful examination of current literature, is more so. Higher level microprogramming languages will add greatly to the maintainability of firmware by allowing better documented microprograms with fewer hidden side effects. The previously mentioned data base of testing and debugging activity will help by providing a record of system development that can be consulted by the maintainer. The modified system will have to be retested and/or reverified to ensure correctness of the new version.

6. Microprogramming Education

Students learning to microprogram need a solid background in both hardware and software. The student of microprogramming has probably never before worked with a bare machine, as an assembly language programmer (especially a student programmer) usually has operating system functions to aid in the programming effort. To understand the effect of a microprogram the student must be familiar with the micro-level architecture of a machine, and thus be aware of the varieties and uses of the hardware components.

Since at the present time microprogramming is a low level activity, the student must put more effort into the creation of a correct and understandable microprogram. In addition the writer of a microprogram for a machine with a horizontal architecture must understand the concept of parallelism in order to take advantage of the possibilities available for the concurrent execution of microoperations.

Learning to microprogram on a bare machine would be exceedingly difficult. Therefore a microprogramming support system, usually consisting of a collection of utilities, is used. This can be similar to a microprogram development system used in industry, except that students require more explicit diagnostic messages, the size of student microprograms will be smaller, and the system will be required to support a larger number of users.

Due to these factors, support systems for microprogramming education are often not run on the microprogrammable machine. A simulator written in a higher level language, designed to clearly display the architecture of the target machine, can serve as an aid to the understanding of the semantics of the microinstruction set, as the program serves as a concise and precise reference. A cross microassembler, running on a larger machine, allows more and better features, and clearer diagnostics, than an assembler running on the target machine. If these utility's run on the university's main computer the student is saved from having to learn how to use a completely new system, and therefore the student's effort can be more efficiently devoted to learning how to microprogram.

6.1 Current Work

One example of a complete microprogram development system in an educational environment is a collection of utilities at the University of Minnesota for microprogramming the PDP 11/40 E, a PDP 11/40 extended with 1 K of RAM control store, 32 80 bit words of PROM, a 16 word stack, a shift and mask unit, and a carry control unit. The development system consists of a microassembler [8], a simulator [6], a loader [9] and a logic analyzer [7].

The Micro/40 assembler is written in C and runs under UNIX on the PDP 11/40. The microassembler is a typical assembler for a machine with a horizontal architecture, allowing the specification of the several microoperations making up a microinstruction in a line of code. An include facility, a macro text substitution facility, and several special features required by the target architecture are provided.

A second component of the support system is an off-line simulator. The simulator can load object microcode that is generated by the microassembler into its simulated control store. Simulator commands include directives to run microprograms in step mode, to load files into simulated store, to dump simulated store into UNIX files, and to trace and set breakpoints on both registers and control store locations.

The system supports testing and debugging on the target machine. A loader [9] is available to load object microcode into the PDP 11/40 E control store. A test system allows a machine language program to be loaded into memory. The machine language program is executed by the standard PDP 11/40 instruction set emulator. The user microprogram to be tested is called when the machine attempts to execute an unassigned opcode. Aside from this, the only testing and debugging support is provided by a logic analyzer. Procedures for the use of this device are described in [7].

A microprogram support system at the University of Southwestern Louisiana consists of a microassembler [12] and an interactive simulator [79] for the MATHILDA processor [70]. These utilities run on Multics, which allows them to be used by more than one student at a time. The simulator includes such features as help commands which document the resources of MATHILDA and simulator commands on line, a tutorial mode, in which a microinstruction is executed microcycle by microcycle while the actions of the processor are displayed for the user, and commands to allow selected parts of the machine state to be displayed on the terminal screen continuously, being updated by the simulator as execution progresses. Some simulator commands can be included in the microprogram as assembler directives.

Vickery [82] describes a support system for the Interdata 85 at Queens College in New York. A cross-assembler for the I85 is available on the university's main computer, which runs batch jobs. Simulators for the I85 are available on the main computer, in batch mode, and on the I85 interactively. Though the batch simulator provides more information about the microprogram, students seem to prefer the interactive version. Vickery believes that the ability to interact with the program being tested is more important than the amount of information available, a conclusion backed by the observation that people who have interactive access to the simulator running on the university computer prefer it to the simulator on the I85. A simulator implemented on an interactive, multi-user system seems to allow the best of both worlds, providing an informative and responsive testing facility.

6.2. Future Work

The development of higher level microprogramming languages will make microprogramming more accessible to the student, but will reduce the need to be familiar with the microprogram level architecture of the machine. Therefore higher level microprogramming languages can only provide part of a student's exposure to microprogramming.

The further development of simulators and cross assemblers for real and hypothetical microprogrammable machines on timeshared systems will further allow a student to learn microprogramming on machines with which they are familiar. Detailed, accurate simulators with good diagnostics and debugging tools will help the students get started in the field.

Developments allowing more hands-on microprogramming experience are needed. Development of multi-microprogramming systems as described in [37] will allow easier access to the microprogrammable machine. Virtually microprogrammable machines, allowing access to the bare machine but keeping users isolated from each others is a concept that could prove useful in student microprogramming, just as the concept of virtual machines [71] has proven useful in system program development. The availability of bit-slice microprogrammable microprocessor kits will allow universities to establish microprogramming laboratories that will provide hands on experience for a large number of students at a reasonable cost.

7. Current Outstanding Problems and Future Trends in Firmware
   Engineering

Just as the past history of firmware engineering has matched that of software engineering, we can expect firmware engineering to do the same in the future. As new advances are made in software, they will be adopted for firmware development. In addition, many useful software engineering techniques have not yet been incorporated into firmware engineering. For instance, more work must be done to develop specification languages for firmware. Microprograms can be considered as a step in the stepwise refinement process, to be taken when a software implementation is not fast enough for an application. Techniques to mix software and firmware also should be developed, in order to tune machines for most effective implementation of a heavily used algorithm.

The need for a higher level microprogramming language has been discussed at length. The development of a HLL will also have an effect on the firmware testing and verification process. The designer of a microprogram in a HLL will not want to test it on a register, bus, microoperation level. Simulators and test systems that will interact with the user on a HLL level will be needed. This corresponds to current systems that allow debugging on a higher level software language level. Also, given a certified HLL to firmware translator, proofs of microprograms may be carried out in the HLL , which makes the proof techniques developed for software verification directly applicable.

Finally, the above techniques will allow for the construction of larger microprograms than are currently feasible. This will in turn lead to the development of firmware design methodologies similar to those developed for software. Microprograms will also have more widespread use, such as for the implementation of a higher level language machine, or for the microcoding of parts of an operating system. This will require more attention be paid to microprogram maintenance techniques. Since very little work has been done on techniques for software maintenance it is difficult to say what firmware maintenance techniques will include.

References

[1]. T. Agerwala, "Microprogram Optimization: A Survey," IEEE Trans. Comput., vol C-25, pp.962-973, Oct. 1976.

[2]. A. V. Aho, J. E. Hopcroft, and J. D. Ullman, The Design and Analysis of Computer Algorithms, Addison Wesley, Reading, Mass. 1974.

[3]. F.T. Baker, "Chief Programmer Team Management of Production Programming," IBM Syst. Journ. vol 11, no. 1, (1972) pp. 56-73.

[4]. M. Barbacci and A. Parker, "Verification of Formal Architecture Descriptions," Computer, Vol. 11, No. 5, May 1978, pp. 51-56.

[5]. C. G. Bell and A. Newell, Computer Structures: Reading and Examples, McGraw-Hill, New York, 1971.

[6]. H. K. Berg and B. E. Blasing, "PDP-11/40E Microcode Simulator Primer," Technical Report 78-10, Computer Science Department, University of Minnesota, July 1978.

[7]. H. K. Berg and C. R. Covey, "A Primer on the Use of a Logic State Analyzer as a Microprogram Debugging Aid," Technical Report 78-12, Computer Science Department, University of Minnesota, July 1978.

[8]. H. K. Berg and E. Dekel, "MICRO/40 Assembler Primer," Technical Report 78-9, Computer Science Department, University of Minnesota, July 1978.

[9]. H. K. Berg and N. Samari Kermani, "A Primer on the SMILE Microprogram Load and Test System," Technical Report 78-11, Computer Science Department, University of Minnesota, July 1978.

[10]. A. Blikle and S. Budkowski, "Certification of Microprograms by an Algebraic Method," 9th Annu. Workshop on Microprogramming Preprints, pp. 9-15.

[11]. B.W. Boehm, "Software Engineering," IEEE Trans. Comput., vol C-25, pp. 1226-1242, Dec. 1976.

[12]. P. A. Boudreaux, "A User's Manual for the MARIA-LOUISE Microassemblers on Multics," Computer Science Department, University of Southwestern Louisiana, June 1977.

[13]. H. Bratman and T. Court, "The Software Factory," IEEE Computer, vol. 8, No. 5, pp. 28-40, May 1975.

[14]. C. L. Braun, "An Integrated Microprocessor Support System," SIGPLAN Notices, vol. 11, pp. 57-66, April 1976.

[15]. S. Budkowski and P. Dembinski, "Firmware versus Software Verification," Proc. 11th Annu. Microprogramming Workshop, pp. 119-127.

[16]. W. C. Carter, W. H. Joyner, Jr., D. B. Brand, H. A. Ellozy, and J. L. Wolf, "An Improved System to Verify Assembled Programs," Digest Fault Tolerant Computing Symposium-8, June 1978.

[17]. W.C. Carter, W.H. Joyner and D. Brand, "Microprogram Verification Considered Necessary," Proc. of the NCC, Anaheim,

CA, June 1978.

[18]. W.C. Carter, W. H. Joyner, Jr., and D. B. Brand, "Symbolic Simulation for Correct Machine Design," 16th Annu. Design Automation Conf., June 1979.

[19]. S. Dasgupta and J. Tartar, "The Identification of Maximal Parallelism in Straight Line Microprograms," IEEE Trans. Comput. vol C-25, pp. 986-991, October 1976.

[20]. S. Dasgupta, "The Organization of Microprogram Stores," Comp. Surveys, Vol. 11, No. 1, March 1979, pp. 39-66.

[21]. S. Dasgupta, "Parallelism in Loop-Free Microprograms," 1977 IFIP Congress Proceedings, pp. 745-750.

[22]. S. Dasgupta, "Towards a Microprogramming Language Schema," Proc. 11th Annu. Microprogramming Workshop, pp. 144-153.

[23]. S. Davidson and B. D. Shriver, "An Overview of Firmware Engineering," Computer, Vol. 11, No. 5, May 1978, pp. 21-33.

[24]. S. Davidson, "Design and Construction of the Virtual Machine Resource Binding Language," Dissertation Prospectus, Computer Science Department, University of Southwestern Louisiana, December 1978.

[25]. S. Davidson, "Syntax and Semantics of MARBLE," MARBLE Memo 14, Computer Science Department, University of Southwestern Louisiana, July 1979.

[26]. S. Davidson and W. Tao "Testing of Microprograms Using the Lockheed SUE Microinstruction Simulator," Proceedings of Symposium on Simulation of Computer Systems, pp. 189-201, August 1976.

[27]. P. Dembinski and S. Budkowski, "An Introduction to the Verification Oriented Microprogramming Language 'MIDDLE'," Proc. 11th Annu. Microprogramming Workshop, pp. 139-143.

[28]. D.J. DeWitt, "A Control Word Model for Detecting Conflicts Between Microprograms," 8th Annu. Workshop on Microprogramming Preprints, pp. 6-13.

[29]. D. J. DeWitt, "Extensibility - a New Approach for Designing Machine Independent Microprogramming Languages," 9th Annu. Workshop on Microprogramming Preprints, pp. 33-42.

[30]. D.J. DeWitt, "A Machine Independent Approach to the Production of Optimal Horizontal Microcode," Ph.D Dissertation, The University of Michigan, 1976.

[31]. R. H. Eckhouse, "A High Level Microprogramming Language (MPL)," AFIPS Conf. Proc. 38, SJCC 1971.

[32]. M.E. Fagan "Design and Code Inspections and Process Control in the Development of Programs," IBM Technical Report TR 00.2763, June 10, 1976, IBM Corporation, Poughkeepsie, N.Y.

[33]. H. J. Farber, "Statistical Evaluation of Programs Run on a Microprogrammed Computer Through Simulation," SIGMICRO Newsletter, vol 4, pp. 24-29, April 1973.

[34]. M. Gasser, "An Interactive Debugger for Software and Firmware," 6th Annu. Workshop on Microprogramming Preprints, pp. 113-120.

[35]. T. Gilb, _Software Metrics,_ Cambridge, Mass: Winthrop Publishers Inc., 1977.

[36]. J. B. Goodenough and S. C. Gerhard, "Towards a Theory of Test Data Selection," IEEE Trans. Software Eng. vol SE-1, pp. 156-173, June 1975.

[37]. R.K. Guha, "Dynamic Microprogramming in a Time Sharing Environment," Proceedings 10th Annu. Workshop on Microprogramming, pp. 55-61.

[38]. B.C. Hodges and A.J. Edwards, "Support Software for Microprogram Development," SIGMICRO Newsletter, vol. 5, pp.17-24, January 1975.

[39]. S. S. Husson, _Microprogramming: Principles and Practice,_ Englewood Cliffs, N.J.: Prentice Hall, 1970.

[40]. L.H. Jones, "Microinstruction Sequencing and Structured Microprogramming," 7th Annu. Workshop on Microprogramming Preprints, pp. 277-290.

[41]. W.H. Joyner, W.C. Carter and G.B. Leeman, "Automated Proofs of Microprogram Correctness," Proceedings 9th Annu. Workshop on Microprogramming, pp. 51-56.

[42]. R.L. Kleir and C.V. Ramamoorthy, "Optimization Strategies for Microprograms," IEEE Trans. Comput. vol C-20. pp. 783-794, July 1971.

[43]. B.A. Laws Jr., "Microbe: A Self Commenting Microassembler," Proceedings 10th Annu. Workshop on Microprogramming, pp. 61-66.

[44]. G.B. Leeman, "Some Problems in Certifying Microprograms," IEEE Trans. Comput. vol C-24, pp. 545-554, March 1975.

[45]. R.L. London, "A View of Program Verification," SIGPLAN Notices, vol. 10, pp. 534-545, June 1975.

[46]. K. Malik and T. G. Lewis, "Design Objectives for High Level Microprogramming Languages," Proc. 11th Annu. Microprogramming Workshop, pp. 154-160.

[47]. P. W. Mallett, "Methods of Compacting Microprograms," Ph.D. Dissertation, Computer Science Department, University of Southwestern Louisiana, December 1978.

[48]. D. Martin, "An Eclipse Microassembler," SIGMICRO Newsletter, vol 8, pp. 13-24, March 1977.

[49]. P. Marwedel and G. Zimmerman, "MIMOLA Report and MIMOLA Software System User Manual," Bericht Nr. 2/79, Institut fur Informatik Und Praktische Mathematik, Christian-Albrechts-Universitat, Kiel, Germany, May 1979.

[50]. W.D. Maurer, "Some Correctness Principles for Machine Language Programs and Microprograms," 7th Annu. Workshop on Microprogramming Preprints, pp. 225-235.

[51]. C.L. McGowan and J.R. Kelly, _Top Down Structured Programming Techniques_, New York: Petrocelli/Charter, 1975.

[52]. W. M. McKeeman, "A Simple Computer," SIGMICRO Newsletter, vol. 5, pp. 16-48, October 1975.

[53]. S. Menchard and R. Prat, "A Low-Cost Microprogram Development System Loader and Tester," Eurmicro Journal, Vol. 5, No. 4, July 1979, pp.225-235.

[54]. D. A. Patterson, "An Approach to Firmware Engineering," Proc. of the NCC, Anaheim, CA, June 1978, p. 643.

[55]. D. A. Patterson and K. Lew, "An Investigation of Automatic Microcoding of Operating System Routines," submitted to IEEE Trans. on Soft. Eng., September 1979.

[56]. D.A. Patterson, "STRUM: Structured Microprogramming System for Correct Firmware," IEEE Trans. Comput. vol C-25, pp. 974-986, October 1976.

[57]. D. A. Patterson, K. Lew, and R. Tuck, "Towards an Efficient, Machine-Independent Language for Microprogramming," Proc. 12th Annu. Microprogramming Workshop, pp. 22-36.

[58]. M. Persson, "Design of Software Tools for Microprogrammable Microprocessors," TRITA-NA-7903, Department of Numerical Analysis and Computing Science, Royal Institute of Technology, Stockholm, Sweden, 1979.

[59]. M. Persson, "MICAS/MICSIM - A Microprogram Generator for Varian V/3," TRITA-NA-7913, Department of Numerical Analysis and Computing Science, Royal Institute of Technology, Stockholm, Sweden, 1979.

[60]. R. Petzold, L. Richter, and H. P. Rohrs, "A Two Level Microprogram Simulator," 7th Annu. Workshop on Microprogramming Preprints, pp. 5-65.

[61]. V. M. Powers and J. H. Hernandez, "Microprogram Assemblers for Bit-Slice Microprocessors," Computer, Vol. 11, No. 7, July 1978, pp. 108-120.

[62]. C.V. Ramamoorthy and S.-B.F. Ho, "Testing Large Software with Automated Software Evaluation Systems," IEEE Trans. Software Eng. vol SE-1, pp. 46-59, March 1975.

[63]. C.V. Ramamoorthy and K.S. Shankar, "Automatic Testing for the Correctness and Equivalence of Loopfree Microprograms," IEEE Trans. Comput. vol C-23, pp. 768-783, August 1974.

[64]. C. V. Ramamoorthy and H. H. So, "A Survey of Software Requirements and Specifications," Infotech State of the Art Report on Software Engineering.

[65]. C.V. Ramamoorthy and M. Tsuchiya, "A High Level Language for Horizontal Microprogramming," IEEE Trans. Comput. vol C-23, pp. 791-802, August 1974.

[66]. T. G. Rauscher and A. K. Agrawala, "Dynamic Problem-Oriented Redefinition of Computer Architecture via Microprogramming," IEEE Trans. Comput., Vol. C-27, November 1978, pp. 1006-1014.

[67]. M. Richards, "The BCPL Programming Manual," The Computer Laboratory, University of Cambridge, Coin Exchange Street, Cambridge, England, CB2 3QG, 1973.

[68]. W. Rottman, "MIKADO - A System for Computer Aided Microprogram Development," 7th Annu. Workshop on Microprogramming Preprints, pp. 195-202.

[69]. J.P. Schoellkopf, "Microprogramming: A Step of a Top-Down Design Methodology," 7th Annu. Workshop on Microprogramming Preprints, pp. 203-207.

[70]. B.D. Shriver, "A Description of the MATHILDA System," Computer Science Department, University of Aarhus, Aarhus, Denmark, DAIMI PB-13, 1973.

[71]. B. D. Shriver, D. Hyams and J. W. Anderson, "Virtual Machine Monitors," in _Encyclopedia of Computer Science and Technology_, Eds. W. Belzer, A. G. Holzman and A. Kent, Marcel Dekker, Inc., New York, 1979.

[72]. J. F. Sommerville, "Towards Machine Independent Microprogramming," Eurmicro Journal, Vol. 5, No. 4, July 1979, pp. 219-224.

[73]. J. Stockenburg and A. van Dam, "A Methodology for Vertical Migration in Layered Hardware/Firmware/Software Systems," Computer, Vol. 11, No. 5, May 1978, pp. 35-50.

[74]. M. Tabandeh and C.V. Ramamoorthy, "Execution Time (and Memory) Optimization in Microprograms," 7th Annu. Workshop on Microprogramming Preprints Supplement, pp. S19-S27.

[75]. D. Teichroew and H. Sayani, "Automation of System Building," Datamation, pp. 25-30, August 1971.

[76]. M. Tokoro, E. Tamura, K. Takase and K. Tamaru, "An Approach to Microprogram Optimization Considering Resource Occupancy and Instruction Formats," Proceedings 10th Annu. Workshop on Microprogramming, pp. 92-109.

[77]. M. Tokoro, T. Takizuka, E. Tamura, and I. Yamaura, "A Technique of Global Optimization of Microprograms," Proc. 11th Annu. Microprogramming Workshop, pp. 41-51.

[78]. S. G. Tucker, "Microprogram Control for System/360," IBM Systems Journ. vol 6, pp. 222-241, 1967.

[79]. R.G. Turner, "An Interactive Simulator for MATHILDA-RIKKE on Multics: Concept, Design and Implementation," Masters Project Report, The University of Southwestern Louisiana, August 1977.

[80]. J. E. Urban, "A Specification Language and its Processor," Ph.D Dissertation, The University of Southwestern Louisiana, December 1977.

[81]. D. van Mierop, L. Marcus, and S. Crocker, "Verification of the FTSC Microprogram," Proc. 11th Annu. Microprogramming Workshop, p. 118.

[82]. C. Vickery, "A Microprogramming Design Laboratory," SIGPLAN Notices, Vol. 11, No. 4, April 1976, pp. 113-117.

[83]. C. Vickery, "Software Aids for Microprogram Development," 7th
Annu. Workshop on Microprogramming, pp. 208-211.

[84]. T.M. Whitney, "A Test Procedure for Microprogrammed Systems,"
3rd Annu. Workshop on Microprogramming Preprints.

[85]. M.V. Wilkes, "The Best Way to Design an Automatic Machine,"
Proc. Manchester Univ. Computer Inaugural Conf., July 1951,
London, England: Ferrante, 1951.

[86]. N. Wirth, "Program Development by Stepwise Refinement," Comm.
ACM vol 14, pp. 221-227, April 1971.

[87]. G. Wood, "Microprogram Design at the Processor Level," SIGMICRO
Newsletter, Vol. 10, No. 1, March 1979, pp. 14-20.

[88]. G. Wood, "On the Packing of Micro-operations into
Microinstruction Words," Proc. 11th Annu. Microprogramming
Workshop, pp. 51-56.

[89]. S.S. Yau, A.C. Schowe and M. Tsuchiya, "On Storage Optimization
of Horizontal Microprograms," 7th Annu. Workshop on
Microprogramming Preprints, pp. 98-106.

SOFTWARE ENGINEERING - FIRMWARE ENGINEERING

H.K. Berg und R. Güth
Technische Universität Berlin
Fachbereich Informatik - CAMP

1. DEFINITIONEN

Neben dem traditionellen Hardware-Aspekt der Mikroprogrammierung, unter dem die Mikroprogrammierung als Technik für die systematische Realisierung von Kontrollfunktionen
der Rechner-Hardware betrachtet wird, gewinnt der Software-Aspekt der Mikroprogrammierung immer stärker an Bedeutung. Der Software-Aspekt resultiert aus der Anwendung der
Mikroprogrammierung für die interpretative Implementierung des Operationsprinzips einer Rechnerarchitektur. Als Operationsprinzip bezeichnen wir das funktionelle Verhalten der Rechner-Hardware sowie die Darstellung von Informationskomponenten (Maschinenbefehle, Daten, usw.) in der Maschine und deren Interpretation und Transformation
durch die Maschine. Um diesen Software-Aspekt der Mikroprogrammierung hervorzuheben,
führte A. Opler [1] den Begriff Firmware ein.
● Firmware bezeichnet Mikroprogramme für die Spezialisierung der Benutzung eines
  Rechners [2].
Der Definition dieses Begriffs liegt die Vorstellung eines "no-order-set/no-data-
structure"-Rechners zugrunde, bei dem sich die Möglichkeit der Spezialisierung der
Benutzung aus der programmierten Implementierung des Operationsprinzips durch Mikroprogramme ableitet. Es sei darauf hingewiesen, daß dadurch die durch das Operationsprinzip definierte Grenzlinie zwischen Hardware und Software einer Rechnerarchitektur
manipulierbar wird.

Ebenso wie die Wahrnehmung der Schwierigkeiten mit traditionellen Software-Produk-
tionstechniken Forschungsanstrengungen im Software-Engineering motivierte, machen die
stark an Bedeutung gewinnenden Software-Aspekte der Mikroprogrammierung vergleichbare
Forschungsanstrengungen im Firmware-Engineering notwendig. Der Parallelität in der
Entwicklung beider Teilgebiete der Informatik Rechnung tragend, wurde als Definition
von Firmware-Engineering eine Modifikation der Definition von Software-Engineering [3]
vorgeschlagen, bei der das Wort "Programm" durch das Wort "Mikroprogramm" ersetzt ist
[4]. Die zugrundeliegende Definition von Software-Engineering lautet wie folgt [3]:
● Software-Engineering (SE) ist die praktische Anwendung von wissenschaftlichen Erkenntnissen im Entwurf und der Konstruktion von Programmen sowie die dazugehörige
  Dokumentation, die zu deren Entwicklung, Betrieb und Wartung benötigt wird.

Weitere Parallelen von Software-Engineering und Firmware Engineering mit Bezug auf
die angestrebte systematische Entwicklung von Software- und Firmware-Produkten werden
durch die folgende Definition von Firmware-Engineering unterstrichen [5]:

● Firmware Engineering (FE) ist die Anwendung wissenschaftlicher Prinzipien in der
   Praxis des Entwurfs, der Spezifikation, Konstruktion, Verifikation, Dokumentation
   und Wartung von Firmware.

Die enge Verwandtschaft von SE und FE, die durch die vorangehenden Betrachtungen angedeutet wird, gibt Anlaß zu einer Gegenüberstellung beider Disziplinen. Im Rahmen
einer derartigen Gegenüberstellung wollen wir versuchen, eine Antwort auf die folgenden Fragen zu geben: Sind die Unterschiede zwischen SE und FE so gering, daß die SE-
Forschung ausreicht, um die wesentlichen FE-Probleme zu lösen, oder existieren Unterschiede, aus denen sich eine Berechtigung für spezifische FF-Forschung ableitet? Erlauben die Parallelen zwischen beiden Disziplinen die Übernahme von SE-Methoden im
im FE und wie könnte eine derartige Adoption von Methoden aussehen? Im Anschluß an
die Erörterung dieser Fragestellungen versuchen wir eine Aufstellung von unserer Meinung nach zentralen Forschungsthemen des FE zu geben.

2. SE- UND FE-SZENERIEN

Entwicklungen im Software-Bereich waren von ihren Anfängen (Maschinencode-Programmie-
rung, Assembler-Programmierung, usw.) bis zum heutigen Stand des SE durch die folgenden
Zielsetzungen motiviert [3], [6]:

   ● Leistung / Effizienz,
   ● Korrektheit / Zuverlässigkeit,
   ● Verständlichkeit,
   ● Modifizierbarkeit.

Die Qualität von Software-Produkten wird im allgemeinen bezüglich der Erfüllbarkeit
dieser Zielsetzungen gemessen. Die Wahrnehmung der Korrelation zwischen der Qualität
von Software-Produkten und der Anwendung systematischer Entwurfsmethodiken führte dazu, daß sich die FE-Forschung maßgeblich auf die Entwicklung von Entwurfsmethodiken
konzentrierte.

Die heute am weitesten anerkannte Entwurfsmethodik ist der strukturierte Programmentwurf durch hierarchische Systemzerlegung [7], [8]. Entwurfsprinzipien dieser Methodik
sind die Komplexitätszerlegung und die Korrektheitsbeweisführung. Beide Entwurfsprinzipien basieren auf

● Modularität: Zerlegung eines Systems in Module mit wohldefinierten Schnittstellen,
● Abstraktion: Fernhalten von unwesentlichen Details aus dem Systementwurf,

- Konformität: Einschränkung des Abstraktionsprozesses durch die Notwendigkeit, Details sichtbar zu machen, die für die Verifikation gebraucht werden,
- Verfeinerung: Expansion von Abstraktionen, um mehr Details aufzunehmen, oder Transformationen von Abstraktionen, um besondere Eigenschaften der Abstraktionen hervorzuheben.

Die wichtigste Grundlage für die Unterstützung von Entwurfsmethodiken ist der Gebrauch von Abstraktionen. In der Softwaretechnik hat sich die Unterscheidung folgender Abstraktionsarten als sinnvoll erwiesen:

- Datenabstraktionen,
- Operationsabstraktionen,
- Kontrollabstraktionen.

Der Zweck eines Ablaufs in einem Datenverarbeitungssystem ist immer die Manipulation von Datenobjekten. Diese Manipulation erfolgt durch die Ausführung von Operationen. Kontrollkonstrukte definieren die Ordnung der Operationsausführung.

Die hierarchische Systemzerlegung schlägt die Verwendung dieser Abstraktionsarten im top-down-Programmentwurf vor. Dabei werden ein oder mehrere Zerlegungsschritte durchgeführt, die ihrerseits idealerweise aus folgenden fundamentalen Phasen bestehen:

- Problemanalyse,
- Spezifikation,
- Konstruktion,
- Validierung.

Die Anzahl der Zerlegungsschritte ist abhängig von der Komplexität des zu lösenden Gesamtproblems und der Mächtigkeit der Datenobjekte, Operationen und Kontrollkonstrukte der verwendeten Implementierungssprache.

Die Bedeutung der genannten Abstraktionsarten für den Programmentwurf durch hierarchische Systemzerlegung kann man folgendermaßen zusammenfassen:

- Die Datenabstraktion basiert auf der Typenbindung von Datenobjekten und insbesondere auf der Einführung benutzerdefinierter (abstrakter) Datentypen [9]. Damit kann die Kenntnis der internen Darstellung der Datenobjekte jeweils auf die Operationen des entsprechenden Datentyps begrenzt werden. Bei der Verwendung typenbehafteter Datenobjekte ist eine Kenntnis ihrer internen Darstellung nicht notwendig.
- Operationsabstraktionen basieren auf der Einführung benutzerdefinierter Operationen durch Prozeduren bzw. Makros. Dadurch kann die Kenntnis der internen Ausführung solcher Operationen nach außen hin verborgen werden. Die Effekte ihrer Ausführung kann man in Form von Transformationen auf den Zuständen von Datenobjekten definieren [10, 21].
- Kontrollabstraktionen basieren auf der Verwendung benutzerdefinierter Kontrollkon-

strukte. Dadurch kann die Definition des Kontrollflusses lokalisiert und die Kenntnis seiner Implementierung jeweils auf den entsprechenden Konstrukt begrenzt werden. Bei der Benutzung solcher Konstrukte ist die Kenntnis der internen Implementierung nicht notwendig.

Eine Analyse des SE zeigt, daß ein breites Spektrum von Techniken und Werkzeugen entwickelt wurde, um die propagierten Entwurfsmethodiken zu unterstützen. Diese Techniken und Werkzeuge lassen sich den Phasen des Programmentwurfs zuordnen. Für die Problemanalyse werden meist informale Werkzeuge benutzt, z.B. [11], die die System-Modularisierung unterstützen. Im Bereich der Spezifikation existieren Techniken für die Spezifikation von abstrakten Datentypen, z.B. [12], [13], Operationsabstraktionen, z.B. [14], [15], und Kontrollabstraktionen, z.B. [16], [17]. Bei der Konstruktion macht sich der Einfluß von Entwurfsmethodiken insbesondere durch die Definition moderner Entwurfs- und Implementierungssprachen deutlich, z.B. [18], [19]. Entwicklungen von Validierungstechniken können sowohl im Bereich von Testmethoden [20] als auch im Bereich der formalen Verifikation [21], [22] beobachtet werden. Zusammenfassend können wir also feststellen, daß im SE ein Entwicklungsstand erreicht ist, der die Integration von verschiedenen Techniken und Werkzeugen in SE-Disziplinen erlaubt.

Entwicklungen im FE basieren im allgemeinen auf Erfahrungen und Erkenntnissen, die in den Gebieten Mikroprogrammierung, Hardware-Engineering und SE gewonnen wurden. Offensichtlich wurden die wesentlichsten Leitfäden des FE aus dem SE übernommen. Trotzdem ist aber die Entwicklung des FE in starkem Maße hinter der des SE zurückgeblieben. Insbesondere stellen wir fest, daß im FE kaum Ansätze in den Bereichen der Problemanalyse und der Spezifikation existieren. Darüber hinaus sind auch bei vorhandenen Techniken und Werkzeugen für die Firmware-Konstruktion und -Validierung gewisse Inkonsistenzen zu beobachten, die deren Integration in FE-Disziplinen erschweren [4].

Die Diskrepanz zwischen dem Entwicklungsstand von FE und SE ist umso erstaunlicher, als vollständige Software/Firmware/Hardware-Systeme bekanntermaßen als Hierarchien abstrakter Maschinen modelliert werden können [23]. Damit kann der Entwurf und die Implementierung von Firmware als Teil des Entwurfs eines derartigen hierarchischen Systems betrachtet werden. Demzufolge besteht der Firmware-Entwurf im wesentlichen aus der Fortsetzung oder Ergänzung des Software-Entwurfs. Diese Interpretation des Firmware-Entwurfs ist insbesondere für das Hauptanwendungsgebiet der Firmware, nämlich der vertikalen Verlagerung [24], sinnvoll. Vertikale Verlagerung bezeichnet die Verlagerung von Software-Primitiven in hierarchischen Software/Firmware/Hardware-Systemen mit dem Ziel der Leistungssteigerung des Gesamtsystems.

Der Wunsch nach einheitlichen Software/Firmware-Entwurfsmethodiken resultiert neben der Möglichkeit, SE-Techniken und -Werkzeuge im FE anzuwenden auch aus folgender Tatsache. Das Softwareinterface der meisten konventionellen Rechner, das ist ihre vorgegebene Maschinensprache, ist weitaus mehr geprägt durch die Hardwarestruktur der Maschine als durch Anforderungen darüberliegender Softwareschichten. Entsprechend schwierig ist es, problemorientierte Konstrukte höherer Softwareschichten auf solche Maschinensprachen abzubilden. Diese "semantische Lücke" ist bekanntermaßen eine Ursache vieler Unzulänglichkeiten von Software-Systemen [25].

Bei kritischer Betrachtung der SE- und FE-Szenerien müssen wir uns die Frage stellen, ob FE ein Teilgebiet von SE ist, in dem Sinne, daß existierende Ansätze und Resultate des SE ausreichen, um FE-Probleme in einer mit dem hierarchischen Systementwurf konsistenten Weise zu lösen.

3. IST FE EIN TEILGEBIET VON SE?

Geht man davon aus, daß sich Firmware in vieler Hinsicht nicht von Software unterscheidet, so ist zu erwarten, daß bei der Lösung von Problemen des Firmware-Entwurfs oft die Möglichkeit besteht, vorhandene Lösungen ähnlicher Problemstellungen des Software-Entwurfs auszunutzen. Dabei kann sich die Übernahme von Beiträgen des SE in das FE in unterschiedlicher Form anbieten:

- Verwendung wohldefinierter Terminologien des SE,
- Benutzung abgesicherter und wohlverstandener Konzepte des SE,
- Orientierung der Vorgehensweisen beim Firmware-Entwurf an den erprobten Strategien des Software-Entwurfs,
- Mitbenutzung von oft mit großem Aufwand erstellten, automatisierten Werkzeugen des SE.

Beispiele dafür werden in den nachfolgenden Abschnitten gegeben.

Die Gemeinsamkeiten von SE und FE sind im Bereich formaler Methoden besonders stark ausgeprägt. Zum Beispiel verlangen sowohl die Spezifikation als auch die Verifikation von Software und Firmware die Definition von Modellen der Programmausführung. Die dazu benutzten Techniken und Werkzeuge sind in dem Sinne allgemein, als sie die Vorgehensweise bei der Spezifikation und Verifikation an die Techniken formaler, mathematischer Beweise heranführen. Demzufolge unterscheiden sich Software und Firmware weniger in den benutzten Engineering-Methoden als in der Definition der Semantik von Datenobjekten und Programmkonstruktionen und der daraus resultierenden Konstruktion von Programmen.

Die vorangehenden Bemerkungen deuten an, daß sich FE und SE zwar stark überlappen, daß aber im FE Forschungsprobleme existieren, die sich deutlich von den fundamentalen

Problemstellungen des SE unterscheiden. Daher betrachten wir FE nicht als Teilgebiet
von SE, sondern als eigenständiges Randgebiet von SE. Dieses Randgebiet beinhaltet spezifische Erweiterungen des SE, deren Notwendigkeit aus den Unterschieden zwischen
Software und Firmware resultiert. Einige dieser Unterschiede sind nachfolgend kurz
skizziert:

● Firmware-Datenobjekte sind Bits oder Bitketten, die zur Darstellung beliebiger Informationen verwendet werden, d.h. beliebig interpretiert werden können. Dagegen
sind Software-Datenobjekte zumeist typenbehaftet, wodurch ihre Interpretation fest
vorgegeben ist.

● Firmware-Datenobjekte (z.B. Prozessorregister) sind global, während in der Software
die Lokalität von Datenobjekten (z.B. über Gültigkeitsbereiche von Namen) vom Benutzer definiert werden kann.

● Mikroinstruktionsformate sind komplexer und weniger systematisch in ihrem Aufbau
als Maschineninstruktionsdarstellungen (z.B. können mehrere zeitabhängige Mikrooperationen in einer Mikroinstruktion zusammengefaßt werden).

● Der Kontrollfluß für Programmausführungen muß in der Firmware explizit behandelt
werden (z.B. Definition der parallelen Ausführung von Mikrooperationen, Synchronisation von asynchronen Mikrooperationen), während in der Software eine implizite
Behandlung möglich ist (z.B. Synchronisation kooperierender Prozesse mit Hilfe von
"conditional critical regions").

● Firmware-Datenobjekte, -Operationen und -Kontrollkonstrukte sind eindeutig an die
zugrundeliegende Hardware gebunden, und alle entsprechenden Abstraktionen müssen
auf existierende Hardware-Betriebsmittel (hardware resources) abgebildet werden.
Software-Datenobjekte, -Operationen und -Kontrollkonstrukte sind benutzerdefiniert
(wenn wir auch Sprachdefinitionen als Benutzerdefinitionen verstehen) und entsprechende Abstraktionen können auf maschinenunabhängige, virtuelle Betriebsmittel abgebildet werden.

Zusammenfassend lassen sich die skizzierten Unterschiede zwischen Software und Firmware auf zwei fundamentale Problemstellungen reduzieren, die notwendige Erweiterungen
des SE und FE erfordern.

● Entwicklung von Modellen für hardware-spezifische Firmware-Semantikdefinitionen,
● Lösung des Problems der Betriebsmittel-Bindung (resource binding problem).

Details der Ausführung von Mikroprogrammen auf der physikalischen Maschine müssen
aufgrund des engen Hardware-Bezugs der Firmware in Semantikdefinitionen enthalten
sein. Dahingegen legt die Abstraktion dieser Details aus Software-Semantikdefinitio-
nen üblicherweise die durch den Übersetzer definierte abstrakte Maschine als untere
Grenze der Abstraktion fest. Der Gebrauch von Abstraktionen im Firmware-Entwurf und
in der Firmware-Implementierung erfordern explizit die Abbildung von Programmkonstrukten und Datenobjekten auf die Betriebsmittel der Hardware (resource binding). In der

Software besteht dagegen die Möglichkeit, den Betriebsmittel-Verwalter eines Betriebssystems zu beanspruchen, um die Betriebsmittel einer virtuellen Maschine auf die Betriebsmittel der physikalischen Maschine abzubilden (resource allocation).

Die vorangehenden Betrachtungen werfen die Frage auf, in wieweit die aufgezeigten
Erweiterungen des SE unter Ausnutzung existierender SE-Methodiken durchzuführen sind.
Bei der Erörterung dieser Frage im nächsten Abschnitt sollte der Leser im Auge behal-
ten, daß diese Zielsetzung Ansätze zur Definition von Modellen für Firmware-Semantikdefinitionen und zur Lösung des Problems der Betriebsmittel-Bindung erfordert, die
mit existierenden SE-Techniken und -Werkzeugen konsistent sind.

4. SOLLTEN SE-METHODIKEN IM FE ÜBERNOMMEN WERDEN?

Gründe für die Übernahme von SE-Methodiken im FE lassen sich zwei fundamentalen As-
pekten zuordnen:

- Kommunikation zwischen Software- und Firmware-Entwerfern,
- Kosten- und Aufwandsreduzierung bei der Entwicklung von
  FE-Techniken und -Werkzeugen.

Nachfolgend untersuchen wir beide Aspekte und geben informale Beispiele für die Übernahme von SE-Beiträgen (siehe Abschnitt 3).

Die vertikale Verlagerung erfordert die Kommunikation zwischen Software- und Firmware-Entwerfern. Dieser Kommunikation sollte die Verwendung gemeinsamer Terminologien
zugrundeliegen. Da die Anzahl der Entwerfer, die mit Begriffen des SE vertraut sind,
bei weitem die Anzahl derer überschreitet, die sich mit dem Entwurf von Mikroprogrammen beschäftigen; und Entwicklungen im SE in den meisten Gebieten einen gewissen Vor-
sprung vor denen des FE haben, wird sich die Übernahme von SE-Terminologien in vielen
Bereichen anbieten. Kommunikationsprobleme stellen sich vornehmlich bezüglich der
Teile des Firmware-Entwurfs, in denen die Aufgabenstellung ermittelt und definiert
wird, also bei der Problemanalyse und der Spezifikation des Entwurfsproblems.

Eine sehr gebräuchliche Terminologie bei der Betrachtung fehlerbehafteter Datenverarbeitungssysteme ist die Unterscheidung zwischen FAILURE, ERROR und FAULT [26, 27].

- FAILURE (Ausfall): Die Abweichung eines Systems von seinem spezifizierten Verhalten.
- ERROR (Fehler): Der Teil des Zustandes eines Systems, der bei weiterer Bearbeitung
                  durch die normalen Algorithmen des Systems einen Ausfall verursacht.
- FAULT (Defekt): Die mechanische oder algorithmische Ursache eines Fehlers.

Es ist offensichtlich, daß eine Einordnung von Erscheinungen gemäß dieser Definitionen
vom Bezugspunkt abhängig ist. Der Ausfall einer Komponente des Systems kann sich als

Defekt darstellen, wenn das gesamte System betrachtet wird. Zum Beispiel kann beim
Ausfall eines Programms der entsprechende Fehler durch Korrektur eines Zwischenergeb-
nisses beseitigt werden, während der verursachende Defekt durch Reparatur der Hardware oder durch die Beseitigung des Ausfalls eines benutzten Unterprogramms beseitigt werden kann.

Die Wichtigkeit der Unterscheidung zwischen Ausfall, Fehler und Defekt wird bei der
Übertragung von SE-Methodiken auf hierarchische Software/Firmware/Hardware-Systeme
besonders deutlich. Gehen wir zum Beispiel davon aus, daß jede abstrakte Maschine
aus einer Anzahl von zum Teil anwenderdefinierten Datenabstraktionen, Operationsabstraktionen und Kontrollabstraktionen besteht. Dann wird jedes Datenobjekt d_i einer
abstrakten Maschine M_i dargestellt durch eine Anzahl von Datenobjekten d_{i-1} auf der
nächst niedrigeren abstrakten Maschine M_{i-1}. Jede Operation f_i bzw. jeder Kontroll-
konstrukt c_i von M_i wird dargestellt durch ein Programm auf der Maschine M_{i-1}, das
aus Operationen f_{i-1} und Kontrollkonstrukten c_{i-1} besteht.

Die Lokalisierung der Ursache eines Ausfalls einer der abstrakten Maschinen in der
Hierarchie läßt sich nun wie folgt interpretieren. Bei der Suche nach der Ursache
eines Ausfalls eines Konstrukts einer abstrakten Maschine M_i werden zunächst die von
diesem Konstrukt verwendeten Datenobjekte auf Inkonsistenz bzw. Fehler hin untersucht.
Dann kann der verursachende Defekt lokalisiert werden; dabei kann es sich um einen
fehlerhaften Konstrukt der darunterliegenden Maschine M_{i-1} handeln. Die Ausführung
dieses Konstrukts von M_{i-1} führt dann offensichtlich wiederum zu einem Ausfall, usw.

Der Leser wird bemerkt haben, daß die Verwendung wohldefinierter Terminologien des
SE zusammen mit der hierarchischen Modellierung der Firmware- und Hardware-Ebenen
eines Datenverarbeitungssystems eine Grundlage für die Orientierung des Firmware-Entwurfs an erprobten Strategien des Software-Entwurfs bilden. Anwendungen von SE-Terminologien und -Konzepten (z.B. hierarchische Systemzerlegung) im FE werden im nächsten
Abschnitt behandelt.

Ein zweiter wesentlicher Grund, der für eine Übernahme von SE-Methodiken spricht, ist
die Möglichkeit der Kosten- und Aufwandsreduzierung bei der Bereitstellung von FE-
Techniken und -Werkzeugen. Diesbezüglich finden wir einen hohen Entwicklungsaufwand
insbesondere bei der Erstellung automatisierter Werkzeuge für die Spezifikation und
Validierung. Gemessen an den Resultaten der Anwendung derartiger Systeme, z.B. [15],
[28], ist der Entwicklungsaufwand im SE sicherlich gerechtfertigt. Für die Integration derartiger Techniken und Werkzeuge in FE-Disziplinen ist deren Neuentwicklung
jedoch kaum zu rechtfertigen.

Ein Grund für die Übernahme automatisierter Werkzeuge ist die Tatsache, daß insbesondere die Methoden der formalen Spezifikation und Verifikation nachweisbar nur dann praktikabel sind, wenn entsprechende automatisierte Systeme zur Verfügung stehen. Die Möglichkeiten des Einsatzes von derartigen Werkzeugen im FE wird im nächsten Abschnitt untersucht.

Neben der Übernahme automatisierter SE-Werkzeuge bietet sich ebenfalls die Benutzung von Konzepten des SE an. Als Beispiel für eine mögliche Übernahme von konzeptionellen Lösungen aus dem Software-Bereich wollen wir die Modularisierung betrachten. Es ist bekannt, daß der Erfolg der hierarchischen Zerlegung eines Problems von den Kriterien abhängt, nach denen man die zur Lösung des Problems eingeführten Abstraktionen auswählt. Über die Kriterien, nach denen man die neu einzuführenden Abstraktionen definieren sollte, herrscht heute allgemeine Übereinstimmung [29]. Diese Kriterien, die sich maßgeblich aus den SE-Entwurfsprinzipien entwickelt haben (siehe Abschnitt 2), sind ohne besondere Einschränkungen auf die Firmware-Entwicklung übertragbar.

Zusammenfassend stellen wir fest, daß SE-Methodiken unbedingt im FE übernommen werden sollten. Welche SE-Techniken und -Werkzeuge sich dazu eignen, wird im nächsten Abschnitt untersucht. Entsprechende Eignungskriterien müssen sicherlich den Umfang notwendiger Modifikationen von SE-Methodiken bewerten. Die Entwicklung einer terminologisch und konzeptionell einheitlichen Betrachtungsweise von Software und Firmware erweist sich als vielversprechender Ansatz zur Kosten- und Aufwandsreduzierung bei der Entwicklung von FE-Techniken und -Werkzeugen.

5. WELCHE SE-METHODIKEN KÖNNEN IM FE ÜBERNOMMEN WERDEN?

Eine allgmeine Antwort auf die in diesem Abschnitt behandelte Fragestellung ist, daß alle die SE-Methodiken im FE übernommen werden können, die sich den Charakteristika der Firmware-Semantikdefinitionen und der Konstruktion von Mikroprogrammen anpassen lassen. Wir konkretisieren diese Aussage an den verschiedenen Schritten (Problemanalyse, Spezifikation, Konstruktion, Validierung) des Lebenslaufs eines Firmware-Systems.

5.1 Problemanalyse

In diesem Entwurfsschritt werden die Anforderungen an eine akzeptierbare Problemlösung ermittelt. Werkzeuge sind hier informale, d.h. im wesentlichen verbale oder **gra-**phische Ausdrucksmittel, die es erlauben, ein Problem systematisch zu zerlegen und zu analysieren. Aus dem SE bekannte Entwurfs- und Analysewerkzeuge, wie z.B. SADT [11], können auch im FE systematisch angewendet werden. Techniken dieser Art liefern sozu-

sagen nebenbei eine anschauliche Systemdokumentation, die für den späteren Betrieb
des Systems von großer Bedeutung ist. Wie aus einer Studie hervorgeht [30], besteht
keinerlei Grund, im FE neue informale Entwurfsmethoden zu "erfinden". Im Gegenteil,
eine einheitliche Beschreibungsweise von Software- und Firmware-Systemen kann für
eine bessere Kommunikation zwischen Software- und Firmware-Entwerfern nur vorteilhaft sein.

Im folgenden wollen wir die Verwendung von SADT im Firmware-Entwurf am Beispiel einer Gleitkommaoperation demonstrieren. SADT ist ein graphisches Mittel zur Beschreibung einer hierarchischen Systemzerlegung. In jedem Zerlegungsschritt wird in SADT
ein Problem in 3 bis 6 Teilprobleme zerlegt. Zur Operationsverfeinerung (operation
refinement) werden in SADT sogenannte Actigrams verwendet. Ein Block in einem Actigram stellt eine Aktivität dar; Eingabedaten, Ausgabedaten, Kontrolldaten sowie zur
Ausführung der Aktivität bereitgestellte Mittel oder Mechanismen werden, wie in Bild
1 gezeigt, durch Pfeile an fest definierten Seiten des Blocks beschrieben.

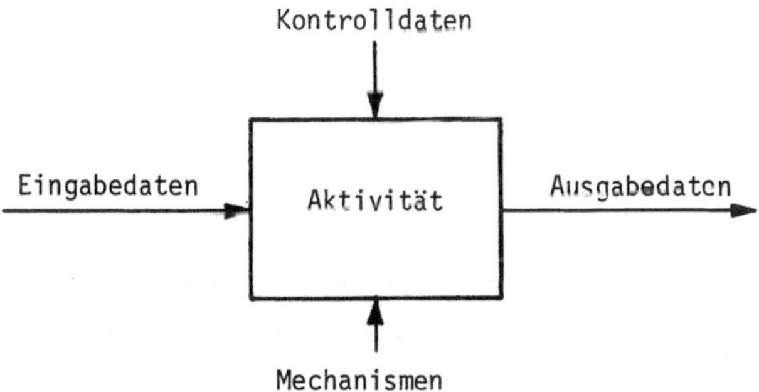

<u>Bild 1</u>:   Darstellung einer Aktivität durch ein Actigram

Aktivitäten können Operationen oder Kontrollkonstrukte sein. Es soll darauf hingewiesen werden, daß in SADT auch die komplementäre Darstellung eines Systems, mit dem
Schwerpunkt Datenverfeinerung (data refinement), möglich ist. Dabei handelt es sich
um sogenannte Datagrams.

Die Darstellung eines Maschinenbefehls für die Gleitkomma-Multiplikation in der Form
eines SADT-Actigrams ist in Bild 2 gezeigt. Diese Operation sei als Mikroprogramm
zu implementieren. Dabei können neben den Eingabe- und Ausgabedaten, die im Actigram
explizit angegeben sind, zusätzliche nach außen hin unsichtbare Datenobjekte erforderlich sein. Diese Datenobjekte müssen beim Firmware-Entwurf in entsprechenden Informationsträgern des Rechners dargestellt werden. Da ein Rechner nur eine begrenzte
Zahl von Informationsträgern (z.B. Prozessorregister, Speicherzellen) besitzt, ist
die Verwendung dieser Betriebsmittel (resource binding) eine wesentliche Entwurfsent-

scheidung. Auf der Maschinenebene (abstrakte Maschine M_i) nicht sichtbare Informationsträger seien hier die Scratch-Pad-Zellen SPAD.16:31 und die Register A, B, C, D. Zur Ausführung von bestimmten Zustandstransformationen werden bestimmte Hardwarefunktionseinheiten des Rechners benutzt. Auch deren Bindung an die auszuführenden Operationen kann in einem Actigram dargestellt werden. Die Betriebsmittel-Bindung ist insofern eine zentrale Entwurfsentscheidung, als sie Informationen bezüglich der gemeinsamen Benutzung von Betriebsmitteln durch verschiedene Operationen (resource dependencies) bereitstellt.

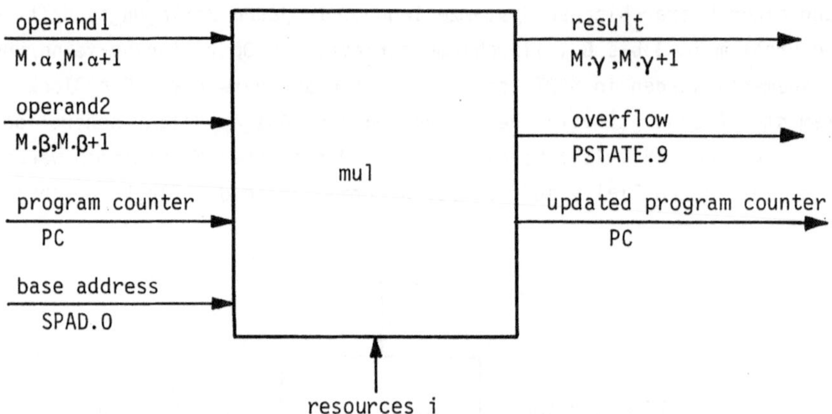

resources i: Betriebsmittel der abstrakten Maschine, M_i, d.h. auf der Maschinenebene unsichtbare Informationsträger und Funktionseinheiten des Prozessors.

<u>Bild 2</u>: Actigram eines Maschinenbefehls

Eine Operationsverfeinerung der in Bild 2 dargestellten Gleitkomma-Multiplikation ist in Bild 3 gezeigt. Diese Operationsverfeinerung entspricht einer Darstellung der Gleitkomma-Multiplikation in einer abstrakten Maschine M_{i-1}. In M_{i-1} nicht sichtbare Informationsträger sind offensichtlich die Scratch-Pad-Zellen SPAD.23:31 und die Register A, B, C, D. Durch diese informale Zerlegung erhalten wir die Namen von Operationen der abstrakten Maschine M_{i-1} sowie die Namen von neu eingeführten Datenobjekten, die zur Darstellung von Zwischenzuständen verwendet werden. Durch die Verbindungspfeile erhalten wir Aussagen über die Datenabhängigkeit (data dependency) der eingeführten Operationen.

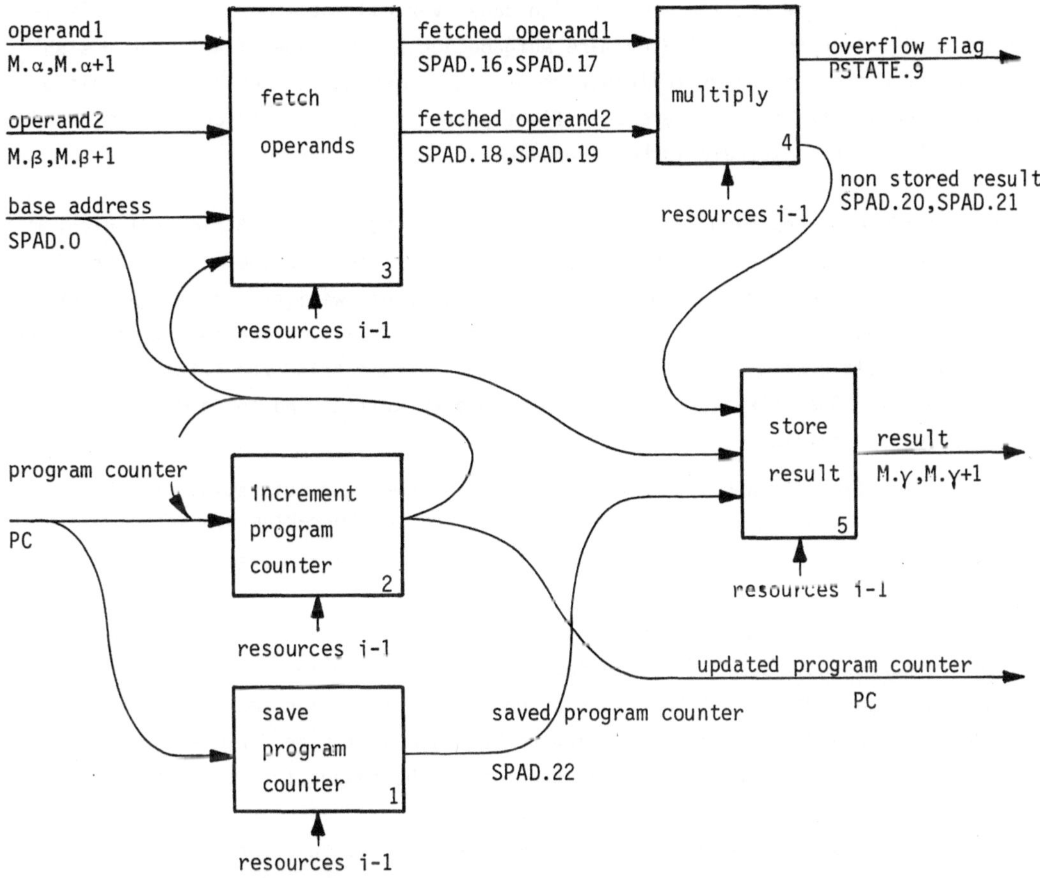

resources i-1: Betriebsmittel der abstrakten Maschine M_{i-1}, d.h. die in M_{i-1} unsichtbaren Informationsträger und Funktionseinheiten des Prozessors.

Bild 3: Actigram einer modularen Zerlegung eines Maschinenbefehls

Die Operationen in Bild 3 können weiter verfeinert werden [30]. Das Resultat der modularen Zerlegung sollte der Entwurf von Operationen bzw. Kontrollstrukturen sein, deren Implementierung in der jeweiligen Implementierungssprache einfach übersehbar ist. Dazu ist zu bemerken, daß die vorgestellte Vorgehensweise es erlaubt, hardwarespezifische Entwurfseintscheidungen (z.B. resource binding) mit einheitlichen SE/FE-Werkzeugen zu behandeln.

5.2 Spezifikation

Ein Schwerpunkt des SE ist die Bereitstellung und Anwendung formaler Spezifikationsverfahren beim Programmentwurf zur Definition von Daten-, Operations- und Kontroll-

abstraktionen. Schwierigkeiten ergeben sich dabei vor allem aus der großen Komplexität vieler Softwareprobleme. Die primäre Aufgabe von Softwarespezifikationen besteht
daher in der Erstellung stark abstrahierender , aber dennoch eindeutiger Definitionen komplexer Konstrukte. Software-Spezifikationsverfahren basieren aus diesem Grunde
oft auf sehr formalen mathematischen Grundlagen.

Wesentlich für eine Anwendung solcher Verfahren im FE [31] ist, daß sie dort nicht
zu unnötigen Formalisierungen führen und lesbare, verständliche Spezifikationen liefern. Daß mit solchen Verfahren beim Firmware-Entwurf oft weniger komplexe Abstraktionen beschrieben werden, deren informale Definitionen (z.B. durch operationelle Beschreibungen) oft ebenfalls verständlich erscheinen, kann Anlaß zur Kritik an der Benutzung formaler Spezifikationen im FE geben. Dieser Kritik sind folgende Gesichtspunkte entgegenzusetzen:

- Formale Spezifikationen bilden die Basis für die Anwendung automatisierter Spezifi-
  kations- und Verifikationssysteme zur Durchführung von Korrektheitsbeweisen und Be-
  weisen von Eigenschaften (z.B. Leistung, Sicherheit, Fehlertoleranz).
- Formale Verifikation wird für die vertikale Verlagerung von System- oder Anwender-
  funktionen in die Firmware als notwendig erachtet, da sie eine mächtigere Aussage
  über die Korrektheit einer Implementierung liefert als Testen.
- Gemessen am gegenwärtigen Entwicklungsstand von Spezifikations-Methoden (diese Methoden stecken immer noch in ihren Kinderschuhen) bietet sich Firmware aufgrund der
  im Vergleich zur Software niedrigeren Komplexität besonders für die Anwendung von
  Spezifikations-Techniken und -Werkzeugen an.
- Die relativ niedrige Komplexität von Firmware-Abstraktionen erfordert für die kon-
  sequente Anwendung von Engineering-Disziplinen das gleiche Maß an Präzision und
  die Fähigkeit, irrelevante Informationen zu verbergen, wie man es für komplexe Soft-
  ware-Systeme erwarten würde (operationelle Beschreibungen tendieren in dieser Hinsicht zu "Überspezifikationen" [32]).
- Formale Spezifikationen unterstützen die Konstruktion beweisbarer Abbildungen von
  Abstraktionen der verschiedenen Ebenen des hierarchischen Systementwurfs [30] (operationelle Beschreibungen besitzen diese formalen Eigenschaften in der Regel nicht
  [32]).

Daß die Software-Spezifikationsverfahren nicht unmittelbar im Firmware-Entwurf anwendbar sind, resultiert aus unterschiedlichen Eigenschaften der Datenobjekte. Besondere
Kennzeichen des Firmware-Entwurfs sind :

  - Datenobjekte sind fest irgendwelchen Informationsträgern zugeordnet
    (resource binding),
  - Datenobjekte haben keine fest vordefinierte Semantik.

Der Firmware-Basisdatentyp ist der Typ BIT. Mit Hilfe dieses Basisdatentyps lassen

sich beliebige komplexere Datentypen aufbauen, wie z.B. BITVECTOR(LENGTH), und beliebige Informationen darstellen. Gemeinsam ist den Datentypen des Firmware-Entwurfs, so
wie man sie auch in höheren Mikroprogrammiersprachen findet [33], daß sie Datendar-
stellungen definieren, nicht aber darzustellende Informationen.

Datenobjekte im Softwarebereich, so wie man sie z.B. in höheren Programmiersprachen
findet, haben entgegengesetzte Eigenschaften:

● Die Datenobjekte sind im allgemeinen nicht irgendwelchen Informationsträgern fest
  zugeordnet. Im Gegenteil, man ist in der Regel bemüht, den Darstellungsort eines
  Datenobjekts vor dem Benutzer verborgen zu halten und die Zuordnung zwischen Datenobjekt und Informationsträger Übersetzer- und Betriebssystemfunktionen zu überlas-
  sen (resource allocation).
● Durch die Typenbindung der Datenobjekte wird deren Semantik eindeutig definiert.
  Die Darstellung der Datenobjekte kann dadurch vor dem Benutzer verborgen gehalten
  werden.

Wir wollen diesen Unterschied an zwei Beispielen verdeutlichen:

```
p:  a,b,c : integer
    .
    .
    .
    c := a-b
    .
    .
    .
```

In diesem Fragment eines Programmes sind die Variablen "a,b,c" vom Typ "integer",
das bedeutet, ihre Werte sind Elemente aus der Menge der ganzen Zahlen. Durch diese
Typenbindung ist die Semantik der Datenobjekte (und der Operation "c := a-b") eindeutig definiert. Dagegen ist die Darstellung der Datenobjekte aus der Typenbindung
nicht ersichtlich.

Betrachten wir nun das folgende Fragment eines Mikroprogramms.

```
MP: U,V,W, : BITVECTOR(16)
    .
    .
    .
    W := SUB  U,V
    .
    .
    .
```

In diesem Teilstück eines Mikroprogramms bezeichnen U,V,W die Inhalte von 16-Bit-Re-
gistern. Die Darstellung der Datenobjekte ist also eindeutig definiert. Demgegenüber
ist ihre Bedeutung nicht vereinbart. Daß diese Datenobjekte hier als Zahlen interpretiert werden sollen, geht aus ihrem Auftreten in der Mikrooperation "W := SUB U,V"
hervor, aber wie die Bitvektoren als Zahlen zu interpretieren sind, bleibt dadurch

unspezifiziert. Weiterhin können die Datenobjekte an einer anderen Stelle desselben
Mikroprogramms zur Darstellung ganz anderer Informationen verwendet werden, z.B. für
alphanumerische Zeichen.

Dieses Merkmal von Firmware-Datenobjekten kann durch die Definition von V-Funktionen
(V-functions) [14], die Werte der jeweiligen Interpretation der Datenobjekte definieren, an existierende Software-Spezifikationstechniken angepaßt werden [30]. Im
Falle der Mikrooperation "W := SUB U,V" kann die Bedeutung der Datenobjekte "U,V,W"
z.B. durch eine V-Funktion NUMBER definiert werden, die eine Interpretation von Bitvektoren als Zweikomplementzahlen definiert.

$$(\forall X:BITVECTOR(16))(NUMBER(X) = -2^{15} \cdot X[15] + \sum_{i=0}^{14} 2^i \cdot X[i])$$

Die Semantik der Mikrooperation "W := SUB U,V" kann dann so definiert sein, daß nach
ihrer Ausführung im Regelfall, d.h. wenn keine Bereichsüberschreitung auftritt, gilt:

$$NUMBER(W) = NUMBER(U) - NUMBER(V)$$

Das vorangehende Beispiel demonstriert, wie Modelle für hardware-spezifische Semantikdefinitionen von Firmware-Datenobjekten entwickelt werden könnten, die es erlauben, Software-Spezifikationssysteme ohne wesentliche Modifikationen im FE einzusetzen.
Darüber hinaus bietet dieser Vorschlag auch eine formale Basis für die Lösung des Problems der Betriebsmittel-Bindung mit Bezug auf Firmware-Datenobjekte.

5.3 Konstruktion

Für viele Aspekte der Konstruktion von Mikroprogrammen gibt es kein Analogon im Software-Bereich. Daher können Lösungen aus dem SE hier nur in sehr geringem Maße übernommen werden. Es gibt Ansätze, fortschrittliche Techniken für die Firmware-Konstruktion durch höhere Mikroprogrammiersprachen bereitzustellen [34]. Diese Ansätze versuchen, die Konstruktion von Mikroprogrammen auch Anwendern zugänglich zu machen, die
über keine detaillierten Kenntnisse der Hardware-Struktur der Maschine und der Organisation des Kontrollspeichers [35] verfügen. Für die Konstruktion von Übersetzern solcher Sprachen werden Modelle der Mikro-Architektur von Rechnern benötigt, die es erlauben, die Mikrocodegenerierung den vorgegebenen Mikroinstruktionsformaten anzupas-
sen. Daraus resultierende Schwierigkeiten haben dazu beigetragen, daß im Gegensatz
zu Software-Implementierungssprachen, die meisten höheren Mikroprogrammierungsspra-
chen maschinenabhängig sind.

Wir wollen uns hier darauf beschränken, einige Besonderheiten der Mikroprogrammierungsebene herauszustellen, die eine Übernahme von Werkzeugen der Software-Konstruk-

tion in die Firmware-Konstruktion weitgehend behindern.

- Mikrobefehlsformate unterscheiden sich in ihrer Komplexität hauptsächlich dadurch von Maschinenbefehlen, daß mehrere, gleichzeitig ausführbare Mikrooperationen in einer Mikroinstruktion auftreten können.
- Das maschinenabhängige Zeitverhalten für die Ausführung von Mikroinstruktionen muß in Modelle für Firmware-Semantikdefinitionen integriert werden (Software ist weitgehend unabhängig vom Zeitverhalten der Maschine).
- Auf allen Firmware-Abstraktionsebenen muß es möglich sein, maschinenabhängige Informationsdarstellungen und Kontrollmechanismen in der Konstruktion zu benutzen (in der Software sind Informationsdarstellungen und Kontrollmechanismen durch die Sprachdefinition festgelegt).
- Die Optimierung von Mikrocode (microcode improvement) [4]   ist ein wesentlicher Aspekt der Firmware-Konstruktion. Hier müssen sowohl die Organisation des Kontrollspeichers [35] und damit die Mikrobefehlsformate als auch hardware-spezifische Funktions- und Zeitcharakteristika von Mikroprogrammen berücksichtigt werden. Die Ausnutzung der Parallelitätsmöglichkeiten der Rechner-Hardware sowie die Zuordnung von Mikrooperationen zu Unterzyklen des Mikroinstruktionszyklus gehen über die Fähigkeiten konventioneller Software-Optimierungsverfahren hinaus.

Für den prozeduralen Firmware-Entwurf, der Teil der Firmware-Konstruktion ist, stehen Software-Entwurfssprachen und Hardware-Beschreibesprachen zur Verfügung. Während man bei der Anwendung von Software-Entwurfssprachen, z.B. CLU [18] oder ALPHARD [16], einem Software-Ansatz zur Firmware-Konstruktion folgt, basiert die Verwendung von Hardware-Beschreibesprachen [36] auf einem Hardware-Ansatz zur Firmware-Konstruktion. Jeder dieser Ansätze für sich weist aber bei der Anwendung von Techniken der vertikalen Verlagerung Mängel bezüglich der Überbrückung der Software-, Firmware- bzw. Hardware-Schnittstelle im Entwurfsprozeß auf.

Zusammenfassend kann festgestellt werden, daß die Möglichkeiten für die Übernahme von Beiträgen des SE in der Firmware-Konstruktion beschränkt sind. Diese Schwierigkeit beruht auf der Tatsache, daß fortschrittliche Software-Konstruktionstechniken nicht unmittelbar mit der Aufrechterhaltung des für den Mikroprogrammierer unentbehrlichen, engen Hardware-Bezugs vereinbar sind. Aus diesem Grund sind Firmware-Entwicklungssysteme [37,38], die zwar meist eine Mirkoassembler-Sprache als Implementierungssprache beinhalten, dafür aber die Verifikations- [39] und Wartungsphasen [40] unterstützen, im allgemeinen stärker zur Anwendung gelangt als höhere Mikroprogrammiersprachen. Zudem lassen sich derartige Systeme durch Firmware-Monitore erweitern, die die Anwendung von Techniken der vertikalen Verlagerung unterstützen [41,42,43].

5.4 Validierung

Firmware-Validierung ist einer der Bereiche, in dem Techniken und Werkzeuge des FE im Vergleich zum SE am weitesten fortgeschritten sind. Dafür gibt es zweierlei Gründe.

- Die Komplexität von Mikroprogrammen ist im allgemeinen niedriger als die von Software-Programmen.
- Die eindeutige Festlegung von Firmware-Datenobjekten, -Operationen und -Kontrollkonstrukten durch die Hardware erlaubt die Anwendung von Validierungs-Techniken und -Werkzeugen (z.B. Simulation), die in der Software-Validierung nicht unmittelbar anwendbar sind.

Bei der Validierung von Firmware unterscheiden wir, wie im Software-Bereich, zwischen Testen und Korrektheitsbeweisen [39]. Beide Validierungsmethoden versuchen die Übereinstimmung der vorgegebenen Programmsemantik mit ihrer Manifestation in der Programmausführung auf der physikalischen Maschine zu demonstrieren. Wie bei der Firmware-Konstruktion erkennen wir auch bei der Firmware-Validierung, daß der zentrale Gesichtspunkt für die Übernahme von Software-Validierungsmethoden im FE die Entwicklung von Modellen für hardware-spezifische Firmware-Semantikdefinitionen ist. In der Firmware-Validierung sind Abstraktionsverfeinerungen bis auf die Ebene der Hardware-Betriebsmittel notwendig, während in der Software-Validierung die durch den Übersetzer einer Programmiersprache festgelegte abstrakte Maschine die untere Grenze für Abstraktionsverfeinerungen darstellen kann. Im folgenden wollen wir untersuchen, wie sich diese Anforderung auf die Übertragung von Software-Validierungsmethoden in das FE auswirkt.

Tests bestehen im allgemeinen aus der Verifikation von Testfällen. Ein Testfall definiert für ein gegebenes Programm eine Beziehung zwischen einem spezifischen Eingangszustand und einem spezifischen Ausgangszustand. In der Software sowie in der Firmware können Testfälle sowohl für Programme (oder Programmsegmente) als auch für einzelne Programmkonstrukte sinnvoll definiert werden, solange es möglich ist, den im Testfall definierten Endzustand nach der Ausführung zu beobachten. Im Unterschied zur Software-Validierung kann das hardware-spezifische Zeitverhalten bei der Ausführung von Mikroinstruktionen (z.B. parallele Ausführung mehrerer Mikrooperationen, Synchronisation asynchroner Mikrooperationen, usw.) allerdings Tests auf der Ebene der Mikrooperationen erforderlich machen [39]. Derartige Tests erfordern die Beobachtung von Zustandstransformationen während der nicht-unterbrechbaren Ausführung von (elementaren) Mikroinstruktionen. Dies bedeutet, daß zur Validierung des dynamischen Verhaltens von Mikroprogrammen Abstraktionen gefunden werden müssen, die es erlauben, Testfälle zu definieren, die das transiente Verhalten der Hardware-Betriebsmittel spezifizieren. Gelingt es, solche Modelle der Ausführung von Mikroinstruktionen zu definieren, die konsistent zu konventionellen Modellen der Programmausführung sind, können die meisten Software-Validierungsmethoden [20] ohne wesentliche Modifikationen übernommen werden, da Testmethoden und Teststrategien maßgeblich durch die Darstellung des zu testenden Programms und seiner Spezifikation bestimmt sind.

Die Voraussetzungen für die Übernahme von SE-Beiträgen in die Firmware-Validierung durch Korrektheitsbeweise sind nahezu analog zu denen des Firmware-Testens. Die durch einen Korrektheitsbeweis gelieferte Aussage über die Korrektheit eines Programms entspricht im wesentlichen einem vollständigen Test, d.h. der Verifikation aller für das Programm definierbaren Testfälle [39]. Auch hier beruht die Definition der Korrektheit eines Programms auf der Definition einer Ausführungsfunktion, die das funktionelle Verhalten des Programms in Form von Zustandstransformationen spezifiziert. Ähnlich wie beim Testen sind die unterschiedlichen Methoden und Strategien für die Durchführung der eigentlichen Korrektheitsbeweise weitgehend durch die zugrundeliegende Definition dieser Ausführungsfunktion bestimmt. Gelingt es also, Modelle für die formale Semantikdefinition von Mikroprogrammen, Mikroinstruktionen und Mikrooperationen zu entwickeln, die zu existierenden Definitionen von Programm-Ausführungsfunktionen konsistent sind, können alle wesentlichen Software-Verifikationsmethoden für die Durchführung von Firmware-Korrektheitsbeweisen übernommen werden.

Abschließend wollen wir feststellen, daß Firmware-Testsysteme [37,38] gegenwärtig das Fundament der Firmware-Validierung darstellen. Dabei ist es erstaunlich, daß bisher relativ wenig Nutzen aus den für das Software-Testen erarbeiteten Resultaten gezogen wurde. Dies macht sich insbesondere daran deutlich, daß es existierenden Firmware-Testsystemen an der Fähigkeit mangelt, Tests auf der Ebene abstrakter Mikroprogrammdarstellungen durchzuführen und Firmware-Tests mit Leistungsmessungen zu verbinden. Eine ähnliche Bewertung trifft auf den Bereich der Firmware-Korrektheitsbeweise zu [39]. Hier wurden vielversprechende Resultate erzielt, aber es gibt nur wenige Versuche, bewährte Software-Verifikationsverfahren im FE anzuwenden. Darüber hinaus zeigen sich gerade in diesem Bereich des FE erhebliche Schwächen, das zeitabhängige Verhalten von Mikroinstruktionsausführungen formal zu verifizieren, obwohl der Anwendung von Software-Verifikationstechniken und -Werkzeugen zumindest konzeptionell (abgesehen vom Fehlen entsprechender Semantikdefinitionen) nichts im Wege steht.

6. FE-FORSCHUNGSTHEMEN

Wie die vorangehende Gegenüberstellung von SE und FE zeigt, resultieren die Differenzen zwischen beiden im wesentlichen aus Unterschieden in der Semantikdefinition und der Betriebsmittelzuordnung in den Bereichen der Software und Firmware. Diese Tatsache gilt für Datenobjekte, Operationen und Kontrollkonstrukte gleichermaßen. Daraus resultieren verschiedenartige Erweiterungen des SE für die fundamentalen Phasen von

Firmware-Entwurfsdisziplinen. Wie allerdings an den vorangehenden Betrachtungen deutlich wurde, können viele der SE-Techniken und -Werkzeuge ohne wesentliche Modifikationen im FE übernommen werden. Die FE-Forschung sollte sich deshalb auf Bereiche konzentrieren, in denen Beiträge aus dem SE nicht verfügbar oder nicht unmittelbar anwendbar sind. Im folgenden geben wir eine Liste entsprechender Themen. Es sei darauf hingewiesen, daß wir keinen Anspruch auf die Vollständigkeit dieser Liste erheben.

- Adoption von Techniken der Problemanalyse, die es erlauben, neben funktionellen Abhängigkeiten auch Entwurfsentscheidungen bezüglich Abhängigkeiten bei der Benutzung von Betriebsmitteln in die Firmware-Problemanalyse zu integrieren.
- Entwicklung von Firmware-Spezifikationstechniken, die insbesondere Modelle für hardware-spezifische Semantikdefinitionen von Firmware-Datenobjekten beinhalten. Diese Spezifikationstechniken sollten sich ebenfalls dazu eignen, firmware-spezifische Eigenschaften (z.B. Leistungseigenschaften) zu spezifizieren und mit Bezug auf die funktionellen Spezifikationen zu validieren.
- Entwicklung von Firmware-Entwurfssprachen, die Abstraktionsverfeinerungen über die Schnittstelle zwischen Software und Firmware/Hardware unterstützen.
- Entwicklung von Modellen für hardware-spezifische Firmware-Semantikdefinitionen, die es erlauben, maschinenabhängige Datenobjekte, Operationen und Kontrollkonstrukte systematisch (z.B. über Zwischensprachen) auf maschinenunabhängige Konstrukte höherer Mikroprogrammiersprachen abzubilden.
- Adoption moderner Software-Validierungstechniken, die es erlauben, die Funktionalität und Eigenschaften von Firmware-Entwürfen (abstrakte Mikroprogramme) und -Implementierungen (Programme in einer höheren Mikroprogrammiersprache) auf der jeweiligen Abstraktionsebene zu validieren.
- Entwicklung von Modellen für Kontrollspeicherorganisationen (control word model) sowie für das funktionelle und zeitliche Verhalten von Mikroinstruktionen (semantic model), die Lösungen des Problems der Betriebsmittel-Bindung im Bereich der Mikrocode-Optimierung unterstützen.

LITERATUR

[1]   Opler, A., "Fourth Generation Software", Datamation, Vol. 13, No. 1, 1967.

[2]   Berndt, H., "Was ist Firmware?", Firmware Engineering Seminar, Berlin, März 1980, in diesem Band veröffentlicht.

[3]   Boehm, B.W., "Software Engineering", IEEE Transactions on Computers, Vol. C-25, No. 12, December 1976.

[4]   Davidson, S.; Shriver, B.D., "Firmware Engineering: An Extensive Update", Firmware Engineering Seminar, Berlin, März 1980, in diesem Band veröffentlicht.

[5]   Berg, H.K., "Firmware-Engineering: Eine Übersicht", Informatik Spektrum, Vol. 3,

No. 2, Springer Verlag, 1980.

[6]   Zelkowitz, M.V., "Perspectives on Software Engineering", <u>Computing Surveys</u>, Vol. 10, No. 2, June 1978.

[7]   Wirth, N., "Programming Development by Stepwise Refinement", <u>Communications of the ACM</u>, Vol. 14, No. 4, April 1971.

[8]   Dijkstra, E.W., "Notes on Structured Programming", Dahl, O.J.; Dijkstra, E.W.; Hoare, C.A.R. (eds.), Structured Programming, Academic Press, 1972.

[9]   Liskov, B.; Zilles, S., "Programming with Abstract Data Types", <u>Sigplan Notices</u>, Vol. 9, No. 4, April 1974.

[10]   Wegner, P., "Programming Languages, Information Structures and Machine Organisation", McGraw-Hill, 1971.

[11]   Ross, D.T., "Structured Analysis (SA): A Language for Communicating Ideas", <u>IEEE Transactions on Software Engineering</u>, Vol. SE-3, No. 1, January 1977.

[12]   Guttag, J., "Abstract Data Types and Software Validation", <u>Communications of the ACM</u>, Vol. 21, No. 12, December 1978.

[13]   Hoare, C.A.R., "Proof of Correctness of Data Representations", <u>Acta Informatica</u>, Vol. 1, pp. 271-281, 1972.

[14]   Parnas, D.L., "A Technique for Software Module Specification with Examples", <u>Communications of the ACM</u>, Vol. 15, No. 5, May 1972.

[15]   Robinson, L., "The HDM Handbook, Vol. I: The Foundations of HDM", Stanford Research Institute International, Menlo Park, SRI Report 4828, 1979.

[16]   Shaw, M.; Wulf, W.A., "Abstraction and Verification in Alphard: Defining and Specifying Iteration and Generators", <u>Communications of the ACM</u>, Vol. 20, No. 8, August 1977.

[17]   Champell, R.H.; Habermann, A.N., "The Specification of Process Synchronization by Path Expressions", <u>Lecture Notes in Computer Science</u>, Vol. 16, Springer Verlag, 1974.

[18]   Liskov, B.; Snyder, A.; Atkinson, R.; Schaffert, C., "Abstraction Mechanisms in CLU", <u>Communications of the ACM</u>, Vol. 20, No. 8, August 1977.

[19]   Wirth, N., "MODULA: A Language for Modular Microprogramming; The Use of MODULA, MODULA-Design and Implementation", <u>Software - Practice & Experience</u>, Vol. 7, No. 1, January 1977.

[20]   Special Issue on Program Testing, <u>Computer</u>, Vol. 11, No. 4, 1978.

[21]   Floyd, R.W., "Assigning Meanings to Programs", <u>Proc. of Symposia in Applied Mathematics</u>, American Mathematical Society, Vol. 19, pp. 19-32, 1967.

[22]   Hoare, C.A.R., "An Axiomatic Basis for Computer Programming", <u>Communications of the ACM</u>, Vol. 12, No. 10, October 1969.

[23]   Tannenbaum, A.S., "Structured Computer Organization", Prentice Hall, 1976.

[24]   Stockenberg, J.; van Dam, A., "Vertical Migration for Performance Enhancement in Layered Hardware/Firmware/Software Systems", <u>Computer</u>, Vol. 11, No. 5, 1978.

[25]   Myers, G.J., "Advances in Computer Architecture", John Wiley, 1978.

[26]   Melliar-Smith, P.M.; Randell, B., "Software Reliability: The Role of Programm-
         ed Exception Handling", Sigplan Notices, Vol. 12, No. 3, March 1977.

[27]   Randell, B.; Lee, P.A.; Treleaven, P.C., "Reliability Issues in Computing Sys-
         tem Design", Computing Surveys, Vol. 10, No. 2, June 1978.

[28]   Neumann, P.G., et.al., "A Provably Secure Operating System: The System, its
         Applications, and Proofs", Final Report, SRI Project 4332, SRI International,
         Menlo Park, Cal., February 1977.

[29]   Parnas, D.L., "On the Criteria to be Used in Decomposing Systems into Modules",
         Communications of the ACM, Vol. 15, No. 12, December 1972.

[30]   Berg, H.K.; Güth, R., "On the Use of Software Design Methods in Firmware Engi-
         neering", noch unveröffentlicht.

[31]   Giloi, W.K.; Güth, R., "Spezifikation von Firmware", Firmware Engineering Se-
         minar, Berlin, März 1980, in diesem Band veröffentlicht.

[32]   Drongowski, P.J.; Rose, C.W., "Application of Hardware Description Languages
         to Microprogramming: Method, Practice, and Limitations", SIGMICRO Newsletter,
         Vol. 10, No. 4, 1979, pp. 55-59.

[33]   Dasgupta, S., "Towards a Microprogramming Language Scheme", SIGMICRO Newsletter,
         Vol. 9, No. 4, December 1978.

[34]   Richter, L., "Höhere Programmiersprachen für die Mikroprogrammierung", Firm-
         ware Engineering Seminar, Berlin, März 1980, in diesem Band veröffentlicht.

[35]   Dasgupta, S., "The Organisation of Microprogram Stores", Computing Surveys,
         Vol. 11, No. 1, March 1979.

[36]   Cleemput, W.M.; Dietmeyer, D. (eds.), Proc. 4th International Symposium on
         Computer Hardware Description Languages, IEEE Catalog No. 79CH1436-5C, 1979.

[37]   Korneurp, P., "Firmware Development Systems, a Survey", Firmware Engineering
         Seminar, Berlin, März 1980, in diesem Band veröffentlicht.

[38]   Prechtl, H., "Firmware-Entwurfs- und -Testsysteme: Fallstudie", Firmware Engi-
         neering Seminar, Berlin, März 1980, in diesem Band veröffentlicht.

[39]   Berg, H.K., "Correctness of Firmware — An Overview", Firmware Engineering Se-
         minar, Berlin, März 1980, in diesem Band veröffentlicht.

[40]   Hartwich, R., "Firmware-Dokumentation und -Wartung", Firmware Engineering Se-
         minar, Berlin, März 1980, in diesem Band veröffentlicht.

[41]   Albrich, P., "Vertikale Verlagerung — Verfahren, Voraussetzungen, Anwendung",
         Firmware Engineering Seminar, Berlin, März 1980, in diesem Band veröffentlicht.

[42]   Klett, R., "Ein mikroprogrammiertes Unterbrechungswerk für einen Prozeßrechner",
         Firmware Engineering Seminar, Berlin, März 1980, in diesem Band veröffentlicht.

[43]   Schleich, G., "Die vertikale Verlagerung von Systemfunktionen im System Nix-
         dorf 8864", Firmware Engineering Seminar, Berlin, März 1980, in diesem Band
         veröffentlicht.

SPEZIFIKATION VON FIRMWARE

W.K. Giloi und R. Gueth

Technische Universität Berlin
Fachbereich Informatik - CAMP

SUMMARY

Starting with a discussion of the abstraction and specification methods employed in
the hierarchical software design methodology, approaches are considered towards the
adoptation of these methods for firmware specification. The basic levels of abstraction in firmware systems are identified, and fundamental differences are recognized
between software and firmware specification. Consequently, the need arises for extensions and modifications of the existing software specification methods to make them
suitable for firmware specification. In particular, the application of the axiomatic
and the operational approach to firmware specification is discussed and demonstrated
by examples, and the adequacy of the two methods is evaluated.

ZUSAMMENFASSUNG

Ausgehend von Abstraktionsmechanismen des Software-Entwurfs und Software-Spezifika-
tionsmethoden werden Ansätze zur Spezifikation von Firmware vorgestellt. Grundlegende
Abstraktionsebenen des Firmware-Entwurfs werden aufgezeigt und fundamentale Unterschiede zwischen Software und Firmware genannt, die Erweiterungen bzw. Modifikationen
bei der Adoption von Software-Spezifikationstechniken im Firmware Engineering notwendig machen. Die Anwendung von axiomatischer und operationeller Methode wird demonstriert. Eine Wertung der Eignung dieser Methoden für den Firmware-Entwurf wird vorgenommen.

1. Bedeutung von Spezifikationen

Es ist üblich, den Werdegang eines technischen Systems allgemein zu unterteilen in
- die Analyse einer Aufgabenstellung;
- den Entwurf und die Realisierung eines Systems, das die gestellte Aufgabe erfüllt;
- den Betrieb des Systems.
Der Betrieb des Systems kann eine Systemwartung erfordern und auch Modifikationen
des Systems notwendig machen. Beim Entwurf eines Systems kann man allgemein drei Phasen unterscheiden:
- Spezifikation
- Konstruktion
- Validierung.

Die Spezifikation ist der Teil des Entwurfsprozesses, bei dem das Entwurfsziel definiert wird. In der Validierungsphase wird überprüft, ob das entworfene System den
gestellten Anforderungen genügt. Da die Spezifikation aussagt, <u>was</u> das System leisten
soll, ist sie gleichzeitig auch die Aufgabenbeschreibung für den Implementierer des
Systems. Darüber hinaus definiert sie das Soll-Verhalten, an dem das spätere Verhalten des Systems im Betrieb gemessen werden kann.

Spezifikationen können nicht-formal oder formal sein. Nicht-formale Spezifikationen
werden üblicherweise in der Form von verbalen Beschreibungen des Systemverhaltens
gegeben, meist in Verbindung mit gewissen numerisch spezifizierten Leistungsdaten,
die erfüllt werden müssen (sogenanntes "Pflichtenheft"). Formale Spezifikationen
müssen auf der Grundlage vorgeschriebener Ausdrucksmittel bzw. Beschreibungsformen
so erstellt werden, daß gewisse Überprüfungen anhand gegebener Schlußregeln (per
Hand oder durch ein Rechnerprogramm) möglich sind. Wir werden uns in dieser Übersicht nur mit formalen Spezifikationsmethoden beschäftigen.

2. Ansätze zur Spezifikation von Firmware

Man kann ohne Zweifel sagen, daß formale Spezifikationsmethoden, die diesen Namen
verdienen, bislang nur im Bereich des Softwareentwurfs angewandt werden. Weder im
Firmwareentwurf, noch   im Hardwareentwurf existieren bisher Verfahren zur implementierungsunabhängigen Semantikdefinition von Datenobjekten, Operationen und Synchronisationsbedingungen.

Sucht man nach Ansätzen zu einer Spezifikation von Firmware, so liegt es nahe, sich
zunächst die im Softwarebereich benutzten Abstraktionsmechanismen und die darauf
aufbauenden Spezifikationsmethoden anzusehen und zu untersuchen, wieweit die Modellbildungen der Software auch auf der Ebene der Firmware sinnvoll anwendbar sind.

2.1 Elementare Abstraktionsmechanismen im Softwarebereich

Die im modernen Softwareentwurf propagierte Methodik ist die des strukturierten Programmentwurfs durch hierachische Zerlegung /Wirt 71/, /Dijk 72/. Die Zerlegung eines komplexen Softwaresystems in eine Hierarchie von einfacheren Teilsystemen (Moduln) soll nicht nur dazu dienen, den Entwurfsprozeß überschaubarer zu machen, sondern auch - wo nötig - eine Korrektheitsbeweisführung zu ermöglichen. Der Zerlegungsprozeß wird unterstützt durch den Gebrauch von Abstraktionen, die zunächst unwesentliche Implementierungsdetails aus dem Entwurfsprozeß fernhalten.

Nach dieser Methodik wird ein Programmsystem von oben nach unten entworfen; in einer Anzahl von Schritten, die von der Komplexität der Aufgabenstellung und der "Höhe" der Datenobjekte und Operationen der verwendeten Programmiersprache abhängt. Der erste Entwurfsschritt besteht darin, daß man sich Datenobjekte und Operationen definiert, deren Komplexität geringer ist, als die der durch die Aufgabenstellung vorgeschriebenen Datenobjekte und Operationen. Diese Datenobjekte und Operationen geringerer Komplexität benutzt man dann, um "abstrakte Programme" zu konstruieren, durch die die Datenobjekte und Operationen der Aufgabenstellung dargestellt werden. Ob dies tatsächlich der Fall ist, sollte durch Verifikation oder Validierung überprüft werden. Im nächsten Entwurfsschritt wiederholt man nun diesen Vorgang, um noch einfachere Datenobjekte und Operationen zu erhalten, und so fort. Der Entwurfsprozeß kann abgebrochen werden, wenn alle solcherart eingeführten Abstraktionen durch Konstrukte dargestellt werden, die nur noch Datenobjekte und Operationen erhalten, die als "axiomatisch" gelten können in dem Sinne, daß sie weder weiter erklärt noch implementiert werden müssen; zum Beispiel weil es sich jetzt um die wohldefinierten Objekte und Operationen einer Programmiersprache handelt.

Die Abstraktionen, die die Grundlage der Systemzerlegung beim Softwareentwurf bilden, sind Programmabstraktionen und Datenabstraktionen. <u>Programmabstraktionen</u> sind, wie alle Programme, prozedurale Beschreibungen eines Algorithmus. "Abstraktion" bedeutet in diesem Fall, daß das abstrakte Programm Konstruktionen enthalten kann, die nicht im Sprachschatz der ausführenden Maschine liegen, sondern einer Interpretationsebene angehören, die um eine oder mehrere Stufen über der ausführenden Maschine liegen, und die erst durch den geschilderten Prozeß der Zerlegung dann schließlich auf der Ebene der ausführenden Maschine darstellbar werden. (Zum Beispiel kann man ein ALGOL-Programm als die Abstraktion einer bestimmten, auf einer realen von Neumann-Maschine ausführbaren Rechenmethode ansehen.) Dieser Vorstellung liegt für das Rechnersystem - gesehen als Software-Hardware-Verbund - das Modell einer Hierarchie von <u>Interpretationssystemen</u> zugrunde, wobei jedes Interpretationssystem aus einer Sprache und einem Interpreten für diese Sprache besteht. Der Interpreter kann dabei als <u>abstrakte Maschine</u> dargestellt werden, die durch Interpretation eines in seiner Sprache formulierten Programms eine <u>Berechnung</u> ausführt.

Zur Zerlegung von Programmen kann man die üblichen Strukturierungsmittel der Programmierung heranziehen wie: Subroutinen, Coroutinen, konkurrente Prozesse /Hoar 78/.
Die Ausführung kommunizierender Prozesse erfordert ihre Synchronisation zur Koordinierung des Zugriffs auf gemeinsam benutzte Betriebsmittel oder beim Austausch von
Botschaften zwischen den Prozessen. Eine Möglichkeit, die Kommunikation bzw. Kooperation zwischen Prozessen zu beschreiben, besteht darin, die gemeinsam benutzten Betriebsmittel als Datentypen zu beschreiben und durch <u>Path-Expressions</u> /CaH 74/ die
"legalen" Zurgriffsfolgen anzugeben.

Das wesentlichste Konzept der <u>Datenabstraktion</u> ist die Einführung abstrakter Datentypen. Ein abstrakter Datentyp /Lisk 74/ definiert eine Klasse von Datenobjekten durch die auf den Objekten ausführbaren Operationen. Beim Programmieren mit
abstrakten Datentypen wird jedes Datenobjekt eines benutzerdefinierten Datentyps
dargestellt durch Objekte (den "Repräsentationen"), die ihrerseits Typen geringerer Komplexität angehören. Jedes zur Darstellung verwendete Objekt ist wiederum
dargestellt durch Objekte geringerer Komplexität, und so fort. Soll eine Operation auf einem Datenobjekt eines abstrakten Datentyps ausgeführt werden, so wird
dies auf der nächstniedrigeren Ebene interpretiert als eine Folge von Operationen,
die auf den Komponenten der Darstellung (Repräsentation) des Objekts ausgeführt werden. Ein abstrakter Datentyp ist ja definiert durch die Operationen, die auf den Objekten dieses Typs ausgeführt werden können; die Kenntnis der internen Darstellung
der Objekte eines Types kann daher begrenzt werden auf die Operationen des Typs. Und
diese Kenntnis ist auch lediglich beim Entwurf der abstrakten Programme für die Operations-Realisierungen notwendig, während sie nach außen hin verborgen bleiben kann.

Ein Programm kann damit nach der Methode des strukturierten Programmierens durch
schrittweise Verfeinerung "von oben nach unten" wie folgt entworfen werden. In jedem
Entwurfsschritt sind vorgegebene Abstraktionen - Operationen oder abstrakte Datentypen - zu "implementieren" (wobei diese Implementierung in der Regel eine abstrakte
Implementierung ist). Dazu werden neue, einfachere Abstraktionen spezifiziert, und
es wird anschließend mit ihnen ein (abstraktes) Programm konstruiert, welches die
vorgegebenen Abstraktionen implementiert. Es ist zumindest wünschenswert, daß sich
daran eine Verifikation der Implementierung der vorgegebenen Abstraktionen bezüglich
deren Spezifikationen anschließt. Dies wird in größerem Umfang aber erst dann praktisch möglich werden, wenn es in Zukunft maschinell (durch entsprechende Verifizierer-Programme) durchführbar geworden sein sollte /LaM 80/.

Wir haben bereits ausgeführt, daß dieser Vorgang so oft zu wiederholen ist, bis man
die Datentypen der Programmiersprache, in der das System letztlich implementiert
werden soll, als Darstellungen erhalten hat. Das gesamte Programm ist dann durch die
erhaltene Hierarchie von Operationen vollständig implementiert und kann selbst als
Operation interpretiert werden.

Jede Operation dieser Hierarchie ist definiert durch ihr äußeres Verhalten. Eine Operation bildet den jeweiligen Eingangszustand ihrer Objekte auf einen Ausgangszustand ab. Wir nennen diese (von außen sichtbaren) Datenobjekte _externe_ Datenobjekte und den Zustandsraum, den sie darstellen, den externen Zustandsraum der Operation. Die Beschreibung der Operation erfordert in der Regel die Verwendung zusätzlicher Datenobjekte (Darstellungen) innerhalb der Operation. Wir nennen _alle_ in der Operations-Implementierung verwendeten Datenobjekte _interne_ Datenobjekte und den Zustandsraum, den die darstellen, den internen Zustandsraum. Der interne Zustandsraum schließt damit den externen Zustandsraum ein.

Bei der Ausführung einer Operation, d.h. beim Übergang von einem externen Zustand zu einem anderen externen Zustand der Operation, kann die Folge von internen Zuständen durchlaufen werden, für die der externe Zustand nicht definiert ist. Bei der Spezifikation des _Verhaltens_ einer Operation (so wie sie der "Benutzer" sieht) genügt es, dieses nur in Bezug auf die externen Zustandstransformationen zu betrachten.

Als einfaches Beispiel für einen abstrakten Datentyp betrachten wir den Typ FIFO-PUFFER, auf dem (unter anderem) die Operationen READ und WRITE definiert sind. Auf diesen Typ können gleichzeitig mehrere Benutzer zugreifen, d.h. READ- oder WRITE-Anforderungen stellen. Dann wird man zum Beispiel festlegen, daß beim gleichzeitigen Vorliegen einer READ- und einer WRITE-Anforderung das WRITE zuerst ausgeführt werden muß; daß zwei gleichzeitig vorliegende WRITE-Anforderungen nur nacheinander ausgeführt werden dürfen; daß hingegen gleichzeitig vorliegende READ-Anforderungen gleichzeitig befriedigt werden können. Durch diese Festlegungen entstehen gewisse _Synchronisationsbedingungen_.

2.2 Methoden zur Spezifikation von Software

Zur Definition der Semantik von Programmkonstrukten gibt es heute im wesentlichen drei Methoden: die operationelle Methode, die denotationelle Methode und die axiomatische Methode. Bei der Betrachtung dieser Methoden gehen wir davon aus, daß die Programme in einer Programmiersprache S formuliert seien. Die Sprache S ist gegeben durch ihre Operationen, Datentypen und sonstigen Konstrukte.

Operationelle Methode. Diese Methode setzt die Existenz einer Programmiersprache L voraus, deren Konstrukte semantisch wohlverstanden sind, sowie eine Definition des Zustandsraums der abstrakten Maschine, die den Interpreten der Sprache S modelliert. Der Zustandsraum einer Berechnung in S wird dann dargestellt durch Angabe von Werten von Datenobjekten der Sprache L; d.h. die Semantik der Konstrukte der Sprache S wird spezifiziert durch Programme, die in der Sprache L geschrieben werden. Um die Bedeutung eines beliebigen in S geschriebenen Programms P zu bestimmen, werden die ent-

sprechenden Spezifikationen in L ausgeführt; d.h. die Validierung eines Programms P
erfolgt durch <u>Testen</u> mit Hilfe der Programme in L. Ein bekanntes Beispiel für L ist
die Vienna Definition Language (VDL) /Wegn 72/.
Allgemein kann man sagen, daß operationelle Verfahren die Bedeutung eines Programms
durch ein Metaprogramm beschreiben, welches auf einer abstrakten Maschine ausgeführt
wird, die als Interpreter dient. Die Semantik eines Programms für einen bestimmten
Anfangszustand, d.h. für bestimmte Eingangswerte, wird definiert durch die Zustands-
folge der Berechnung, die von dem Interpreten ausgeführt wird.

Gegen diese Methode werden zwei Einwände erhoben. Der erste Einwand ist, daß diese
Methode zu unnötigen Überspezifikationen führen kann, da durch die Forderung nach
Ausführbarkeit der in der Sprache L gegebenen Spezifikationen u.U. Details definiert
werden, die zur eigentlichen Verhaltensbeschreibung der spezifizierten Konstrukte
unnötig sind. Schlimmer noch, es kann dadurch geschehen, daß bestimmte Implementie-
rungen vorgezeichnet werden und dadurch Entwurfsentscheidungen, die erst auf einer
niedrigeren Stufe zu treffen sind, vorweggenommen werden. Der zweite Einwand ist,
daß die Validierung nicht durch Korrektheitsbeweisführung sondern durch Testen erfolgt, und das Testen ja nicht die Richtigkeit eines Programms sondern nur die An-
wesenheit eines Fehlers aufzeigen kann /Dijk 72/. Dagegen ist aber zu bedenken, daß
man mit dieser Methode auch sehr komplexe Fälle behandeln kann, während man von der
realen Möglichkeit der Korrektheitsbeweisführung bei komplexen Softwaresystemen noch
weit entfernt ist.

<u>Denotationelle</u> Methode. Die zweite bekannte Spezifikationsmethode ist die denota-
tionelle. Diese Methode erfordert ebenfalls eine wohlverstandene Sprache L, die
allerdings nicht notwendigerweise eine Programmiersprache sein muß. Die Spezifikation
der Sprache S besteht dann aus einer Menge von Regeln ("Semantikbewertungsfunktionen"),
durch die ein Programm, das in S formuliert ist, abgebildet werden kann in einen Ausdruck P', der in L geschrieben ist. Zusätzlich wird eine zweite Sprache T benötigt,
um die Semantikbewertungsfunktionen zu spezifizieren.

Das bekannteste Verfahren dieser Art ist das von Scott-Strachey /Miln 76/, /Stoy 77/,
in dem für L und T der Lambda-Kalkül verwendet wird. Die Validierung eines in der
Sprache S formulierten Programms erfolgt durch algebraische Verifikation. Allgemein
kann man sagen, daß die denotationelle Methode die Semantik eines Programms als mathematische Abbildung von Eingangs- auf Ausgangszustände beschreibt.

<u>Axiomatische</u> Methode. Die dritte, neueste und vielleicht auch erfolgversprechendste
Methode ist die der axiomatischen Spezifikation. Diese Methode beschreibt das Verhalten der Konstrukte einer Sprache S durch Aussagen (assertions) über den Zustand. Die
Aussagen werden als Prädikate von Datenobjekten der Sprache S formuliert. Eine beliebige Operation f_i wird beschrieben über eine Relation von Aussagen über den Zustand

vor und nach der Ausführung. Ein Axiom $\vdash P_i\{f_i\}R_i$ ist folgendermaßen zu verstehen:
"Wenn die Aussage P_i über den Zustand vor der Ausführung von f_i wahr ist und f_i terminiert, so ist die Aussage R_i über den Zustand nach der Ausführung ebenfalls wahr".
Eine Menge von Schlußregeln erlaubt es, aus der Semantikdefinition einzelner Operationen oder Operationsfolgen die Semantik eines Programms abzuleiten.

Betrachten wir als Beispiel die Anwendung der axiomatischen Spezifikation bei einem Entwurfsschritt der hierarchischen Systemzerlegung. Wir wollen diesen Entwurf graphisch illustrieren mit der Beschreibungsmethode SADT /Ross 77/. Zur Spezifikation verwenden wir die Notation von Hoare /Hoar 69/.

Es sei eine Operation f_0 zu entwerfen, die spezifiziert ist durch $\vdash P_0\{f_0\}R_0$.

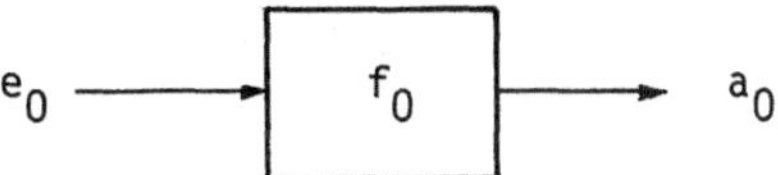

Die Aussagen P_0, R_0 sind zu interpretieren als Prädikate über die Zustände vor und nach der Ausführung von f_0, also $P_0(e_0)$ und $R_0(a_0)$.

Der erste Entwurfsschritt ist die Einführung von Datenobjekten und Operationen geringerer Komplexität, die sich zur Lösung des Problems eignen. Diese sind in ihrer Semantik durch Spezifikationen zu definieren.

$$\vdash P_i\{f_i\}R_i \; , \qquad i \in [1{:}g]$$

Es existieren also zunächst g+1 Axiome. Der zweite Entwurfsschritt ist die Konstruktion einer Lösung mit Hilfe der neu eingeführten Abstraktionen. Im dritten Entwurfsschritt, der Verifikation, soll nachgeprüft werden, ob die konstruierte Lösung f_z hinreichend ist, um den Anforderungen an f_0 zu genügen. Dazu ist zunächst die Semantik von f_z, die ausgedrückt werden kann als $\vdash P_z\{f_z\}R_z$, aus der Konstruktion abzuleiten. Hierfür kann man folgende elementare Schlußregeln angeben.
Schlußregel für das Zusammenwirken zweier unabhängiger Operationen (parallele Ausführung).

$$k, l \in [1:q]$$

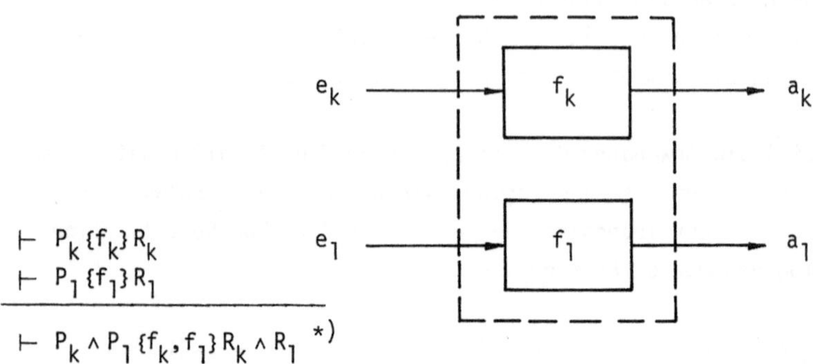

$$\frac{\vdash P_k \{f_k\} R_k \qquad \vdash P_l \{f_l\} R_l}{\vdash P_k \wedge P_l \{f_k, f_l\} R_k \wedge R_l} \quad ^{*)}$$

Schlußregel für das Zusammenwirken zweier abhängiger Operationen (sequentielle Ausführung).

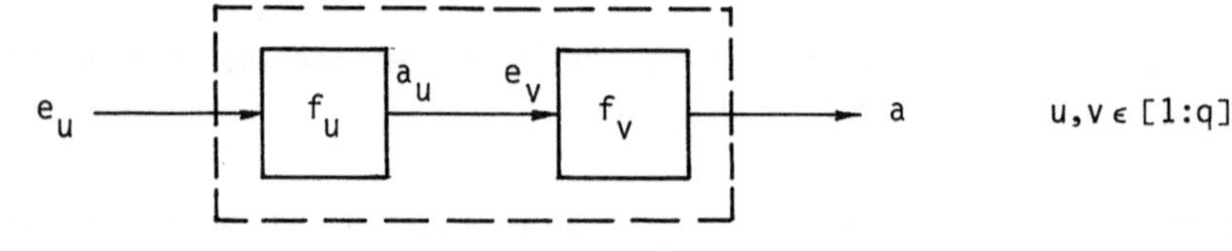

$$u, v \in [1:q]$$

$$\frac{\vdash P_u \{f_u\} R_u \qquad \vdash P_v \{f_v\} R_v \qquad \vdash R_u \rightarrow P_v}{\vdash P_u \{f_u; f_v\} R_v} \quad)$$

Die Implikation dieser Schlußregel gibt sozusagen die Verbindungsbedingung an, die bei der Verbindung abhängiger Operationen oder auch bei Rückführungen von Datenobjekten (Iteration) eingehalten werden muß.

Mit Hilfe dieser Schlußregeln läßt sich die Semantik der Konstruktion f_z ableiten. Es ist dann noch der Nachweis zu führen, daß die Semantik von f_z den Anforderungen an f_0 genügt. Es gilt allgemein:

$^{*)}$ $\{f_1; f_2\}$ bedeutet, daß f_1 vor f_2 ausgeführt werden muß, während es bei $\{f_1, f_2\}$ auf die Reihenfolge der Ausführung nicht ankommt.

$$\frac{\vdash\ P_z\{f_z\}R_z \qquad \vdash\ P_0 \to P_z}{\vdash\ P_0\{f_z\}R_z}$$

Weiterhin gilt allgemein:

$$\frac{\vdash\ P_0\{f_z\}R_z \qquad \vdash\ R_z \to R_0}{\vdash\ P_0\{f_z\}R_0}$$

Es ist also nachzuweisen, daß $P_0 \to P_z$ und $R_z \to R_0$ allgemeingültige Aussagen sind. Die eingeführten Operationen f_i können nun gegebenenfalls in gleicher Weise entworfen werden. Zur Erläuterung des Verfahrens reicht die Betrachtung einer Entwurfsebene aus.

2.3 Elementare Abstraktionsmechanismen im Firmwarebereich

Versteht man den Entwurf von Firmware als Teil des Entwurfs eines Gesamtsystems, das von oben nach unten schrittweise entworfen wird, so kann man den Firmwareentwurf als Fortsetzung oder Ergänzung des Softwareentwurfs ansehen.

Höchste Ebene des Firmwareentwurfs ist die Sprache eines Prozessors. Aufgabe der Prozessor-Firmware ist es, Konstrukte dieser Sprache zu implementieren. Operationen der Sprache sind die Maschinenbefehle des Prozessors; Datenobjekte der Sprache sind die Inhalte von Registern bzw. Speicherzellen. Die hierbei benennbaren Register sind zumeist nur eine Untermenge aller Register des Prozessors; d.h. auf der Ebene der Maschinensprache sind sozusagen nur bestimmte Register sichtbar. Man kann die Inhalte der sichtbaren Register die externen Datenobjekte der Maschinensprache nennen und den Zustandsraum, den sie darstellen, den externen Zustandsraum der Maschine (des Prozessors).

Bei der Ausführung eines Maschinenbefehls, d.h. beim Übergang von einem externen Zustand zu einem anderen externen Zustand, kann eine Folge von internen Zuständen durchlaufen werden, für die der externe Zustand nicht definiert ist. Bei der Spezifikation des Verhaltens eines Maschinenbefehls ist dieser nur in Bezug auf seine externen Datenobjekte bzw. die externen Zustandsübergänge zu definieren.

Man kann sagen, daß eine Operation der Maschinensprache implementiert wird durch ein Mikroprogramm. Der Entwurf eines solchen Mikroprogramms kann, analog zur Software, in einem oder mehreren Zerlegungsschritten erfolgen. Wenngleich die in die Firmware verlagerten Funktionen meist vergleichsweise wesentlich einfacher sind, kann eine gewisse Zerlegung bei komplexen Mikroprogrammen dennoch sinnvoll sein, insbesondere, da die Mikroprogrammiersprache selbst zumeist auf einer sehr niedrigen Ebene liegt. Jeder Zerlegungsschritt sollte wieder aus den drei Phasen bestehen: Spezifikation von Operationen und Datenobjekten geringerer Komplexität, Konstruktion einer Lösung und Validierung der konstruierten Lösung. Der Entwurfsvorgang ist abgeschlossen, wenn alle eingeführten Abstraktionen implementiert wurden oder als Primitive in der benutzten Mikroprogrammiersprache zur Verfügung stehen.

Ein "klassisches" Beispiel des Firmwareentwurfs ist die Realisierung von Gleitpunktoperationen. Nehmen wir an, es seien die Operationen des Typs REAL einer bestimmten höheren Programmiersprache zu entwerfen. Beim Entwurf ist in der Regel bereits eine bestimmte Maschinen-Darstellung für Objekte des Datentyps REAL vorgegeben, zum Beispiel durch bestehende Normungen oder andere Kompatibilitätsbedingungen. Weiterhin wird natürlich auch der Referenzmechanismus vereinbart sein; d.h. die Art des Zugriffs auf die Datenobjekte. Im folgenden Beispiel wird angenommen, daß auf einen Operandenkeller zugegriffen wird ("Keller-Maschine"). Der Referenzmechanismus soll dabei wie folgt definiert sein: Der Inhalt eines bestimmten Registers (stack pointer) gibt die Adresse der Speicherzelle an, in der sich der erste Operand befindet. Nach einfacher Dekrementierung des Registerinhalts erhält man die Adresse der Speicherzelle, in der zunächst der zweite Oprand zu finden ist und in den später das Ergebnis zu schreiben ist. Alle diese Randbedingungen sollen Teil der Spezifikation sein, die der Firmwareentwerfer vorfindet.

Die Spezifikation der Gleitpunktoperation kann zum Beispiel nach der axiomatischen Methode formuliert werden. Aussagen über den Speicherzustand können dabei z.B. mit Hilfe von Matrixoperationen getroffen werden. Man kann nun die Gleitpunktoperation (AO) in einem ersten Entwrufsschritt zerlegen, beispielsweise in das Holen des ersten Operanden (A1), das Dekrementieren des 'stack pointers' (A2), das Holen des zweiten Operanden (A3), die Ausführung der wertetransformierenden Operation (A4) und das Abspeichern des Resultats (A5).

In einem zweiten Zerlegungsschritt kann die Ausführung der Wertetransformation (A4) bei entsprechender Datenobjektdarstellung weiter zerlegt werden in die Ermittlung des Resultatvorzeichens (A41), die Ermittlung der Resultatmantisse (A42), des Resultatexponenten (A43), sowie die Resultatnormalisierung und das Erkennen von Ausnahmesituationen (overflow) (A44).

Die neu eingeführten Operationen, im ersten Schritt A1, A2, A3, A4, A5 und im zweiten Schritt A41, A42, A43, A44, können jeweils axiomatisch spezifiziert werden. Die Konstruktion der Lösungen kann zum Beispiel in SADT formuliert werden. Die Verifikation der konstruierten Lösungen kann nach dem in 2.2 beschriebenen Verfahren erfolgen.

Durch dieses Vorgehen wird das Gesamtproblem (AO) zerlegt in eine Anzahl von sehr
elementaren Operationen (A1, A2, A3, A41, A42, A43, A44, A5), die dann ohne Schwierigkeiten in einer Mikroprogrammiersprache dargestellt werden können. Wir wollen mit
diesem Beispiel unter anderem aufzeigen, daß es auch beim Firmwareentwurf sinnvoll
sein kann, entwerferdefinierte Abstraktionen einzuführen.

Aus der Natur der Datenobjekte auf der Hardware-Ebene als Registerinhalte folgt, daß
eine Datenabstraktion beim Entwurf von Firmware nur schwer möglich ist. Die Datenobjekte, auf die anwenderdefinierte Operationen aller Entwurfsebenen potentiell Zugriff
haben, sind identisch. Im Sinne der Softwaretechnik könnte man sagen, daß solche Datenobjekte uneingeschränkt existieren und global zugreifbar sind.

Die Mikroprogrammiersprache MS einer Maschine ist gegeben durch die möglichen Mikroinstruktionen MI. Eine Mikroinstruktion wird dargestellt durch ein Wort des Mikroprogrammspeichers (control store). Die Ausführung einer Mikroinstruktion dauert eine
Taktperiode des Mikroprogrammsteuerwerks; man nennt dies einen Mikroinstruktionszyklus. Ein Mikroprogramm MP besteht aus einer Menge von Mikroinstruktionen; es wird
ausgeführt über eine zeitsequentielle Ausführung dieser Mikroinstruktionen.

$$MP = \{MI_1; MI_2; \ldots MI_i; \ldots MI_j; \ldots MI_n\}$$

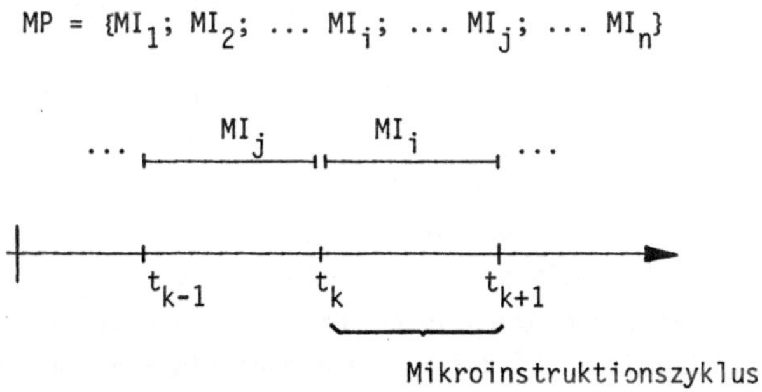

Jede Mikroinstruktion in der Sprache MS wird dargestellt durch eine oder mehrere Picooperationen po. Die Mikroinstruktionen der Sprache MS werden definiert durch die
legalen Kombinationen von Picooperationen. Die Picooperationen einer Mikrooperation
werden innerhalb eines Mikroinstruktionszyklus parallel von unabhängigen Hardwarein-
terpretern ausgeführt, wie im folgenden illustriert.

$$MI = \{po_1, po_2, \ldots po_u, \ldots po_v, \ldots po_m\}$$

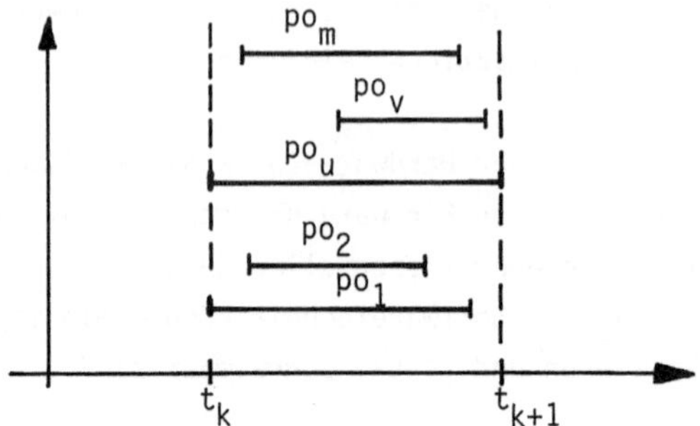

Die Picooperationen po einer Mikroinstruktion gehören dann wieder jeweils einer Sprache HS eines entsprechenden Hardwareinterpreters an. Dabei muß allgemein gelten, daß zwei Picooperationen po_u, po_v nur dann gemeinsam in einer Mikroinstruktion auftreten dürfen, wenn sie unterschiedlichen Sprachen HS angehören; denn auf einem Interpreter kann in einem Mikroinstruktionszyklus nur eine Picooperation ausgeführt werden.

Der Interpreter einer Sprache HS ist ein Hardwarebetriebsmittel (resource), dessen Funktion durch die Picooperationen der Sprache definiert wird. Es gibt zwei Klassen von Hardwarebetriebsmitteln: die CARRIERS und die FUNCTIONAL UNITS. CARRIERS sind: Busse, Register bzw. Registerbänke, Speicher und spezielle Schaltwerke. FUNCTIONAL UNITS sind unter anderem: ALUs, Multiplexor-Elemente und spezielle Schaltnetze. Die "Sprache" eines Registers kann die Operationen NOP (keine Operation) und CLOCK (Werteübernahme) umfassen. Ein Multiplexor, der z.B. aus zwei Eingängen auswählt, kann als "Sprache" die Operationen LEFT und RIGHT haben. Ein konventioneller ALU (z.B. SN74181) hat eine Sprache, die 32 Operationen (die nicht alle sinnvoll sind) umfaßt.

Betrachten wir als Beispiel einen Bus, der eine von n Quellen mit m Zielen verbinden soll.

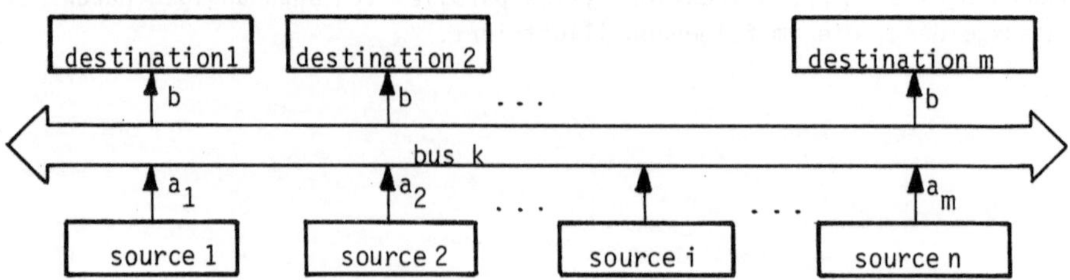

Es ist bekannt, daß ein Bus in der Hardwarerealisierung aus einer Anzahl von Leitungen
besteht und daß die Einrichtungen, die die Übergabe von Informationen auf den Bus kon-
trollieren, physikalisch zumeist Bestandteil der Funktionseinheiten sind, die als
Quelle fungieren können. Hardwaretechnisch gesehen sind die entsprechenden Kontrollsignale deshalb den Quellen zugeordnet.

Sinnvollerweise interpretiert man den Bus in der Mikroprogrammierebene als einen Interpreter, dessen Sprache HS die Operationen SOURCE1, SOURCE2, ... SOURCEn enthält.
Ist dies in der Darstellung der Mikroinstruktion der Fall, so werden innerhalb eines
Mikroinstruktionszyklus Mehrfachbelegungen des Bus unmöglich. Die Speichereigenschaft
des Bus nutzt man nicht aus.

Man sagt, daß Mikroprogrammiersprachen <u>Registertransfersprachen</u> sind. Die relevanten
Datenobjekte in der Mikroprogrammierung sind Inhalte von Registern und Speicherzellen.
In einem Registertransfer wird jeweils der Inhalt eines solchen Informationsträgers
definiert. Zwischen zwei Registertransfers, die sich auf das gleiche Ziel beziehen,
bleibt der Wert des entsprechenden Datenobjekts unverändert. Ein Registertransfer
wird ausgeführt durch eine oder mehrere Pricooperationen in einer oder mehreren Mikroinstruktionen.

Man kann sagen, daß Registertransfers die grundlegenden Mikrooperationen der Mikroprogrammierung sind. Eine Mikrooperation beschreibt den Übergang eines Zustands der
Maschine (des Prozessors) in einen Folgezustand. Dagegen haben die Picoanweisungen
innerhalb einer Mikroinstruktion im allgemeinen keine semantischen Bezüge. Die besondere Problematik der Mikroprogrammierung ergibt sich aus der Tatsache, daß in
einem Mikroinstruktionszyklus an der Ausführung mehrerer Mikrooperationen gearbeitet
werden kann. Mehrere Mikrooperationen T_i können konkurrent, überlappend oder vollständig parallel ausgeführt werden, wie in dem folgenden Bild angedeutet.

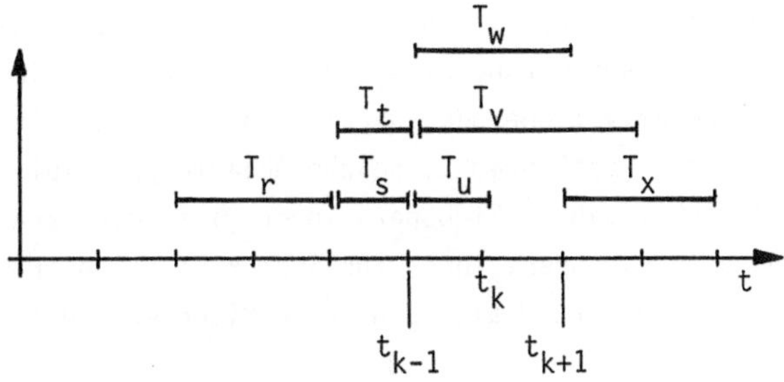

Aus diesem Grunde ist es besonders wichtig, die Gesamtaufgabe eines Firmwareentwurfs
vor der eigentlichen Mikroprogrammierung soweit zu zerlegen, daß die in der Mikropro-

grammiersprache zu entwerfenden , komplexeren Operationen (im Beispiel: A1, A2, A3, A41, A42, A43, A44, A5) nur noch wenige Registertransferanweisungen - aus Gründen der Überschaubarkeit möglichst unter 10 - erfordern.

Betrachtet man die Datenobjekte der Picooperationen, so sind dies zum einen die Inhalte der Register und Speicherzellen und zum anderen solche Datenobjekte, die auf den Verbindungswegen der Hardwareinterpreter (functional units) dargestellt werden. Die erstgenannten Datenobjekte sind sozusagen externe Datenobjekte von Mikrooperationen, wogegen die zweitgenannten ausschließlich innerhalb einer Mikrooperation von Bedeutung sind. Die Datenobjekte, die in Registern und Speicherzellen dargestellt werden, sind natürlich den entsprechenden Hardwareinterpretern fest zugeordnet. Da die Hardwareinterpreter einer Maschine aber fest miteinander verbunden sind, sind auch die Datenobjekte der Datenwege fest den entsprechenden (von den Hardwareinterpretern ausgeführten) Picooperationen zugeordnet. Daraus folgt, daß die Picooperationen in der Regel nicht parametrisiert sind. Man braucht daher in der Mikroprogrammierung zumeist keine Datenobjekte zu bezeichnen, z.B. durch Namen. Eine Ausnahme bilden Speicheroperationen, bei denen die gewünschte Speicherzelle, auf der die Operation ausgeführt werden soll, anzugeben ist. Beispielsweise kann die Sprache HS einer Registerbank (scratch pad) aus den Instruktionen SP_WRITE <index> und SP_READ_ENABLE <index> bestehen mit <index> ::= 0|1|...|31.

Bekanntlich spielen in der Mikroprogrammierung zeitliche Randbedingungen eine wesentliche Rolle. So kann es erforderlich sein, daß auf einem bestimmten Hardwareinterpreter eine Picooperation während zwei oder mehr Mikroinstruktionszyklen anliegen muß, um eine bestimmte Funktion auszuführen. Beispielweise mag eine Registerbank eine Zugriffszeit von 220 ns haben, während der Mikroinstruktionszyklus 150 ns beträgt. Man kann dies so interpretieren, daß nur bestimmte legale Folgen von Picooperationen ein definiertes Verhalten der Hardwareinterpreter zur Folge haben.

Komplexe Hardwareeinrichtungen, wie Hauptspeicher oder periphere Einrichtungen, besitzen oft eigene Steuereinrichtungen, d.h. sie sind in der Lage, bestimmte Abläufe selbständig auszuführen. Die Ausführung dieser Abläufe kann eine im Vergleich zum Mikroinstruktionszyklus relativ große oder nicht vorhersagbare Zeitspanne in Anspruch nehmen. Man ist daher in der Regel bemüht, solche Abläufe parallel zum Mikroprogramm auszuführen. Dies impliziert, daß es Picooperationen gibt, die parallele Abläufe auslösen können. Außerdem sind Picooperationen zur Synchronisation erforderlich. Man bezeichnet Operationen dieser Art oft als asynchrone Picooperationen.

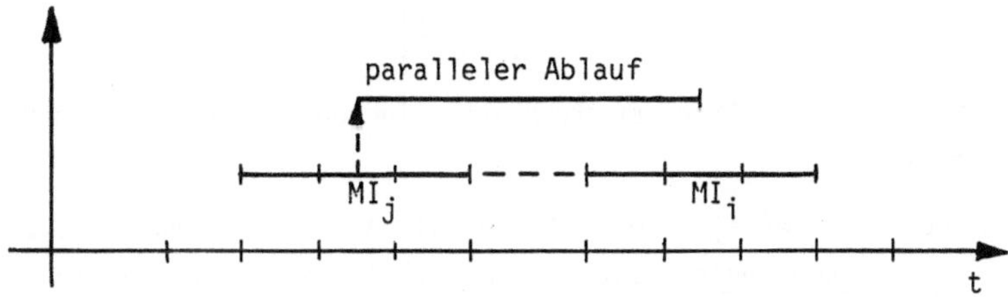

Man kann diesen Sachverhalt verstehen als nebenläufige Ausführung unabhängiger Be-
rechnungen. Die Synchronisationsbedingungen lassen sich definieren über erlaubte Se-
quenzen von Picooperationen.

3. Beispiel einer axiomatischen Firmware-Spezifikationsmethode

Im folgenden versuchen wir, die Anwendung der axiomatischen Spezifikationsmethode auf
Firmware anhand kleiner Spezifikationsbeispiele darzustellen, in denen einfache Konstruktionen einer höheren Programmiersprache, einer Maschinensprache und einer Mikroprogrammiersprache formal spezifiziert werden. Wir benutzen dabei die Notation von
Hoare /Hoar 69/.

Betrachten wir zunächst eine einfache Konstruktion in einer höheren Programmiersprache

```
P:     .
       .
       .
       a,b: real
       .
       .
       .
       a := a*b
       .
       .
       .
```

Die Datenobjekte sind hier von der Arbeitsweise der Maschine abstrahiert: Der Programmierer braucht weder zu wissen, _wie_ sie dargestellt sind (er sieht stattdessen
nur eine Typenbindung) noch _wo_ im Speicher sie sich befinden (er sieht stattdessen
nur eine symbolische Adresse). Der Darstellungsbereich eines Werts vom Typ 'real'
sei in der Maschine eingegrenzt durch den maximalen Betrag

$$\text{real\_magnitude\_max} = (1-2^{-24})\cdot 16^{63}\ .$$

Für alle Zahlen $X \in \mathbb{R}$, die in der Maschine durch ein Objekt x: real dargestellt sind,
gilt damit

$$(\forall X \in \mathbb{R} \mid |X| \le \text{real\_magnitude\_max})(\text{value}(x) = \text{approx}(X))\ ,$$

wobei für die Funktion 'approx' gelten soll

$$\left|\frac{\text{approx}(X) - X}{X}\right| \leq 2^{-20}$$

Das vorgeschriebene Verhalten der Multiplikationsoperationen '*' kann damit wie folgt spezifiziert werden

—   {a := a*b}   (value('a) = approx(value(a)·value(b))) ∧ (value('overflow)=0)
                 except when |value(a)·value(b)| > real_magnitude_max
                 then value('overflow)=1.

In der Hoareschen Notation gibt 'x den Wert von x nach Ausführung der Operation an. Vorbedingungen gibt es für die Multiplikationsoperation keine. Die Aussagen über den Zustand nach der Operationsausführung sind als logischer Ausdruck zu lesen; 'over-flow' ist dabei eine boolesche Systemvariable zur Anzeige der Ausnahmesituation (exception). Man beachte, daß die einzigen Prädikate der Datenobjekte deren Wert ist. Die Einführung der werteliefernden Funktion 'value' unterstreicht die Sicht eines Objekts als Objekt eines bestimmten abstrakten Datentyps. Über den Zustand der Variable a nach Ausführung der Operation, 'a, ist im Falle eines Überlaufs nichts ausgesagt; d.h. dieser Zustand ist dann nicht definiert.

Als nächstes Beispiel betrachten wir eine einfache Konstruktion in einer Maschinen-sprache. Wir nehmen dabei an, daß es sich um einen 16-bit-Rechner mit einem 32K-Wör-ter großen Speicher handelt. Ein/Ausgaben werden ebenfalls über einen 32K großen Adreßraum abgewickelt, der sich an den Speicheradreßraum anschließt (d.h. die Adres-sen 2^{15} bis $2^{16}-1$ benutzt). Das EA-Interface präsentiert sich damit dem Maschinenpro-grammierer wie ein Speicherraum, ggf. mit eingeschränktem Zugriff wie 'read only' oder 'write only'.
Datenobjekte der Maschinensprache sind die "von außen sichtbaren" Speicherzellen und Register. Daneben gibt es einen Satz von Registern, die nur auf der Mikroprogramm-ebene sichtbar sind (interne Register). Register, die auf der Ebene der Maschinen-sprache sichtbar sind, seien:
- der Befehlszähler IC
- das Statusregister SR
- eine "Bank" von 16 "Allzweck-Registern", SP[0] ... SP[15].
Register, die nur auf der Mikroprogrammebene sichtbar sind, seien
- die "Arbeitsregister" A, B, C
- das Übertragsregister C-FF des ALU
- eine weitere Bank von 16 Registern, SP[16] ... SP[31].

Alle Datenobjekte der Maschinensprache seien Bitvektoren der Länge 16, d.h. es gilt:
   (IC,SR,SP[0],...,SP[15],M[0],...,M[2^{16}-1]: bit_vector) ∧ (length(bit_vector)=16)
Datenobjekte des oben betrachteten Typs 'real' seien z.B. durch einen Bitvektor der

Länge 32 dargestellt:

$$((u: \text{bit\_vector}) \wedge (\text{length}(\text{bit\_vector})=32)) \ (\text{real\_value}(u) =$$

$$-1^{\text{value}(u[1])} \cdot (\sum_{i=9}^{32} \text{value}(u[i]) \cdot 2^{-i+8}) \cdot 16 \ \exp(\sum_{j=2}^{8} \text{value}(u[j]) \cdot 2^{8-j} -64))$$

Wir haben hier eine Eigenschaft (Prädikat) 'real_value' für Datenobjekte des Typs
'bit-vector' definiert. In anderem Zusammenhang wird man andere Prädikate für den Bitvektor zu definieren haben; letztlich sind dies die Eigenschaften aller Informations-
einheiten der Maschine, die durch Bitvektoren dargestellt werden.

Selbstverständlich könnte man auch in einer weniger formalen Weise zum Ausdruck bringen, daß als Gleitpunktdarstellung reeller Zahlen ein Doppelwort verwendet wird, wobei das erste Bit als Vorzeichen, die folgenden 7 Bits als Charakteristik und die
letzten 27 Bits als Mantisse interpretiert werden, wobei es sich um eine Darstellung
mit 'biased exponent' handelt.

Die Idee einer formalen, axiomatischen Spezifikation ist es, in einem "deduktiven
System" von Schlußregeln Bedingungen ableiten zu können, die bei korrekter Ausführung
bestimmter Operationen auf den spezifizierten Objekten erfüllt sein müssen, um dadurch
eine Spezifikation dieser Operationen zu erhalten. Bei komplexeren Software-Operatio-
nen bietet u.U. nur ein solches formales Vorgehen noch die Gewähr, zu vollständigen
und konsistenten Spezifikationen zu gelangen und dadurch zu einer zuverlässigen und
wartbaren Software; wobei das Problem in der Komplexität der Spezifikationsaufgabe,
d.h. der großen Zahl von zu betrachtenden Fällen und Bedingungen liegen kann. Bei der
Firmwarespezifikation ist, wie die bisherigen und die noch folgenden Beispiele demonstrieren, die Spezifikationsaufgabe selbst verhältnismäßig einfach. Dafür sind aber
wegen der Einfachheit der Typen und Operationen in vielen Fällen auch die abgeleite-
ten Aussagen recht trivial. Am nützlichsten scheint uns daher noch die Übernahme der
Eingangs erläuterten Technik der Modularisierung und schrittweisen Verfeinerung in
den Firmware-Entwurf zu sein, vorausgesetzt, die zu entwerfenden Mikroprogramme sind
komplex genug, um diesen Aufwand zu rechtfertigen.

Wenn es darum geht, die Mikroprogramme für die Operationen der konventionellen Maschinensprache eines von Neumann-Rechners zu entwerfen, dann wird man diese Komplexität
kaum finden. Anders sieht es aus bei der Aufgabe, Emulatoren zu entwerfen, die die
Aufgabe haben, "Spracharchitekturen" (high-level language architectures) zu realisieren, d.h. die "semantische Lücke" /Myer 78/ zwischen einer höheren Programmiersprache
und der ausführenden Maschine möglichst klein zu machen (solche Spracharchitekturen
findet man insbesondere als APL-Maschinen).

Im folgenden betrachten wir auch hierzu ein einfaches Beispiel. Zu emulieren sei eine

Kellermaschine, in der die Objekte der Maschinenoperationen nicht die Inhalte beliebiger Speicherplätze sind, sondern jeweils die Inhalte der beiden obersten Zellen eines Kellers. Zu realisieren sei die Gleitpunkt-Multiplikation auf der oben eingeführten 16-bit-Maschine, wobei das Register SP[O] als "Kellerzeiger-Register" (stack pointer register) dienen soll. Der Inhalt dieses Registers wird damit (ebenso wie der Inhalt des Befehlszählers IC) als Adresse, d.h. als natürliche Zahl interpretiert oder formal ausgedrückt:

$$((\forall v: \text{bit\_vector}) \wedge (\text{lenght}(\text{bit\_vector})=16))\ (\text{nat\_value}(v) = \sum_{k=1}^{16} \text{value}(v[k]) \cdot 2^{16-k})$$

In der folgenden Spezifikation der Operation MULFLOAT verwenden wir das Komma als Operationssymbol für die Konkatenation, hier speziell für das Aneinanderfügen zweier 16-bit-Vektoren zu einem 32-bit-Vektor.

```
—   {MULFLOAT}  (nat_value('IC) = nat_value(IC) + 1) ∧
                (nat_value('SP[O]) = nat_value(SP[O]) - 2) ∧
                (real_value('M[nat_value(SP[O]) - 2],
                           'M[nat_value(SP[O]) - 3]} =
                approx(real_value(M[nat_value(SP[O]) - 2],
                                  M[nat_value(SP[O]) - 3]) •
                       real_value(M[nat_value(SP[O])],
                                  M[nat_value(SP[O]) - 1])) ∧
                (value('SR[11]) = O)

                except when
                        (real_value(M[nat_value(SP[O]) - 2],
                                    M[nat_value(SP[O]) - 3]) •
                         real_value(M[nat_value(SP[O])],
                                    M[nat_value(SP[O]) - 1])) >
                real_magnitude_max

                then
                (value('SR[11]) = 1) ∧
                (nat_value('IC) = nat_value(IC) + 1) ∧
                (nat_value('SP[O]) = nat_value(SP[O]) - 2)
```

Der Effekt dieser Operation ist also im Regelfall die Inkrementierung des Befehlszählers, die Dekrementierung des Stackpointers um 2, die Definition der Werte zweier Speicherzellen durch das Ergebnis einer Gleitkommamultiplikation, und die Definition eines Bits im Statusregister, das zur Anzeige der Ausnahmesituation 'overflow' benutzt wird. Der Ausnahmefall unterscheidet sich vom Regelfall durch den Zustand des Statusbits sowie durch die Tatsache, daß dann die Werte zweier Speicherzellen undefiniert sind. Auch hier gibt es keine Vorbedingung für die Operation.

Es ist ein Merkmal von Semantikdefinitionen auf der Maschinenebene und der Mikroprogrammierebene, daß man es mit Datenobjekten zu tun hat, die keine vordefinierte Bedeutung haben. Will man diese Datenobjekte in einem bestimmten Sinn interpretieren,
so muß man dies als Prädikat ausdrücken. Das kann erfolgen durch mathematische Funktionen oder Tabellen (Codetabellen). Die Semantik von Operationen auf diesen Ebenen
kann axiomatisch nach wie vor nur durch Aussagen über Eigenschaften der Datenobjekte
vor und nach Ausführung der Operationen geschehen.

4. Beispiel eines operationellen Firmware-Spezifikationssystems /GBG 80/

4.1 Abstrakte Mikroprogramme

Während wir bei der axiomatischen Spezifikation von Firmware nur angeben, welches
der Effekt der durch Firmware zu realisierenden Operationen auf den Zustand der Register und Speicherplätze der Maschine ist, geben wir bei der operationellen Spezifikation "Programme" zur Implementierung der Operationen in einer geeigneten Sprache an.
Um auf dieser Stufe noch nicht Entwurfsentscheidungen vorwegzunehmen, die Detailas-
pekte der Hardwarestruktur betreffen, gehen wir zunächst von einer Beschreibungsform
der Mikroalgorithmen aus, die nur das funktionelle Verhalten der "Zielmaschine", das
ist die Maschine, auf der die Mikroprogramme später laufen sollen, zu beschreiben ge-
stattet, d.h. abstrahiert von strukturellen Details. Wir nennen solche Spezifikationen der Maschinenoperationen abstrakte Mikroprogramme. Wie alle Mikroprogramme sind
auch solche abstrakten Mikroprogramme Registertransfer-Beschreibungen der Operations-
Algorithmen.

Die Sprache zur Formulierung abstrakter Mikroprogramme wird im wesentlichen aus Konstrukten bestehen, die es erlauben
- CARRIERS, d.h. Träger von Datenobjekten, zu identifizieren und spezifizieren;
- OPERATIONEN zu indentifizieren, die die Maschine auf den Objekten ausführen
  kann;
- den KONTROLLFLUSS der Operationsausführungen zu spezifizieren.

Gemäß dem Grundsatz, daß die Validierung von operationellen Spezifikationen durch Simulation (Testen) erfolgt, muß ein abstraktes Mikroprogramm auf einem Simulator ausführbar sein. Das heißt, während man bei der axiomatischen Spezifikation die Zustands-
räume der Datenobjekte vor und nach einer Operationsausführung angibt, führt man solche Zustandstransformationen jetzt beispielhaft aus.[*] Um einem möglichen Mißverständnis

---

[*] Gegenüber der axiomatischen Spezifikation hat dieses Vorgehen den Vorteil, daß man
mit solchen Simulationen gleichzeitig auch Zeitbedingungen erfassen und Leistungsdaten erhalten kann /GBB 78/.

vorzubeugen, sei noch einmal betont, daß man damit nur das funktionelle Verhalten einer Zielmaschine validiert, nicht jedoch die konkrete Ausführung der Mikroprogramme durch die konkrete Hardware der Zielmaschine simuliert (im letzteren Falle spricht man üblicherweise von einer "Mikroprogramm-Simulation").

CARRIERS sind alle Einrichtungen, die Datenobjekte speichern oder transportieren können: Speicherplätze, Register, Busse oder andere Datenwege. Unter einem Bus verstehen wir einen "öffentlichen" Datenweg, über welchen eine Anzahl verschiedener Hardware-Betriebsmittel miteinander kommunizieren können. Daneben kann es auch "dedizierte" Verbindungen (_data_ _path_) geben, die ausschließlich für die Kommunikation von zwei bestimmten Betriebsmitteln eingerichtet worden sind. Die (flüchtige) Speichereigenschaft der Datenwege wird üblicherweise nicht ausgenutzt. Ebenso wie wir den Inhalt eines Speicherplatzes oder Registers dessen "Zustand" nennen, nennen wir auch den Wert, der gerade über einen Datenweg transportiert wird, den Zustand des Datenwegs, wobei letztere ausschließlich zu den "inneren Zuständen" zählen.

Die OPERATIONEN des abstrakten Mikroprogramms repräsentieren die Funktionen, die von den FUNKTIONSEINHEITEN der Zielmaschine ausgeführt werden können. Es sei aber darauf hingewiesen, daß die Unterscheidung zwischen CARRIERS (die einen Zustand haben) und FUNKTIONSEINHEITEN (die Zustandstransformationen bewirken, selbst aber keine Zustände haben) nicht immer so streng zu treffen ist. So ist zum Beispiel ein Zähler ein Hardware-Betriebsmittel, welches (1) einen Zustand hat und (2) mit jedem Zähltakt eine Operation ausführen kann.

Mit der Angabe der Registertransfers im abstrakten Mikroprogramm sind die dazu notwendigen Datenwege impliziert; d.h., die Angabe A $\leftarrow$ B setzt z.B. voraus, daß es auch einen Weg gibt, auf dem der Inhalt von B nach A verbracht werden kann. Alle dazu notwendigen konkreten Verbindungseinrichtungen mit ihren Steuergrößen - zum Beispiel Multiplexer mit ihrer Ansteuerung - gehören zu den strukturellen Details. Ebenso impliziert ist mit der Angabe einer Operation im abstrakten Mikroprogramm, daß es auch eine Funktionseinheit in der Maschine gibt, die diese Operation ausführen kann. Welche konkreten Funktionseinheiten - wie zum Beispiel einen ALU - die Maschine wirklich hat, und wie diese anzusteuern sind, um die erforderliche Operation auszuführen, ist wieder ein strukturelles Detail. Schließlich gehört es auch zu den strukturellen Festlegungen, durch welche Hardware-Einrichtungen - Zähler, Schaltnetze, usw. - die in den abstrakten Mikroprogrammen verwendeten Kontrollkonstrukte wirklich ausgeführt werden.

Dies alles steht unter dem Bestreben, die abstrakten Mikroprogramme so abstrakt wie möglich zu halten; d.h. so weit wie möglich von den Prinzipien der Datenabstraktion, Operationsabstraktion und Kontrollabstraktion Gebrauch zu machen. Im einzelnen sieht dies wie folgt aus.

<u>Datenabstraktion</u>. Neben den Datenobjekten der Maschine (dem Inhalt der "sichtbaren"
CARRIERS), muß die Sprache spezielle Datentypen enthalten wie z.B. SIGNAL (boolean) und
INDEX (integer), um Steuerinformationen wie Semaphore und Schleifenindizes sowie die
Identifikatoren von CARRIERS darstellen zu können. Während die Maschinen-Datenobjekte,
wie bereits erwähnt, global und nicht typisiert sind, können die letztgenannten "Hilfs-
größen" als spezielle abstrakte Datentypen eingeführt werden. So kann zum Beispiel
SIGNAL einen abstrakten Datentyp mit den Funktionen CREATE_SIGNAL, SET, RESET und
WAIT bedeuten.

<u>Operationsabstraktion</u>. Die Sprache muß einen umfassenden Satz von Operationen enthal-
ten, die <u>elementar</u> und <u>axiomatisch</u> sind, in dem Sinne, daß (1) eine Funktionseinheit
der Hardware existiert, die die Operation ausführen kann, und daß (2) das Verhalten
der Operation sowie die Repräsentation der Operanden wohldefiniert ist. Worauf der
Spezifizierer damit nur noch achten muß, ist die Konsistenz zwischen der in der Ope-
rationsdefinition getroffenen Festlegung über die Repräsentationen der Operanden und
den Vereinbarungen, die er für die betreffenden Datenobjekte im abstrakten Mikroprogramm trifft (diese Konsistenz wird natürlich vom Simulator nochmals überprüft.)

<u>Kontrollabstraktionen</u>. Die Sprache muß entsprechend "hohe" Kontrollkonstrukte enthal-
ten, die es erlauben, Iterationen, Repetitionen, bedingte Ausführungen, Fallentschei-
dungen, Verzweigungen und Prozeß-Synchronisationen zu spezifizieren. Da in den Mikroprogrammen die Synchronisation hauptsächlich über die Zeit erfolgt, muß es auch möglich sein, die durch eine Funktionsausführung "konsumierte" Zeit anzugeben.

Als Ergebnis halten wir fest, daß eine Sprache zur operationellen Firmware-Spezifikation in der Form "abstrakter Mikroprogramme" folgende Arten von Konstrukten enthalten muß:
- <u>Deklarationen</u>, um CARRIERS, SIGNALS, INDICES und PROCESSES zu spezifizieren;
- <u>Kontrollkonstrukte</u>, um den Kontrollfluß in den abstrakten Mikroprogrammen
  festzulegen;
- <u>Registertransfer-Anweisungen</u>, um die Mikrooperationen zu spezifizieren;
- <u>Zeit-Spezifikationen</u>, um die von den Operationen "verbrauchte" Zeit und andere
  Zeitbedingungen anzugeben;
- <u>Synchronisationskonstrukte</u>, um die Interaktion zwischen verschiedenen Prozessen (asynchron arbeitenden Hardware-Betriebsmittel) festzulegen.

4.2 Schrittweise Verfeinerung

Bei der Verfeinerung einer funktionellen in eine strukturelle Spezifikation - wir können auch sagen: bei der Verfeinerung von abstrakten in konkrete Mikroprogramme - sind
die obengenannten Abstraktionen auf konkrete Hardware-Repräsentationen und -Aktivitä-

ten abzubilden. Durch diese Verfeinerung tritt an die Stelle der <u>abstrakten</u> <u>Maschine</u>, die die abstrakten Mikroprogramme interpretiert, ein <u>Simulator</u> für die <u>reale</u> <u>Maschine</u>. Beide unterscheiden sich in einigen wichtigen Punkten (Tabelle 1).

Gegenstand	Abstrakte Maschine	Simulator der realen Maschine
Picooperationen	standardisierte Hardware-Funktionen	Simulation der Funktionen realer Komponenten (bit slice, LSI, logische Zellen)
Mikrooperationen	Transfer-Anweisungen (die motwendigen Verbindungen sind impliziert)	Explizite Spezifikation der Verbindungswege und Vermittlungseinrichtungen; explizite Steuerung der Hardware-Aktivitäten (durch Steuervektoren) und der Registertransfers (durch Taktung)
Mikroprogramm-Ablauf	"high-level"-Kontrollkonstrukte	Explizite Spezifikation mikroprogrammierter Hardware-Steuereinrichtungen

<u>Tabelle 1</u> Unterschied zwischen der abstrakten Maschine und dem Simulator der realen Maschine

Wenn es nur darum geht, operationell spezifizierte Mikroprogramme zu validieren, dann genügt es, die abstrakten Mikroprogramme auf der abstrakten Maschine (dem entsprechenden Simulator) auszuführen. Es kann aber auch Gründe geben, die Verfeinerung der <u>funktionellen</u> Spezifikation in eine <u>strukturelle</u> Spezifikation auszuführen:

- Die reale Maschine existiert noch nicht, sondern soll Hand in Hand mit der Firmware entworfen werden. In diesem Falle liefert die Verfeinerung mit der strukturellen Hardware-Beschreibung auch den Entwurf der realen Maschine.
- Die reale Maschine existiert. In diesem Falle liefert die Verfeinerung mit der strukturellen Hardware-Beschreibung die semantischen Modelle für die Interpretation der Datentypen des Mikroprogramms durch die Hardware.

Der Prozeß der schrittweisen Verfeinerung einer funktionellen in eine strukturelle Spezifikation ist im wesentlichen ein Ersetzungsvorgang, bei dem die in Tabelle 2 angegebenen Substitutionen auszuführen sind.

Funktionelle Spezifikationen	Strukturelle Spezifikationen
Standard-Hardwarefunktionen	Jeder Aufruf (Instanz) einer Standard-Hardwarefunktion muß individuell durch eine entsprechende Hardware-Funktionseinheit ersetzt werden.
Registertransfer-Anweisungen	Jede Transfer-Anweisung wird durch die explizite Spezifikation eines entsprechenden Datenwegs ersetzt, die aus Schalteinrichtungen und Leitungsverbindungen bestehen. Die Übernahme eines auf einem Datenweg anstehenden Werts in ein Register wird durch eine explizite Takt-Anweisung ausgelöst.
Iterationsanweisungen	Iterationsanweisungen werden durch explizite Spezifikation einer Steuereinrichtung ersetzt, die z.B. aus einem Zähler, einem Inkrementier- oder Dekrementier-Netzwerk und der nötigen Testlogik bestehen kann.
Bedingte oder alternative Ausführung von Anweisungen	Solche Anweisungen werden durch bedingte Verzweigungen im Mikroprogramm oder die bedingte Inhibierung von Mikrooperationen ersetzt.

<u>Tabelle 2</u> Ersetzung von funktionellen durch strukturelle Spezifikationen

Funktionelle und strukturelle Spezifikationen sollten in ein und derselben Sprache
erfolgen (wobei gewisse Konstrukte nur für die funktionelle Spezifikation und andere
Konstrukte nur für die strukturelle Spezifikation verwandt werden). Auf diese Weise
ist es möglich, solche Verfeinerungen zunächst auch nur partiell auszuführen (Teile
der funktionellen Spezifikation werden verfeinert, andere zunächst noch nicht) und
dabei jede beliebige Mischform durch Simulation zu validieren. Eine solche Sprache,
die überdies den Vorteil der völligen Portabilität aufweist, ist die von uns entwik-
kelte Spezifikations- und Simulationssprache APL*DS /GBB 78/, /GaB 80/.

4.3 Sprachkonstrukte von APL*DS und Anwendungsbeispiel

Im folgenden beschränken wir uns darauf, die wichtigsten Sprachkonstrukte unserer
Spezifikationssprache APL*DS in tabellarischer Form aufzulisten und ein einfaches
Beispiel für die Anwendung von APL*DS aufzuzeigen. Weitere Einzelheiten bitten wir
der zitierten Literatur zu entnehmen. Die Erläuterungen in den Tabellen sollten in
Verbindung mit der mnemonischen Namensgebung für die Funktionen ausreichen, um die
Rolle dieser Funktionen und ihre Wirkung zu verstehen.

OPERATION	NOTATION	COMMENT
ADDITION OR SUBTRACTION	A <u>ADD2</u> (B) <u>CARRY</u> C	A,B are 2's-complement numbers C is the carry-in
MULTIPLICATION	A <u>MULT2</u> B	$A \times B$, 2's-complement operands
DIVISION	A <u>DIV2</u> B	$A \div B$, 2's-complement operands
GREATER THAN	A <u>GT</u> B	$A > B$
GREATER EQUAL	A <u>GE</u> B	$A \geq B$
EQUAL	A <u>EQ</u> B	$A = B$
LESS EQUAL	A <u>LE</u> B	$A \leq B$
LESS THAN	A <u>LT</u> B	$A < B$
NOT EQUAL	A <u>NE</u> B	$A \neq B$
LOGICAL AND	A <u>AND</u> B	$A \wedge B$
LOGICAL OR	A <u>OR</u> B	$A \vee B$
LOGICAL NOT	<u>NOT</u> A	$\sim A$
LOGICAL NAND	A <u>NAND</u> B	$A \barwedge B$
LOGICAL NOR	A <u>NOR</u> B	$A \veebar B$
ROTATION	k <u>ROT</u> B	Rotates argument B k steps for k > 0 to the left for k < 0 to the right
SHIFT AND FILL	k <u>SHIFT</u> (B) <u>FILL</u> C	k=number of shifts, B=argument, C= fill element
CONCATENATION	A <u>LINK</u> B	A,B $(\rho(A,B)=(\rho A)+(\rho B))$
PORTION OF A VECTOR	A <u>MASK</u> i1 i2	A[i1+ι(i2-i1)] (0-origin!) $0 \leq i1 \leq i2 \leq \rho A$
INCREMENTATION	<u>INCR</u> A	$A \leftarrow A+1$
DECREMENTATION	<u>DECR</u> A	$A \leftarrow A-1$
BINARY-TO-DECIMAL CONVERSION	<u>DEC</u> B	B=binary number in 2's-complement, result=decimal equivalent
DECIMAL-TO-BINARY CONVERSION	k <u>BIN</u> D	D-decimal integer, result=2's-complement, k-digit binary number representation
INDEX GENERATOR	<u>INDX</u> i1 i2	i1 + ι(i2-i1) (0-origin!)
REGISTER INITIALIZATION	<u>SET</u> 'list of register names'	all positions in the named registers are filled with 1's
REGISTER INITIALIZATION	<u>RESET</u> 'list of register names'	all positions in the named registers are filled with 0's
NO OPERATION	<u>DELAY</u> k	NOOP, consumes k time units

<u>Tabelle 3</u> Eine Auswahl der Standard-Hardwarefunktionen von APL*DS

Tabelle 4 gibt die Kontrollkonstrukte an, die die Sprache zur Kontrollabstraktion in den abstrakten Mikroprogrammen bereitstellt. Solche Konstruktionen werden benötigt für:

- die bedingte Ausführung von Hardware-Aktivitäten (Anweisungen vom IF-Typ)
- die alternative Ausführung von Hardware-Aktivitäten (Anweisungen vom CASE-Typ)
- die iterative Ausführung von Hardwarefunktionen in Zeit oder Raum (Anweisungen vom REPEAT-UNTIL-Typ)
- die repetierende Ausführung von Hardware-Aktivitäten (Anweisungen vom FOR-Typ)
- die gegenseitige Ausschließung kritischer Abschnitte paralleler Prozesse (Anweisungen vom LOCK-FREE-Typ)

● die Synchronisation der Kooperation kritischer Prozesse (Anweisungen vom INI-
TIATE-EVENT-Typ).

CLAUSE	PURPOSE
→GOTO	UNCONDITIONED JUMP
→IF ... →DOTO ... {→ELSE}... →FI	CONDITIONED BRANCHING
→CASE ... →ESAC	ALTERNATIVE BRANCHING
→REPEAT ... →UNTIL	ITERATION CLAUSE
→FOR ... FROM ... TO ... →ROF	REPETITION CLAUSE
→ON →OFF	SWITCHES SIGNALS AND STATE INDICATORS ON OR OFF, RESPECTIVELY
→WAIT	WAIT FOR SIGNAL TO BECOME TRUE
→LOCK	CRITICAL SECTION LOCK
→FREE	CRITICAL SECTION UNLOCK
→INIT ... →EVENT	PROCESS SYNCHRONIZATION CONSTRUCT ("NO-WAIT SEND" MECHANISM)
→DECLARE	OPENS DECLARATIVE PART OD PROCESS
→PROCESS	OPENS PROCEDURAL PART OF PROCESS
→FOREVER	REITERATES PROCESS EXECUTION
→END	TERMINATES PROCESS EXECUTION

<u>Tabelle 4</u> Kontrollkonstrukte für abstrakte Mikroprogramme

Die Objekttypen, die für eine strukturelle Spezifikation benötigt werden, sind:
    ● CARRIERS (Register, Speicherplätze, Busse oder andere Datenwege)
    ● CONTROL VECTORS (zur Steuerung von FUNCTIONAL UNITS)
    ● FUNCTIONAL UNITS (getaktet oder ungetaktet)

Kontrollvektoren sind Bitketten geeigneter Länge, wie sie zur Ansteuerung der Hardware-Funktionseinheiten (FUNCTIONAL UNITS) wie zum Beispiel: ALU, Multiplexor, Demul-
tiplexor, Zähler, Shiftnetzwerk, usw. benötigt werden. Die Hardware-Funktionseinheiten können Bit slice-Bausteine, LSI Bausteine, PLAs und spezielle Schaltnetze oder
Schaltwerke sein. Stehen Standard-Bausteine zur Verfügung (Beispiel: der ALU-Baustein
SN74181, der Zählerbaustein SN74191, der Bit slice-Mikroprozessor AM2903, etc.), so
können diese direkt als solche spezifiziert werden. Eine strukturelle Spezifikation
wird soviele namentlich unterschiedene Funktionseinheiten enthalten, wie man in der
realen Maschine findet. Zu diesem Zweck enthält APL*DS Deklarationen für solche Funktionseinheiten, die "generische" Operationen sind, in dem Sinne, daß jede Deklara- '

tion einer Funktionseinheit einen individuellen Vertreter des deklarierten Baustein-
typs erzeugt (jedesmal mit anderem Namen und anderen Verbindungs-Spezifikationen).
Tabelle 5 gibt solche Deklarationen an.

Resource Type	Syntax of Declaration
Register	REGISTER '{<name>(<length>) IN: <inputname>;}$_1$ '
Memory	MEMORY '{<name>(<dimension>) IN: <inputname> CONT: <controlvector list>;}$_1$ '
Bus	BUS '<name>(<dimension>) IN: <input list>' <input list> ::= {<inputname>/<condition>;}$_1$
Control Vector	CONVEC '{<name>(<length>) | <name> ← <source>;}$_1$ '
Functional Unit	'<typename>' UNIT '<name>(<length>) IN: <input list> CONT: <controlvector list>'

Tabelle 5 Deklarationen von Hardware-Funktionseinheiten

Für die strukturelle Spezifikation gibt es vier verschiedene Anweisungen, die die Re-
gistertransfer-Anweisungen der funktionellen Spezifikation ersetzen. Diese sind:
- SET oder RESET, zur Initialisierung von Registern;
- CONTROL, um den Kontrollvektoren Werte zuzuweisen;
- CLOCK, um eine Zustandsänderung in einer getakteten Funktionseinheit zu bewir-
  ken;
- DELAY oder TIME, um die Ausführungszeit von Mikrooperationen zu spezifizieren.

Das folgende Beispiel gibt die funktionelle (Bild 2) und strukturelle (Bild 3) Spezifikation eines Multiplikationsalgorithmus in APL∗DS an. Dabei wird die in Bild 1 ge-
zeigte reale Maschine zugrunde gelegt.

5. Axiomatische versus operationelle Methode

In den vorhergehenden Abschnitten wurde die Anwendbarkeit sowohl der axiomatischen
als auch der operationellen Methode im Firmware-Entwurf demonstriert. Auf eine Anwendung der denotationellen Methode verzichten wir, da diese Methode zu einer starken
Formalisierung führt, die nach unserer Meinung bei der geringen Komplexität von Abstraktionen im Firmware-Bereich weniger in Frage kommt. Im folgenden wollen wir eine

zusammenfassende Wertung von axiomatischer und operationeller Methode vornehmen.

Die Präzision und Abstraktionsfähigkeit axiomatischer Spezifikationen ist unbestritten.
Die Abstraktionsfähigkeit ist allerdings nur in den höheren Abstraktionsebenen eines
Firmware-Entwurfs, z.B. bei einer vertikalen Verlagerung, von wirklicher Bedeutung. Je
niedriger die Abstraktionsebene ist, desto mehr hardware-spezifische Informationen
wie Betriebsmittelbindung, Datendarstellung, etc., drücken sich zwangsläufig in der
Spezifikation aus.

Axiomatische Spezifikationen bilden eine Grundlage für die Durchführung von Korrektheitsbeweisen. Solche Verifikationen sind jedoch ohne entsprechende automatische Werkzeuge kaum praktikabel. Diese Werkzeuge sind zur Zeit kaum verfügbar. Längerfristig
dürfte die Bedeutung der axiomatischen Methode auch im Firmware Engineering wachsen,
insbesondere, wenn höhere Mikroprogrammiersprachen, wie z.B. das Sprachschema S*
/Dasg 78/, mit semantisch wohldefinierten Konstrukten zur Verfügung stehen, die eine
Verifikation ausführbarer Mikroprogramme erlauben.

Die grundsätzliche Kritik an der operationellen Methode haben wir bereits in Abschnitt
2.2 dargestellt. Es stellt sich hierbei allerdings die Frage, ob Firmware-Systeme je
die Komplexität von Software-Systemen erlangen werden, um z.B. von einem ganzen Team
von Mikroprogrammierern erstellt werden zu müssen, so daß sich auch die Frage der
hierarchischen Zerlegung und Modularisierung, der Problematik vollständiger und kon-
sistenter Schnittstellen-Spezifikationen, der Verifikation etc. in der Schärfe wie bei
der Software stellt. Ferner hat die Fähigkeit der axiomatischen Spezifikationsmethode,
auf den höheren Stufen des Firmware-Entwurfs (soweit es diese gibt) alle Darstellungs-
Details verbergen zu können, nicht ganz den Nutzen wie bei der Software, da die Darstellungen von Datenobjekten der Firmware vielfach bereits durch die gegebene Hard-
ware-Architektur a priori festliegen.

Gelegentlich wird in neuerer Zeit auch Kritik geübt an der Verwendung von Registertransfersprachen zur operationellen Spezifikation im Firmware-Entwurf /DaR 79/. Be-
mängelt wird die unzureichende Präzision und Abstraktionsfähigkeit solcher Spezifikationen.
Dieser speziellen Kritik liegt im wesentlichen der Irrtum zugrunde, Registertransfer-
sprachen generell mit Hardwarebeschreibungssprachen (CHDL) gleichzusetzen - insbesondere mit vorhandenen CHDLs, die für ganz andere Zwecke entworfen wurden. Es stimmt
zwar, daß Registertransfersprachen nicht die Möglichkeit zur Einführung benutzer-de-
finierter abstrakter Datentypen bieten, da sie - wie der Name bereits zum Ausdruck
bringt - von konkreten Datenobjekten, den Registerinhalten, ausgeht. Dieser Mangel
hat jedoch im Firmware-Entwurf nicht das gleiche Gewicht wie im Software-Entwurf. Die
Datenabstraktion, d.h. das Verbergen bzw. Offenhalten der Datendarstellung auf einer
Entwurfsebene, hat beim konventionellen Mikroprogrammentwurf wegen der geringeren

Komplexität der Datenobjekte, der frühen Betriebsmittelbindung und der damit verknüpf-
ten binären Darstellung keine große Bedeutung. Das in Abschnitt 4 vorgestellte System
/GBG 80/ dokumentiert weiterhin, daß es Registertransfer-Sprachen nicht an der Fähigkeit mangeln muß, Abbildungen zwischen verschiedenen Abstraktionsebenen vornehmen oder
die (potentielle) Parallelität von Operationsausführungen angeben zu können.

Andere Argumente wie zum Beispiel die, daß "die Registertransfer-Ebene unlösbar mit
den von Neumann-Prinzip verbunden sei" und daß "gewisse Architekturen ihre Attrakti-
vität verlieren, wenn sie auf der Registertransfer-Ebene spezifiziert werden" /DaR 79/
sind schlicht unsinnig. Die Registertransfer-Ebene ist die Ebene der Mikroprogrammierung, aber nicht die der Architektur, unabhängig von der Art der Rechnerarchitektur
(von Neumann-Architektur, Datenfluß-Architektur, oder was immer sonst).

Zusammenfassend läßt sich feststellen, daß beim heutigen Stand der Entwicklung die
operationelle Methode der Firmware-Spezifikation - in Verbindung mit Validierung
durch Testen - durchaus ein geeignetes Mittel des Mikroprogrammentwurfs ist.

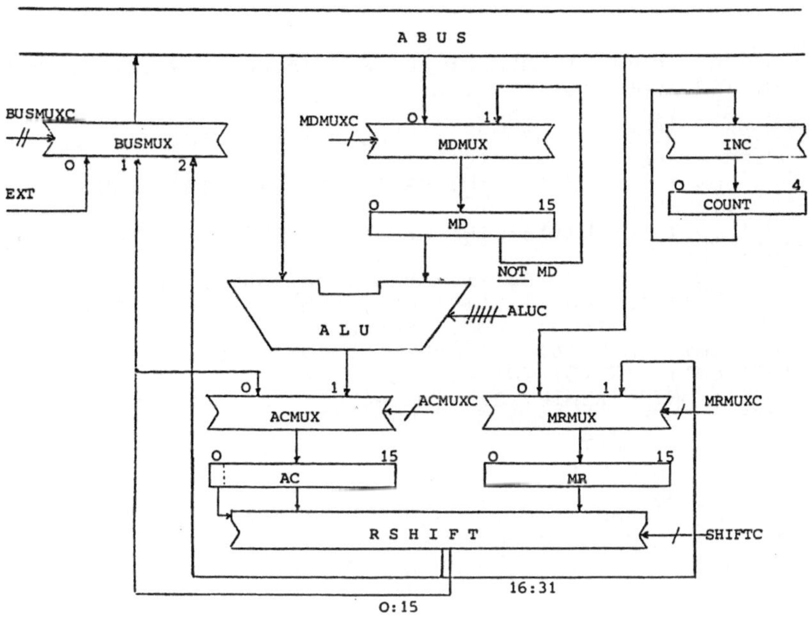

__Bild 1__ Ausschnitt aus dem Strukturbild der realen Maschine, auf der der zu spezifi-
zierende Multiplikationsalgorithmus ablaufen soll

```
      ∇ MULT1
[1]   →DECLARE
[2]     STATE 'MULTBUSY'
[3]     REGISTER 'AC(16); MD(16); MR(16)'
[4]     INDEX 'I'
[5]   →PROCESS
[6]   →ON 'MULTBUSY'
[7]     PAR 'AC ← 0; C ← 0; I ← 0'
[8]   →REPEAT
[9]   →IF MR[15] DOTO SKIP
[10]    AC ← AC ADD2 MD CARRY C
[11]  SKIP:→FI
[12]    COMPOUND 'AC LINK MR ← ¯1 SHIFT (AC LINK  MR) FILL  AC[0]'
[13]    I ← INCR I  TIME 0
[14]  →UNTIL I EQ 15
[15]  →IF MR[15] DOTO EXIT
[16]    PAR ' MD ← NOT MD; C ← 1'
[17]    AC ← AC ADD2 MD CARRY C
[18]  EXIT:→FI
[19]    COMPOUND 'AC LINK MR ← ¯1 SHIFT (AC LINK  MR) FILL  AC[0]'
[20]  →OFF 'MULTBUSY'
[21]  →END
      ∇
```

__Bild 2__ Funktionelle Spezifikation des Multiplikations-Mikroprogramms (abstraktes
Mikroprogramm)

122

```
      ∇ MULT2
[1]   →DECLARE
[2]    REGISTER 'MD(16)IN:MDMUX; AC(16)IN:ACMUX; MR(16)IN:MRMUX;'
[3]    REGISTER 'COUNT(5) IN: INC '
[4]    BUS 'ABUS(16) IN: BUSMUX'
[5]    CONVEC ' ACMUXC ; MRMUXC ; MDMUXC ; BUSMUXC(2)'
[6]    CONVEC ' ALUC(5); SHIFTC'
[7]    'MUX' UNIT 'ACMUX(16) IN: RSHIFT [INDX 0 15]; ALU
       CONT: ACMUXC'
[8]    'MUX' UNIT 'MRMUX(16) IN: ABUS ; RSHIFT [INDX 16 31]
       CONT: MRMUXC'
[9]    'MUX' UNIT 'MDMUX(16) IN: ABUS ; NOT MD; CONT: MDMUXC'
[10]   'MUX' UNIT 'BUSMUX(16) IN: EXT; RSHIFT [INDX 0 15];
       RSHIFT [INDX 16 31] CONT: BUSMUXC'
[11]   'ALU' UNIT 'ALU(16) IN: ABUS; MD CONT: ALUC'
[12]   'INC' UNIT 'INC(5) IN: COUNT'
[13]   'SHIFT' UNIT 'RSHIFT(32) IN: AC LINK MR;AC[0];CONT:SHIFTC'
[14]  →PROCESS
[15]   RESET 'AC; COUNT '
[16]   CONTROL 'SHIFTC ← 0'
[17]  →REPEAT TIME 1
[18]   CONTROL 'BUSMUXC← 0 1 ; ALUC ← 0 1 0 0 1 ; ACMUXC ← 1'
[19]  →CLOCK 'AC/MR[15]' TIME 1
[20]   CONTROL 'SHIFTC ← 1 ; ACMUXC ← 0 ; MRMUXC ← 1 '
[21]  →CLOCK 'AC ; MR ; COUNT' TIME 1
[22]  →UNTIL COUNT EQ 15 TIME 0
[23]   CONTROL 'MDMUXC ← 1'
[24]  →CLOCK 'MD/MR[15]' TIME 1
[25]   CONTROL 'BUSMUXC ← 0 1 ; ALUC ← 1 1 0 0 1 ; ACMUXC ← 1'
[26]  →CLOCK 'AC/MR[15]' TIME 1
[27]   CONTROL 'SHIFTC ← 1 ; ACMUXC ← 0 ; MRMUXC ← 1'
[28]  →CLOCK 'AC; MR' TIME 1
[29]  →END TIME 0
      ∇
```

<u>Bild 3</u> Strukturelle Spezifikation des Multiplikations-Mikroprogramms

<u>Literaturverzeichnis</u>

/CaH 74/   Campell R.H., Habermann A.N., The Specification of Process Synchronization
           by Path Expressions, <u>Lecture Notes in Computer Science</u>, Vol. 16, SPRINGER-
           VERLAG, Berlin-Heidelberg-New York 1974

/Dasg 78/ Dasgupta S., Towards a Microprogramming Language Scheme, <u>Sigmicro Newslet-
           ters</u>, Vol. 9, No. 4, December 1978

/Dijk 72/ Dijkstra E.W., Notes on Structured Programming, in: Dahl/Dijkstra/Hoare
           (eds.): Structured Programming, Academic Press, New York 1972

/DaR 79/   Drongowski P.I., Rose C.W., Application of Hardware Description Languages
           to Microprogramming: Method, Practice, and Limitations, <u>Sigmicro Newslet-
           ters</u>, Vol. 10, No. 4, 1979

/GBB 78/   Giloi W.K., Balaci R., Behr P., APL*DS - A Powerful Portable Programming
           System for RT-Level Hardware Description and Simulation, Microprogram Spe-
           cification, and the Simulation of Parallel Processing Concepts, Tech. Uni-
           versity of Berlin, FB Informatik, Tech. Report 78-21 (June 1978)

/GaB 80/   Giloi W.K., Behr P., APL*DS - An APL-Based Hardware Specification/Simula-
           tion System, paper submitted for presentation on APL 80 INTERN. CONGRESS
           (Delft/Netherlands, June 1980)

/GBG 80/   Giloi W.K., Behr P., Güth R., FIT - A System for Firmware Specification,
           Implementation, and Validation, Proc. IFIP Working Conference on Firmware,
           Microprogramming, and Restructurable Hardware, North-Holland, 1980

/Hoar 69/ Hoare C.A.R., An Axiomatic Basis for Computer Programming, CACM 12,10
           (Oct. 1969)

/Hoar 78/ Hoare C.A.R., Communicating Sequential Processes, CACM 21,8 (Aug. 1978)

/LaM 80/   Levitt K.N., Moriconi M.S., The SRI Interactive Program Verification Sys-
           tem, in: Berg/Giloi(eds.), The Use of Formal Specification of Software and
           Firmware, to be published 1980 by SPRINGER

/Lisk 74/ Liskov B., Zilles S., Programming with Abstract Data Types, ACM SIGPLAN
           Notices 9,4 (April 1974)

/Miln 76/ Milne R., Strachey C., A Theory of Programming Language Semantics, J. Wiley,
           New York 1976

/Myer 78/ Myers G.J., Advances in Computer Architecture, J. Wiley, New York 1978

/Ross 77/ Ross D.T., Structured Analysis (SA): A Language for Communicating Ideas,
           IEEE Tr. o. Software Engineering, Vol. 3, No. 1 (Jan. 1977)

/Stoy 77/ Stoy J., Denotational Semantics: The Scott-Strachey Approach to Programm-
           ing Language Theory, MIT Press, Cambridge, Mass., 1977

/Wegn 72/ Wegner P., The Vienna Definition Language, Computing Surveys, Vol. 4, No. 1,
           March 1972

/Wirt 71/ Wirth N., Programming Development by Stepwise Refinement, CACM 14,4 (April
           1971)

Firmware Development Systems, a Survey

Peter Kornerup
Computer Science Department
Aarhus University
DK-8000 Aarhus, Denmark

Abstract: *Selected firmware development systems are investigated, with special emphasis on the environment in which the firmware is existing during testing and final installation. In particular the RIKKE/MATHILDA system is described. Development systems for user microprogrammable processors, as well as for dedicated control systems (custom-designed) are surveyed and classified. Particular problem areas are illustrated and discussed.*

1. Introduction

Although microprogramming as a technology for the implementation of the control of a computer has existed for almost as long as the electronic computer itself, the tools available for development, debugging and verification of firmware have not in general reached the state of equivalent tools available for software.

The firmware development was for a long time intimately connected with the design of the processor, as was the debugging of the microprograms with the debugging of the processor hardware. With diode matrices, or most other discrete read-only memory technology for storing the microprogram, it does not seem reasonable to debug the host processor by special microprograms, before the microprogram realizing the target architecture is "loaded", in particular since the latter anyway was going to be the only "program" ever to run on the host.

With exchangeable or re-writeable control stores the situation is quite different. The interest in emulating other target architectures than the original target machine, or in general to support a variety of applications on the same host, creates a need for development and debugging tools.

A firmware development system may consist of tools for programming, loading, testing (simulation/debugging), verification and installation of firmware.

The history of firmware development tools seems to be parallel to that of ordinary program construction tools. It is interesting to notice, that although most early microprogrammable hosts had horrible architectures, complicated instruction sets and tricky timing, how primitive tools were used, and how slowly the tools have evolved. One reason for this may be the fact that most pieces of firmware are of a very limited size, and of a very simple structure. The simple and modular structure of an interpreter in general makes the construction of such a piece of firmware a reasonably comprehensible task.

The most essential tool for firmware development is some sort of translator, assembler or compiler, which to a varying degree can relieve the programmer of the burden of the detailed task of expressing the program in terms of field encodings of the primitive operations. Besides introducing symbolic opcodes and labelling, microassemblers most often furthermore are used to "hide away" certain peculiarities of the underlying architecture. E.g. assemblers were often used to handle the ackward addressing and instruction allocation caused by the early technique of conditional sequencing, where a jump address is formed by concatenation of litteral fields from the microinstructions, with flagbits from processor status. In this paper we will not discuss the pros and cons of high level languages for microprograming. Although the languages available do play a crucial role in the process of firmware development, we will try to concentrate on the environment where the firmware is going to exist during its development and after its completion.

If there is an area in which firmware engineering is different from software engineering, it is to be found in the environment in which programs are tested and installed. In systems which allow user microprogramming it is intentionally such that the existence of a piece of firmware, and its invocation, is supposed to be transparent to the ordinary programmer of the (software) system. In a multi-interpreter system it is the task of the system to load and invoke the appropriate pieces of firmware, whenever the user initiates the execution of a piece of software. The fact that the operating system executes by means of one (firmware) interpreter, a particular compiler possibly runs on another, and the code generated is intended to execute on a third, has to be transparent to the user who calls upon the system to compile and execute his source program. The protection and integrity of ordinary user programs are secured through the system, which also provides an environment of facilities to call upon. This environment has been created through interpretation on top of the hardware, which allows the system to monitor and supervise the user program.

In contrast, the microprogram has to execute in an environment which provides little or no protection, where in general the available support is very limited, and communication with the "user" (i.e. the firmware-programmer) is either restricted to lights and switches or may be severely hampered by the layers of system above the firmware (unless of course specific tools are available, e.g. a firmware debugger). Also I/O in general may be complicated, either because it has to be handled at a very low level, or because it has to go through the ordinary system I/O routines (i.e. calls have to "go upwards").

With the advent of bit-slice technology, history has repeated itself. This technology may be used to architecture "ordinary" microprogrammable processors, i.e. intended to realize a target architecture through interpretation. However, microprogrammed bit-sliced control units may be used directly in various controllers, requiring complicated sequencing. For such purposes the "firmware level" becomes "the applications level", and the firmware host will in general be designed more or less from scratch for each application. This is almost the same situation as the one faced in the desing of the early microprogrammed processors, except for the fact that the "building blocks" of the hardware design today are LSI circuits, whose level of functionality assures more homogeneity across designs.

In either of these situations, the firmware of such control units will most often be fixed in ROM storage. Design, development, testing and verification of the firmware will have to take place in some way or other external to the final system, where the firmware is going to reside. Since the firmware host architecture changes from one application to the next, support systems will have to be parameterizable to amortize their cost, and reduce the time needed to create support for the individual design situation.

In the rest of this paper we will discuss firmware development and test systems, based on actual systems. First we will treat user-microprogrammable systems, where apparently most progress has been made. One particular sytem, the RIKKE-MATHILDA system at Aarhus will be described to some depth, as it has not been reported on before. A sample of other development systems will then be surveyed, to illustrate complementary facilities.

Systems to aid in firmware development for "custom-designed" hosts, in particular ROM based controller applications, will be summarized in short. The tools reported on in this area seem so far only to be quite limited in scope and complexity, but we will try to see what can be learned from the systems available for user microprogrammable systems.

2. The RIKKE-MATHILDA System

The microprogramming lab facilities at Aarhus consist of two (almost identical) microprogrammable processors RIKKE and MATHILDA, which are intimately connected, sharing one memory system WS (Wide Store). Both processors have the same architectural structure, but differ in the bit-width of their datapaths and registers. MATHILDA has a width of 64 bits, and can be considered a powerful functional unit of RIKKE (usually M runs as a slave of R), and has as such no I/O devices connected. RIKKE has a 16 bit datapath and 16 bit wide registers. Attached to RIKKE is a private storage system MS (32K, 16 bit), a variety of standard I/O devices (CRT, lineprinter, papertape I/O and disk controller), and a high-speed file transmission link to the departmental DEC10 system. The common storage WS has 4 ports, each of which has a block-transfer capability. It is organized as two 16K banks of width 64 bits, however it is possible to write selectively into any combination of 16 bit fields of a storage word, leaving the contents of the remaining fields unchanged. RIKKE and MATHILDA may hence view WS as 128K-16 bit or 32K-64 bit respectively, and may communicate through WS, as well as through direct 16 bit connections (with busy/done flags). The disk-system is also connected to one of the WS ports, acting as a data-channel, but transfers can only be initiated from RIKKE.

The architecture of RIKKE and MATHILDA [10] is organized around a single datapath connecting storage and functional resources, including two 256 word local storages (scratchpad registers), registers with shift capability, and an ALU where one operand comes from a 4 word storage. The datapath itself contains a barrel shifter and various masking facilities. Control of the resources is either immediate (from microinstruction) or residual, and in the latter case originating from various sources, including small dedicated 16 word "register groups".

Control store is 64 bit wide (2K in RIKKE, 1K in MATHILDA), and permits pre-fetch of instructions. The processor operates with a polyphase clock and fixed cycle length. The execution of the instruction can be divided in four steps: datapath transfer, clock1 microoperations (mops), clock2 mops and sequencing. Due to the amount of parallelism (up to 6 mops may be specified in one instruction), the class-division of mops, and in particular the possibilities for residual control, makes very tight coding possible (and often used). With proper "set-up" many loops used in coding of arithmetic instructions (e.g. multiplication and division) are "one-liners", i.e. instructions that loop on themselves. Residual control is also useful in the decoding of instructions, but in general it complicates the firmware development process, and the environment in which the firmware is to exist. Sequencing is quite powerful, and includes the possibility of self-relative addressing, indexing (case-branch) and two 16 level return jump stacks. The "state-vector" of MATHILDA contains approx. 8000 bits, not counting the two local stores (32K bits) and control store (64K bits). Hence the only feasible way to realize a context switch is to have each piece of firmware establish its own environment "on top of" the standard environment used by all firmware (and in particular the I/O nucleus in RIKKE [12]). There are no hardware facilities to protect any piece of firmware and its resources from a "bad" piece of firmware, not even control store is protected.

The hardware has evolved over a long period, starting with the construction of RIKKE in 1972-73, as a prototype of the MATHILDA design. With some design changes MATHILDA was constructed and became available early 76, together with WS. Later the disk system and the block-transfer capability on WS has been added, just as a number of minor updates on RIKKE and additions to MATHILDA have been made.

It was at an early stage decided to use the language BCPL [16] as the vehicle for systems programming on RIKKE, and a firmware interpreter for O-code (an intermediate language for BCPL) was implemented on RIKKE late 1973 [24]. Supported by the I/O Nucleus [12], the RIKKE OS was developed (based on the Oxford OS [21]) into a versatile single user operating system with a sophisticated file system. A variety of other firmware interpreters have been developed for experimental purposes, including lately a "twin-interpreter" supporting pure concurrency in Concurrent Pascal, running on the combination RIKKE-MATHILDA-WS. A Pascal-supporting interpreter on RIKKE, utilizing MATHILDA as a functional unit for non-standard arithmetic [11], is about to be completed. Experiments with migration of operating system functions have been performed in connection with the disk-drivers [23], with primitives for a relational database system [2], and a string search operator in the editor.

Except for some very first hardware test programs, all firmware for RIKKE and MATHILDA has been developed using the microassembler MARIA (existing in two versions) and in most cases debugged on the (batch) simulators for RIKKE and MATHILDA. Assemblers and simulators are implemented in BCPL, originally in 1973 on a CDC 6400, but later transferred to the departmental DEC10 System [22], as well as to a number of other installations to be used as a teaching and research tool in other departments.

The MARIA microassembler provides the same sort of facilities that are usually found in ordinary assemblers, but does not contain macrofacilities. Datapath transfer is specified as an assignment with a possible shift specification. The list of mops is free format, and their ordering is immaterial. Since some mops may be represented in any one of two or three fields, the assembler also has the task of "shuffling" around with such mops to make the whole list fit. Mops which specify load-actions with a source selection are specified as assignments, which are then represented as a combination of the load action and a setting of the proper source selection bits of the instruction. Also if the source is specified as the current microinstruction, i.e. as a literal, that constant is assembled into the proper field (and that field is marked as non-executable). The third part of the microinstruction specifies the sequencing part in the form of an if-then-else construction, with suitable defaults if not "all the power" is needed. The hardware provides the conditional selection among two address-computations (rather than addresses), whose binary specification is quite tricky and sometimes interrelated. A task of the assembler is to cover up such details, and, as in general, to detect resource conflicts.

A particular feature which the MARIA assembler provides is the possibility of environment initialization, which is not only available for initialization of simulator resources (e.g. registers), but also provides initialization of resources in the physical processors. This is realized by supplying the source with "value" pseudoinstructions, which causes the assembler to append to the load file additional "initialization records", one for each resource whose initialization has been specified. Each record consists of an identification of the resource, and the necessary data. For each such record, the systems loads a small microprogram (usually only a few instructions) and supplies it with the data to initialize the resource (or part of it). Thus the user simply specifies how he wants the environment to look when his microprogram is initiated, and does not have to worry about doing it. And it is specified exactly the same way whether the microprogram source is to be assembled for the simulator or for the physical machine.

The simulators perform faithful simulations of the processors, but only crude simulations of I/O, since they do not attempt to simulate timings of the devices. The simulators operate in "batch mode", and devices are simulated by files. The RIKKE simulator only provides simulation of some of the early physical devices, as most user microprograms utilize the I/O nucleus. As the only "device" with which MATHILDA can communicate is RIKKE, corresponding files are provided, however there is no possibility to run the simulators of RIKKE and MATHILDA in parallel. The simulators provide a tracing of the user microprogram program counter as the default. All other output from simulators has to be specified in the source program to the assembler by means of "display" pseudo-instructions. The range of a display statement is the (static) interval from its occurrence in the source, until the next one is encountered. The display pseudo-instruction does not immediately specify what is to be dumped on output, it only references a "table" pseudo-instruction. In this way it is fairly easy to insert and delete the display statements in appropriate places. The table definitions, containing the details of which resources are to be dumped, then have to appear only once, and can be collected in one place.

An interactive simulator for the MATHILDA processor has been implemented on a Multics system but has so far not been transported to Aarhus, as the implementation heavily relies on the Multics file system (segments).

As the assembler/simulator system is available on the DEC10 System, microprograms are developed in a standard time sharing environment, and are normally tested on the appropriate simulator before the assembled code is transferred (through the transmission link) to the file system on RIKKE. Initially files were "transmitted" on paper tape, but it has never been found necessary to move the assembler to the RIKKE system, as it is physically located next door to the DEC10 system.

With the two interconnected microprogrammable processors available, basically three different modes of operation are at the programmer's disposal. He can implement a piece of firmware to run on RIKKE, under the support of the OS, but will to a large extent have to obey to the rules of the system. Or he can choose to implement his firmware on MATHILDA, in which case he can have an almost "naked" machine, but still with powerful support available from RIKKE. Finally both machines can be integrated in one system, either as two truly parallel processors, or MATHILDA as a functional unit of RIKKE.

The philosophy of the R/M system is to let the firmware programmer construct in BCPL (the system language) the environment in which the firmware is to exist. A few standard routines available allows the user on RIKKE to load and execute microcode in RIKKE, as well as in MATHILDA, and to communicate with the microcode.

The primitives for the control of microcode in RIKKE are provided by the following three BCPL functions:

        SetupRikkeCS
        LoadRikkeCS
        CallRikkeCS

the first of which just initializes a table, used by the control store allocation (recall that it is a single-user system). LoadRikkeCS takes a filename as parameter (assumed to be a file containing assembled microcode) and performs the specified resource initializations and loading of microcode into control store. It returns (as the value of the function) entrypoint information if the call was successful, otherwise an error condition.

When microcode has been successfully loaded into RIKKE control store, it can be repeatedly invoked by calls of the form:

        res := CallRikkeCS (entry,p),

where entry is a variable initialized by LoadRikkeCS to contain the entrypoint. The parameter p is supposed to be the name of an array (a BCPL vector) which is the communication area (in WS) between the BCPL level and micro level. When the microcode gets control through this call, the address of this area is found in a particular register (LR), and the contents of the two first locations have been transferred to two other registers (DS and VS). Upon completion of the user microcode, it just executes a particular "return from subroutine" jump, and whatever is in the register DS is delivered as the value of the CallRikkeCS function call to the BCPL level. Of course, nothing prevents the microcode from accessing other parts of the communications vector, nor to interpret it in any way it wants, e.g. to use its contents as pointers to other data. The transfer to and from registers is just provided to facilitate the implementation of firmware routines with a minimal need for parameter transfer.

These routines are straightforward to use whenever a particular software level function is to be migrated into firmware. Notice that the communications vector is inside the address space of the BCPL program (which is at most 64K, 16 bit or 16K 64 bit of WS), but the firmware routine called upon may access WS beyond this space, or it may access MS (the 16 bit storage accessible only by RIKKE).

If the firmware called upon is an interpreter for another virtual machine, its address space may be disjoint from that of the BCPL program. The interpreter and the BCPL program may communicate as coroutines, since the interpreter may call back and request a service from the

BCPL level system, in the following way. The interpreter returns to the BCPL level with a "result" (contents of DS), which specifies what service is wanted (and possibly parameters in the communications vector) and after the BCPL level has performed the requested action, it calls upon the interpreter again (possibly returning results of the action in the communication area).

The routines provided for loading and calling upon firmware in MATHILDA are basically equivalent, except for the differences caused by the asynchronous operation of the caller and callee:

    SetupMatCS
    LoadMatCS
    CallMatCS
    MatIdle
    InMat64

The setup and loading is completely equivalent to the RIKKE routines, but CallMatCS differs in that it only invokes MATHILDA (assumed idle) and then immediately returns to the BCPL system (i.e. it does not wait for a result), allowing RIKKE to continue operation. The communications area consists of 64 bit words, i.e. they have to be handled by the BCPL system as four 16 bit words. The MatIdle function allows testing MATHILDA for completion, in which case InMat64 can read the contents of DS, and the communications area may be interpreted safely by the BCPL system. Notice that since operation of RIKKE and MATHILDA is asynchronous, any communication through the shared memory WS has to be carefully programmed to assure mutual exclusion of access to shared data.

A set of extra facilities are provided for the debugging of firmware in MATHILDA, in the form of some "snooping" routines which may be loaded into control store along with the user microcode. By means of an interactive program in the BCPL system it is possible to read and change the contents of MATHILDA resources, and invoke the user microcode. However, it is not a normal debugger, as the microcode is not changed, and no breakpoints can be set. If the user wants such possibilities, he will have to modify the code appropriately himself, which can be performed interactively for simple modifications.

In summary, the philosophy of the system is to program the setup and invocation of firmware routines in BCPL, utilizing a few primitives of the system. When implementing an extensive firmware system, individual modules may be tested in an environment programmed in BCPL, and gradually modules may be migrated down into firmware. The system is a purely experimental system, and is only used occasionally (but sometimes heavily) for "real" applications which may benefit from special functionality or efficiency established through firmware. The facilities have evolved gradually according to needs in the (small) user community, but never following a specific plan. The system functions mostly as a testbed for ideas and experiments.

3. Other User Microprogrammable Systems

A number of commercially available processor architectures are realized through firmware interpreters located in writable control stores, e.g. recent IBM processors and DEC processors. In most cases the vendors have chosen not to support user-microprogramming, and the flexibility achieved through WCS solutions is only used for ease of maintenance and technical updating, i.e. to help the vendor and not the user. Even in the case of the B1700/1800, initial vendor support for user-microprogramming was very limited, and hard to get at. Obviously tools must have been available at Burroughs at the release of the B1700 systems, but it was initially impossible for buyers to get documentation on e.g. microassemblers and system, and users had to learn parts of the system by reading listings. The B1700 line was probably not intended for user microprogramming outside Burroughs' own development groups, and only pressure from universities and research labs made the tools available to the general user community.

The B1700/1800 is an example of what might be called a self-supporting system, i.e. tools are available on the system itself. Although examples of higher-level languages for firmware development on the B1700 have been reported (e.g. [13]), the standard tool for program construction is the assembly language MIL, which contains "syntactically sugared" representations of the (vertical) microinstructions, and has macrofacilities. In the B1700 System at Utah [14] a set of macroextensions is available (SMACK) which extends MIL providing some standard pseudo-instructions, but also debug statements for tracing, and statements for interfacing to the operating system MCP, in particular the file system, through the control store resident GISMO nucleus. The B1700 system is built around the philosophy that compilers create "codefiles", which contain not only compiled code, but also necessary information that the proper interpreter can be invoked when the execution of a piece of software is requested. If a user wants to execute a piece of firmware, it has to look to the system as an interpreter, and the invocation of the microcode has to take place as if some compiler had delivered a codefile requesting the usage of the microcode as an interpreter of some target code.

In the Utah system the LOADER simulates the effect of a compiler, and creates such a codefile. It is possible to specify to the LOADER initializations of scratchpad registers, and the static data-area of the microprogram, together with file specifications. Notice that such initializations may differ from one invocation of some microcode, to another invocation of the same (shared) code. However if all invocations require some common scratchpad initializations, all codefiles must contain the proper data.

The only firmware debugging tool which seems to be available at Utah is the tracing facility, which is a physical machine equivalent of the facilities found in non-interactive (batch-type) simulators.

One of the very early microprogrammable processors which was designed for and was marketed as a user microprogrammable system, is the Standard Computer Corporation MLP900, the basic component of the PRIM system [8] at the USC, Information Sciences Institute in Los Angeles. The MLP900 is running under the control of the PRIM system on a DEC10, and is accessible on the ARPA network.

In the basic philosophy the PRIM system corresponds to the RIKKE-MATHILDA system, whenever the latter is used in the mode where RIKKE is initiating and controlling the execution of microcode in MATHILDA, and utilizing WS as a shared storage. The PRIM system is however a multiuser system and contains hardware and software to assure the protection of other users running under PRIM, as well as other processes running under the TENEX system on the DEC10.

The TENEX system is based on a virtual memory system, and the MLP900 has been modified to contain an equivalent memory address translator, allowing a PRIM process in the DEC10 and its subordinate emulator in the MLP900 to share the same virtual memory. Also the MLP900 has been modified to be able to run in a priviledged state at the firmware level. A small resident firmware operating system in the MLP900 (the microvisor) is responsible for switching among emulators and handles service requests from emulators, as well as page faults, to be served by the MLP driver and TENEX on the DEC10.

As seen from the user, the PRIM system acts as the interface to firmware under development, as well as to the emulator user. In its exec-state, the PRIM system allows the user to define the environment of an emulator (i.e. its target machine), e.g. to associate target machine devices with DEC10 physical devices or files, to save target environments for later use, or to restore such environments.

From the exec-state the user can enter the debug-state, which can operate as a target-independent system for debugging the emulator, as well as the target machine defined by the emulator. A particular feature is the possibility to associate with breakpoints "break-time programs" who are invoked at the breakpoint, thus allowing tracing and monitoring automatically.

In the third state, the execute-state, control is in the emulator. The user terminal can only interact through "intervention characters" (e.g. a defined break), unless the terminal has been "mounted" as a device on the target machine. The TTY can act as one target input device only, but possibly as several output devices.

Emulators are created outside the PRIM system, as well as target code may be compiled in the standard TENEX environment. In the exec-state the environment is defined, possibly including appropriate symbol tables for the debugger, in the form of tables to be used by the PRIM system. In particular tables describing completed emulators, make new target systems available as tools to be used by other users.

Both the B1700/1800 and the PRIM systems have been organized to support the development of emulators, and to facilitate the inclusion of new target machines in the environment of the common user. In contrast other development systems have been reported where the systems are organized as to allow the inclusion of new primitives, realized in firmware, to already existing target machines. Some such systems just utilizes previously un-assigned opcodes, allowing extensions to be added to the instruction set, and made available through modification of the target assembler [7]. The utilization of such added functionality is hampered by the fact that compilers have to be modified, to make the new facilities (or extra efficiency) available in high level languages.

Another and more flexible approach has been reported in [9]. A CAL Data 135 is used as the host of an emulated PDP11/45, which supports the C-language and the UNIX operating system [18]. A few unassigned opcodes have been used to add the primitives necessary to load and call upon user developed firmware, and these primitives have been made available in C also. The system distinguishes between static (resident) and dynamic (overlaid) firmware, where user created microcode falls in the second category, and is referenced through the file system. The system works much the same way as the RIKKE system does, and seems well suited to the migration of primitives into firmware. It has been used to improve the efficiency of C and UNIX by microcoding the function-enter and -exit operations. However it is not apparent that the system can be used to (and is intended to) support complete emulators and their target machines.

The paper also contains a discussion of the objectives, and the tools which should be available in such a system. The author seems particularly concerned that it should be possible to "authorize" firmware through a validation routine, before it can be included and called upon. However it does not seem very likely that this process can be automated in the foreseable future, as the present state of affairs for "ordinary" systems programs (e.g. operating systems) may indicate. The work on verification of firmware may take us part of the way, but assuring that a microprogram is realizing the functionality it is supposed to is one thing, but to prove that it is harmless to its environment is quite different. Any proof or verification of a program is based upon some formal specification of the (virtual) machine on which it is supposed to run, and if the program is "correct" it is (of course) only accessing resources of the specified machine. But since the specified machine may not be completely equivalent to the actual, and resources in general will be shared, interference from a harmful program (or user) may still occur, unless the whole system can be proven correct [16]. Some interesting work on verification of firmware, based on host and target machine descriptions in a hardware decription language ISPS, has been reported in [3].

We may conclude this section on user microprogrammable system by concluding that (as illustrated particularly by the PRIM system) quite sophisticated systems do exist, however they have been developed mostly by users, and not by vendors. Even for the QM-1 [19] there seems to be a need for users to create their own development system [6]. Many systems which have been reported on are however at the other extreme, consisting only of assemblers/simulators, which is fine for teaching purposes, in particular when the simulator is interactive. But when the firmware is to be integrated in the system, the user is left with deadstarts, lights and switches.

4. Dedicated Control Systems

In this section we will restrict the discussion to the development of firmware for systems whose underlying hardware architecture changes from one system to the next, i.e. where the control unit is designed to fit a particular application. It might be a control unit of a bit-sliced processor, or that of a more general controller, where the firmware is to reside in ROM storage.

By nature, some sort of cross support is needed when developing firmware for ROM based control. As demonstrated in the previous sections, cross support for firmware development may be very advantageous. During development, the read-only control store can be substituted by an equivalent writeable storage, which can be loaded from the supporting system. With suitable monitoring of the control unit under debugging, and possibly by some simulation of the environment of the unit, the development system can be utilized for debugging and testing of the firmware before it is being "cast" into its final ROM storage. Such systems have been commercially available for use with standard microprocessors, to develop software which is to end up in ROM storage for a particular fixed application.

Lately such systems have also become available to be utilized in the development of firmware for bit-sliced control units, e.g. the Motorola Exorciser system modified to support systems built on the M2900 or M10800 series of components [20]. Besides a primitive facility for entering bitpatterns into the fields of the simulated control store words (in hexadecimal), the system described in [20] contains a debugger with facilities for executing the program with breakpoints. Displaying is limited to the contents of the current microinstruction, but the system under development may itself contain additional displays. The development system as described in [20] is obviously quite primitive, in particular with respect to the tools available for the programming, but an improved system (MAZE29/800) has been described in [1], which allows for the definition and use of an assembly language, and source editing.

The obvious problem with such "on-line" tools is the limited amount of knowledge the development system has on the system under construction. The minimal knowledge required, in a system as discussed above, is information on the structure of the control store, i.e. its width and length. During debugging, any reference to the (simulated) control store has to be checked against the set of defined breakpoints, to check for the break condition. If this is performed in software obviously this may cause problems in time-critical applications, but could possibly be avoided using a set of hardware comparators (e.g. a small associative memory).

In order that the debugging system can inform the user on the state of the system, suitable probes may be connected to provide a feed-back of information. However such a solution does not seem more flexible than adding display-panels to the system under debugging. There will probably be major parts of the state vector of the system which will be inaccessible for interrogation, unless special-purpose display firmware is developed, loaded into control store, and called upon during debugging. And it does not seem very likely that such display firmware routines can be constructed automatically, even if the development system has a very detailed knowledge on the system under testing. The same problem arises with respect to interactive corrections of the state vector during debugging.

The situation is very different with the firmware construction. Sophisticated assemblers and even possibly higher level languages can be generated automatically from syntactical and semantic (architectural) descriptions, if sufficient computing power is available in the development system (e.g. [25]). But most often for cost-reasons "on-line" development systems are based on (dedicated) microprocessor systems, which only provide little computing power, in particular due to very limited memory space.

The most advanced development and test systems have so far been pure "off-line" systems, based on simulation of the system under design, and implemented on medium to large scale computer systems. In [15] a microassembler and simulator generator system has been described. It does not use a hardware description language (HDL), but an ordinary programming language Simula, which is used to build descriptions of the hardware components, which in turn are used in a description of a system. Simula is a discrete event simulation language, and as such well suited for a proper simulation of the system under design. The simulation could possibly even include the environment, with proper timing. With a library of component descriptions, the individual architecture design may be simulated, and can be checked out before physical construction.

The use of "proper" hardware description languages in the field of microprogramming has been discussed in [5], based on experience with a particular language ISP', in automatic construction of simulators for host processors, to describe target architectures and microcomputer networks. Also the application of such languages for more general communication purposes, and in verification is discussed.

There is no doubt that it is possible to create very sophisticated "off-line" systems, which (when properly parameterized) can provide excellent tools for the development, simulation/debugging and verification of firmware for a "custom-designed" control unit.

5. Conclusions

The most sophisticated firmware development systems have no doubt been constructed for the utilization of user microprogrammable host architectures. The most flexible systems seems to be the self-supporting (e.g. B1700, QM 1 and RIKKE), which potentially are as well suited to support migration of primitives into firmware, as to support new target machines through interpretation. The cross-supported systems (e.g. PRIM and RIKKE/MATHILDA) are equally well suited for emulators, and provide interesting extra possibilities for utilizing the true parallelism. The tools which are or potentially may be available in development systems for both classes of systems, do not seem to make one sort of system preferable to the other.

The most serious problem with improving the tools for user microprogrammable systems is to handle the problems of horizontal instructions and parallelism in compilation and verification of firmware. Another problem is in the protection of innocent users and systems against malevolent firmware (or programmers), where the hosts usually provide little or no facilities for protection or virtualization.

The systems available to aid in firmware development for "custom-designed" control units are much less satisfactory. Only in pure "off-line" (simulation) systems can reasonable systems be generated, by means of formalized descriptions, to fit a particular host design. Unfortunately such development system generators can only be implemented on quite powerful computing systems, which may be prohibitive for many development groups, considering the potential applications of bit-sliced control units.

The more economically feasible (microprocessor based) "on-line" development systems have inherent limitations when applied to such "custom-designed" control units. The programming part of the firmware development can easily be facilitated, but is seems difficult to provide full scale debugging facilities, as well as proper verification, in such systems.

References

[1]   T. Balph, W. Blood: "Assembler Streamlines Microprogramming".
        Computer Design, Dec. 1979.

[2]   S.E. Clausen: "Optimizing the Evaluation of Calculus Expressions in a Relational
        Database System".
        Aarhus University, DAIMI PB-97, April 1979, to appear in Information Systems,
        1980.

[3]   S. Crocker, L. Marcus, D. vMierop: Machine Description and Verification Technology,
        Microcode Verification Project: Interim Report.
        USC, Information Sciences Institute, ISI/WP-13.

[4]   S. Davidson, B.D. Shriver: "An Overview of Firmware Engineering".
        Computer, May 1978.

[5]   P.J. Drongowski, C.W. Rose: "Applications of Hardware Description Languages to
        Microprogramming: Methods, Practice, and Limitations".
        Proc. Micro 12, Sigmicro Newsletter vol. 10, no. 4, Dec. 1979.

[6]   C.W. Flink: "EASY - An Operating System for the QM-1".
        Proc. Micro 10, Sigmicro Newsletter Vol. 8, no. 3, Sept. 1977.

[7]   F.F. Fung, W.K. King: "The Implementation of a User-Extensible System on a
        Dynamically Microprogrammable Computer".
        Proc. Micro 10, Sigmicro Newsletter Vol. 8, no. 3, Sept. 1977.

[8]   J. Goldberg, A. Cooperband, L. Gallenson: "The PRIM System: An alternative
        architecture for emulator development and use".
        Proc. Micro 10, Sigmicro Newsletter Vol. 8, no. 3, Sept. 1977.

[9]   R.K. Guha: "Dynamic Microprogramming in a Time Sharing Environment".
        Proc. Micro 10, Sigmicro Newletter Vol. 8, no. 3, Sept. 1977.

[10]   P. Kornerup, B.D. Shriver: "An Overview of the MATHILDA System".
        Sigmicro Newsletter, Jan. 1975.

[11]   P. Kornerup, B.D. Shriver: "A Unified Numeric Representation Arithmetic Unit and its
        Language Support".
        IEEE-TC, Vol. C-26, no. 7, 1977.

[12]   E. Kressel, E. Lynning: "The I/O Nucleus on RIKKE".
        Aarhus University, DAIMI MD-21, Oct. 1975.

[13]   J.B. Marti, R.R. Kessler: "A Medium-Level Compiler Generating Micro Code".
        Proc. Micro 12, Sigmicro Newsletter Vol. 10, no. 4, Dec. 1979.

[14]   E.I. Organick, J.H. Hinds: "Interpreting Machines: Architecture and Programming of the B1700/1800 Series".
North-Holland Publ. Co., New York, 1978.

[15]   M. Persson: "Design of Software Tools for Microprogrammable Microprocessors".
Proc. EUROMICRO 79, in "Microprocessors and their Applications". North-Holland Publ. Co. (1979).

[16]   G.J. Popek, D.A. Farber: "A Model for Verification of Data Security in Operating Systems".
CACM vol. 21, no. 9 (1978).

[17]   M. Richards: "BCPL: A Tool for Compiler Writing and Systems Programming".
Proc. AFIPS 1969 SJCC vol. 34.

[18]   D.M. Richie: "The UNIX Time Sharing System".
CACM vol. 17, no. 7, 1974.

[19]   R.F. Rosin: "An Environment for Research in Microprogramming and Emulation".
CACM 15, 8 (1972).

[20]   K. Schneider: "Development tools for bit-slice microprocessors".
Euromicro Journal Vol. 4, no. 1 (1978).

[21]   J. Stoy, C. Strachey: "An Experimental Operating System for a Small Computer". Part I: General Principles and Structure, Part II: Input/Output and Filing System.
Computer Journal, vol. 15, no. 2 & 3 (1972).

[22]   I.H. Sørensen, E. Kressel: "RIKKE-MATHILDA Microassemblers and Simulation on the DECsystem 10".
Aarhus University, DAIMI MD-29, Dec. 1977.

[23]   I.H. Sørensen: "System Modelling".
Aarhus University, DAIMI PB-87, March 1978.

[24]   O. Sørensen: "The Emulated Ocode Machine for the Support of BCPL".
Aarhus University, DAIMI PB-45, April 1975.

[25]   E. Tamura, M. Tokoro: "Hierarchical Microprogram Generating System".
Proc. Micro 12, Sigmicro Newsletter Vol. 10, no. 4, Dec. 1979.

FIRMWARE-ENTWURFS- UND -TEST- SYSTEME

FALLSTUDIE

Helmar Prechtl
Siemens Aktiengesellschaft
Bereich Datenverarbeitung
München

Im Rahmen dieser Fallstudie über Firmware-Entwurfs- und Test-Systeme
sollen für die Zentraleinheit SIEMENS 7.780 Entwicklung und Eigenschaften dieses Systems gezeigt werden.
Ausgehend von den Randbedingungen, die sich aus den Kenndaten dieser
Zentraleinheit, ihrer Mikrobefehlsspeicherorganisation und auch dem
zeitlichen Zusammenspiel zwischen Gesamtentwicklung und Entwicklung
des Firmware- Entwurfs- und Test-Systems ergeben, werden die Forderungen an dieses System gezeigt. Sie wurden bei der Implementierung
des Firmware- Entwurfs- Systems MIKADO-Y mit der zugehörigen Mikrobefehlssprache MPL-Y berücksichtigt. Aus Anwendersicht wird dann die
Benutzung dieses Systems für die Firmware-Entwicklung des Befehlsprozessors der Zentraleinheit 7.780 geschildert.
Dabei wird auf die Punkte:
* Annäherung an bestehende höhere Sprachen,
* komprimierte doch leicht verständliche Schreibweise,
* Einführung üblicher Software-Techniken bei der Mikroprogrammierung,
* und die Belegung des Mikrobefehlsspeichers
besonders eingegangen .
Um die Leistungsfähigkeit der verwendeten Mikrobefehlssprache zu
demonstrieren, wird schließlich die Mikroprogrammierung eines Maschinenbefehls beschrieben.
Das Firmware- Test-System zeichnet sich durch das Durchspielen sehr
vieler Testbeispiele aus. Es arbeitet nach dem Prinzip des Ergeb-
nisvergleichs zwischen zwei verschiedenen Prozessoren.

1. Randbedingungen

1.1 Allgemeine Kenndaten

Bevor nun das Firmware-Entwurfs-System näher vorgestellt wird, soll auf die Randbedingungen, die aus den wichtigen Kenndaten des betrachteten Prozessors resultieren und ihren Einfluß auf Mikroprogrammierung und auf das Firmware-Entwurfs-System eingegangen werden. Es lassen sich daraus wichtige Eigenschaften ableiten (s.Bild 1).

* In diesem Fall handelt es sich um einen Hochleistungsrechner, der sowohl im kommerziellen als auch im wissenschaftlichen Bereich eingesetzt werden soll.Die hohe Leistung wurde neben der Schalt- kreistechnik vor allem durch die starke Parallelarbeit erreicht - und zwar sowohl durch Parallelarbeit nach dem Fließbandverfahren, als auch durch zahlreiche parallel arbeitende Komponenten in den einzelnen Fließband-Stationen. Nur so ist es möglich, daß ein großer Teil der wichtigen Maschinenbefehle in 2 Mikrobefehlen ablaufen kann.
Für die Mikroprogrammsprache ergibt sich damit die Forderung nach knapper, aber trotzdem leicht verständlicher Zusammenfassung von Funktionen.

* Da es sich um einen Fließbandrechner mit 2 völlig verschiedenen Mikrobefehlsformaten für Befehlsbereitstellungs- und Befehlsaus- führungs-Prozessor handelt, sind auch 2 verschiedene Mikrobe- fehls-Compiler nötig. Um das Verständnis der Mikroprogramme zu erleichtern, wurden für beide Mikrobefehlssprachen möglichst ähnliche Sprachkomponenten angestrebt.

* Die Zentraleinheit bearbeitet die Befehlsliste des Systems SIEMENS 7.000. Diese Befehlsliste umfaßt ca 160 Befehle. Um die hohe Leistung zu erreichen, sind zahlreiche Hardware-Funktio- nen auf diese Befehlsliste zugeschnitten. Eine komprimierte Dar- stellung von einigen dieser Funktionen durch Sprachelemente aus üblichen höheren Sprachen erwies sich als zu aufwendig.

* Die virtuelle Adressierung beeinflußt zwar teilweise die Mikro- programmierung (z.B. Überprüfung auf Vorhandensein aller benötig- ten Seiten eines Befehls), nicht jedoch das Firmware-Entwurfs- System.

* Die Multi-Prozessorfähigkeit erfordert spezielle Maschinenbefehle und Koordinierungsmikroprogramme, bleibt jedoch ohne Einfluß auf das Firmware-Entwurfs-System.

* Die verschiedenen Speicher-Hierarchien (Cache, Schreibpuffer) bleiben sowohl für die Mikroprogrammierung als auch für das Firmware-Entwurfs- System transparent (Mögl. Ausnahme für Mikro- programmierung: empfohlene Lese-Schreib-Folgen).

1.2 Kenndaten und Organisation der Mikrobefehls-Speicher:

In Bild 2 sind die wesentlichen Daten der Mikroprogramm-Speicher zusammengestellt:

Beim Befehlsbereitstellungs-Prozessor (PLU) hat das Mikrobefehlswort eine Breite von 64 Bit. Er enthält 2048 Worte, so daß sich eine Kapazität des Mikroprogrammspeichers von 16 Kilo-Bytes ergibt. Zur Verschnellerung von Tests werden immer 2 Mikro-Befehle gleichzeitig ausgelesen (Doppelwort-Format),somit muß die Testgröße erst nach dem Auslesen vorliegen. Sie selektiert dann nur noch das richtige der beiden Worte aus. Gegliedert ist das Mikrobefehlswort in etwa 14 Hauptfelder, die verschiedene Hardware-Funktions-Komplexe steuern. Uminterpretationen von Feldern finden statt, d.h. die ersten 4 Bit des Mikrobefehls dienen als Operationscode, der die Bedeutung weiterer Mikrobefehlsfelder festlegt.

Der Befehlsausführungs-Prozessor (EXU) hat eine wesentlich größere Kapazität von etwa 143 Kilo-Bytes, die sich aus 8192 Worten zu 144 Bit ergibt. Bei ihm werden immer 4 Worte parallel ausgelesen, um schnell nach 4 Richtungen verzweigen zu können. Das Mikrobefehlswort ist in etwa 20 Hauptfelder gegliedert. Es werden kaum Uminterpretationen vorgenommen.
Beide Mikrobefehls-Speicher sind vom Arbeitsspeicher, dem Service-Prozessor und einer Floppy-Disk ladbar.

1.3 Zeitliche Einbettung von Firmware-Entwurfs-System und Mikroprogrammierung in die Gesamtentwicklung:

Bild 3 zeigt die zeitliche Einbettung von Firmware- Entwurfs-System und Mikroprogrammierung in die Gesamtentwicklung des be-trachteten Rechners. Am Anfang steht die Vorgabe: es soll eine Zentraleinheit mit einer bestimmten Leistung entwickelt werden, deren Herstellkosten eine festgelegte Grenze nicht überschreiten dürfen.

In der nun folgenden Konzeptphase wurde ein Hardware-Konzept aufge-stellt und einige Male verbessert, bis das Preis-Leistungsziel erreicht war. Gleichzeitig entstand dabei eine grobe Mikrobefehls-Liste, d.h. eine Beschreibung aller mikroprogrammierbaren Funktionen mit der Angabe, welche Felder des Mikrobefehls belegt werden müssen. Zur Überprüfung des Leistungsziels wurden in dieser Phase alle wichtigen d.h. leistungsbestimmenden Befehle mit Angabe aller be-legten Mikroprogrammfelder in einer sehr hardwarenahen Sprache programmiert. In dieser Phase ist eine besonders enge Zusammenarbeit zwischen Hardware- und Firmware- Entwicklung nötig.

Bezüglich des Firmware-Entwurfs-Systems wurden in dieser Phase folgende Ziele erarbeitet:

* Das Firmware- Entwurfs- System sollte alle in nächster Zukunft zu entwickelnde Prozessoren bedienen. Neben notwendiger-weise prozessorindividuellen Teilen wie Bitmustergenerierung, Adreßbelegung, spezielle Listenausgaben usw., sollten möglichst viele Systemkomponenten zentral verwendbar sein.
  Ein Ziel war es, für alle Prozessoren auch gemeinsame Sprachmittel zur Verfügung zu stellen. Um die Verständ-lichkeit der Mikroprogramme zu erhöhen, sollten weitgehend Sprachelemente allgemein bekannter höherer Programmiersprachen (HLL) Verwendung finden. Es sollte dann jedoch auch die Semantik übereinstimmen.

Als für alle Prozessoren gemeinsame Sprache wurde MPL-Y (Micro Programming Language) entwickelt. MPL-Y ist ein an PL/1 orientierter Sprachkörper, der im Rahmen des Firmware-Entwurfs-Systems MIKADO-Y Verwendung findet.

* Für komplexe prozessorindividuelle Funktionen müssen jedoch sogenannte Built-In-Funktionen verfügbar sein. Aus Softwaresicht entsprechen sie Funktionsprozeduren mit genau definierten Listen von möglichen Aktualparametern. Aus Firmwaresicht belegen sie verschiedene oft unzusammenhängende Mikrobefehlsfelder, die einen fest umrissenen Hardware-Komplex steuern.

* Weiter wurde auf Flußdiagramme verzichtet, da MPL-Y vereinfachten Blockstrukturcharakter und höhere Kontroll-Strukturen wie bedingte/unbedingte Sprünge auf Marken, Unterprogrammsprünge bzw Rücksprünge durch Call-/ Return- Statements haben sollte. Somit erschienen softwareähnliche Listen ausreichend übersichtlich.

Aus dem Konzept der hier betrachteten Zentraleinheit ergaben sich folgende Zusatzforderungen:

* Das breite Format des Mikrobefehlswortes mit vielen parallel ansprechbaren Funktionen muß komprimierbar, doch leicht verständlich darstellbar sein.

* Die komplexe Folge-Adreßbildung auf Grund des gleichzeitigen Auslesens von bis zu vier Mikrobefehlsworten erfordert besonders bei stark vermaschten Mikroprogrammen ein sehr kompliziertes Ablegen der Mikroprogramme im Mikrobefehlsspeicher. Dieses sog. Adreßpacken muß vom Firmware-Entwurfs-System unterstützt werden.

In der sich anschließenden Planungs-Phase erfolgte hardwareseitig die Entwicklung auf Gatterebene mit Erstellung der logischen Pläne über die programmierte Auflösung der Flachbaugruppen bis zum Aufbau der fertigen Prototypen. Dabei wurden auch die Bitmuster für die einzelnen Mikrobefehlsfelder endgültig festgelegt.

Die Mikroprogrammierer erstellen in dieser Phase die Mikroprogramme in der endgültigen Mikroprogramm-Sprache. Vom Firmware-Entwurfs-System sollten deshalb in dieser Phase Datenbankfunktionen, Änderungsdienst und möglichst auch Fehleranalyse zur Verfügung stehen.

Nach dem Aufbau der Prototypen erfolgt der Hardware-Test mit Hilfe von eigenen Test-Mikroprogrammen. Zu diesem Zeitpunkt muß das Firmware-Entwurfs- System voll funktionsfähig sein.

Besonders hervorgehoben soll folgender Punkt werden, da er Einfluß auf das Firmware-Entwurfs- und Test System hat:
* Auf Grund der vorhandenen Entwicklungskapazitäten wurde abgeschätzt, daß die vorgetestete Hardware und die Entwicklung der Mikroprogramme etwa gleichzeitig fertig würden. Eine vollständige Simulation der Firmware samt darunterliegender Hardware kam aus Zeit- und Aufwandsgründen nicht mehr in Frage. Da für Mikroprogramm-Tests auf vorhandener Hardware das später beschriebene leistungsfähige Testsystem vorhanden war, wurde auf eine Software-Simulation der Mikroprogramme innerhalb des Firmware-Entwurfs-System's verzichtet.

2. Firmware-Entwurfs-System:

In einem Firmware- Entwurfs- System sind solche Funktionen wie
Datenhaltung, Datensicherung, Änderungsdienst und Postprozessoren
zur Erzeugung von Ladebändern und zum Beschreiben von Floppy-Disks,
weiter Eigenschaften wie Benutzerfreundlichkeit, Schnelligkeit,
Speicherbedarf...sicher nicht zu vernachlässigen. Sie entsprechen
jedoch dem Stand der Technik und ich möchte hier nicht näher darauf
eingehen. Ich kann hier auch nicht sämtliche Eigenschaften von
MIKADO-Y und MPL-Y beschreiben, sondern ich will Ihnen am Beispiel
der Zentraleinheit 7.780 aus Benutzersicht die Anwendung dieses all-
gemeineren Systems erklären.

2.1 Spracheigenschaften von MPL-Y:

Diese Spracheigenschaften beziehen sich auf die Anwendung von MPL-Y
bei der Zentraleinheit 7.780.

2.1.1 Zuordnung MPL-Statement zu Mikrobefehl:

Ein Statement in MPL-Y erzeugt nicht mehrere Mikrobefehle. Der
Mikroprogrammierer hat somit volle Kontrolle über den dynamischen
Ablauf seiner Programme. Optimierungsversuche, Mikroprogramme durch
den Compiler zu verschnellern wurden nicht vorgesehen. Statements
werden in MPL-Y durch ";" getrennt. Im allgemeinen besteht ein
Mikrobefehl aus mehreren Statements. Die Grenze eines Mikrobefehls
wird durch ";;" kennzeichnet.

2.1.2 Blockstruktur:

MPL-Y besitzt eine vereinfachte Blockstruktur.Blockschachtelungen
sind nicht möglich. Ein sog. Routineblock wird durch
ROUTINENAME:ROUTINE; ....END ROUTINENAME eingegrenzt.
Ein Routineblock repräsentiert ein Mikroprogramm, eine Mikroroutine,
oder ein Mikro-Unterprogramm.
Um unkontrollierte Sprünge in andere Routinenblöcke zu vermeiden,
wurde eine spezielle Form des GOTO-Statements geschaffen.
Als Beispiel diene:
GOTO A IN ROUTINE_X; wobei die Marke A in ROUTINE_X als ENTRY
deklariert sein muß.
Bei der Mikroprogrammierung wurde durch die klare Schnittstelle
zwischen den Maschinenbefehlen schon immer sehr strukturiert programmiert. Mit wachsender Menge der Mikroprogramme und größerem
Anwenderkreis sollte mit Blockstrukturen eine stärkere Strukturie-
rung erzwungen werden.

2.1.3 Kontroll-Statements:

2.1.3.1 Tests:

Tests sind über IF-Statements der Semantik höherer Sprachen angepaßt. In einem Mikrobefehl sind jedoch nur durch die Hardware vorgegebene Formulierungen möglich. Für den Befehlsausführungsprozessor der Zentraleinheit 7.780 heißt das:

HW-Test-Art	MPL-Y Notation (Beispiel)
(4-WEG TEST) Verzweigung nach 4 Richtungen durch 2 Testangaben	IF TEST1=1 AND TEST2=1 THEN GOTO A; IF TEST1=1 THEN GOTO B; IF TEST2=1 THEN GOTO C; [ELSE GOTO D;]
(3-WEG TEST) 2 Testangaben Test1 hat Priorität	IF TEST1=1 THEN GOTO A; IF TEST2=1 THEN GOTO B; [ELSE GOTO C;]
(2-WEG TEST) 2 Testangaben deren Testauswertung geodert wird	IF TEST1=1 OR TEST2=1 THEN GOTO A; [ELSE GOTO B;]

2.1.3.1 Unterprogramme:

Im Gegensatz zu üblichen HLL's wird von der Hardware beim Absprung in ein Unterprogramm die Rücksprungadresse abgekellert. (bedingt durch die nicht konsekutive Ablage der Mikrobefehle im Mikroprogramm-Speicher).
Die Notation lautet hier deshalb:

```
A: CALL UPROG;
   RETADR B;;
...                 ────────────────────> UPROG:      ;;
...                                        ......
B:...         <───────────────             RETURN;;
```

2.1.4 Arithmetische Verknüpfungen:

Wegen der Hardware-Nähe der Mikroprogramme wurde die Art von arithmetischen Verknüpfungen nicht an den Datentyp von Variablen gekoppelt, sondern es wurden spezielle Verknüpfungen eingeführt. Beispiele sind:
$+ für dezimale Addition; +NOT für Negation u. ähnliche Operatoren.
Um bei arithmetischen Verknüpfungen bessere Verständlichkeit zu erreichen, wird die Behandlung von Eingangs-Carrys arithmetisch dargestellt, unabhängig davon, ob im Mikrobefehlswort eine eigene Addierfunktion, eine sog. Subfunktion oder eigene Steuerbits angegeben werden müssen.
Beispiel:
A = A + B + Carry; (vorliegender Carry wird berücksichtigt)
A = A + B + 1 ;   (Eingangscarry=1)

2.1.5 Compilierung innerhalb eines Mikrobefehls:

Bei der Zentraleinheit 7.780 können in einem Mikrobefehl in der Hardware "weite" Wege über mehrere Register und Multiplexer durchlaufen werden.In einer einfachen Register-Transfer-Sprache wären zur Beschreibung auch mehrere Statements nötig. Bei MIKADO-Y sucht jedoch der Mikroprogramm-Compiler selbständig solche Wegeverbindungen.
Als Beispiel diene:
Register A werde über den Multiplexer B über Register C von D geladen.
Ausführliche Beschreibung: C=D; B=C; A=B;
Die komprimierte Schreibweise A=C; erzeugt für den Mikrobefehl das gleiche Bitmuster.Der Multiplexer B wird in diesen Zusammenhang Pseudoregister genannt. Es kann nicht speichern, deshalb erfolgt eine Fehlermeldung falls es nicht im selben Mikrobefehl geladen wird.

2.2 Sprachunabhängige MIKADO—Y Eigenschaften:

2.2.1 Organisatorische Eigenschaften:

Unabhängig von der Mikroprogrammsprache MPL-Y hat MIKADO-Y organisatorische Eigenschaften, die weitgehend üblichen Software-Techniken angelehnt sind. Der Verzicht auf Flußdiagramme wurde bereits erwähnt.
Sie werden ersetzt durch :
  * Listen mit der Zuordnung Source-Code zu Bitmuster.
  * Kreuzverweislisten.
  * Nach phys.Adressen sortierte Mikrobefehlslisten.
  * Binderlisten, aus denen die "Grobbelegung" des Mikrobefehls-
    speichers schnell ersichtlich ist.
Weitere organisatorische Eigenschaften sind :
  * Ein Routineblock ist nach außen hin die kleinste übersetzbare
    Einheit. (Intern kann sie jedoch abhängig von der Änderungsart
    bis zum einzelnen Mikrobefehl heruntergehen).
  * Mehrere Routineblöcke können zu einem Modul zusammengefaßt
    werden. Über einen Modul läuft das nachfolgend beschriebene
    Adreßpacken.
  * Module werden schließlich nach üblichen Binde-Techniken an-
    einandergereiht. Dabei werden auch externe Adressen eingesetzt.

2.2.2 Adreßpacken :

Es soll hier nicht der gesamte Adressierungsmechanismus für aufeinanderfolgende Mikrobefehle gezeigt werden, sondern nur die wesentlichen Probleme und ihre Lösungsansätze . Der Mikrobefehlsspeicher(WCM) des Befehlsausführungsprozessors beispielsweise ist geteilt in WCM-A und WCM-B, die beide über eigene Mikrobefehlsadreß-register verfügen. Aus beiden Mikrobefehlsspeichern werden gleichzeitig zwei nebeneinanderliegende Mikrobefehle ausgelesen (Mikrobe-

fehlsdoppelwort). Während des gerade laufenden Mikrobefehls
werden aus den sogenannten Folgeadreßfeldern beide Mikrobefehlsadreßregister ganz oder teilweise überladen und alle 4 Mikrobefehle
gleichzeitig ausgelesen. Zur Fortsetzung des Mikroprogramms muß,
abhängig von den Testbedingungen, nur noch der richtige Mikrobefehl
ausgewählt und nicht mehr gelesen werden.
Damit ergeben sich folgende Probleme :

Problem 1 :
Besonders Mikroprogramme, die durch Tests sehr stark vermascht sind,
führen zu komplexen Belegungen der Mikrobefehle im Mikrobefehls-
speicher.

Problem 2 :
Werden nur Teile der Folgeadresse ersetzt, so sind in diesen
Fällen nur bestimmte Sprungradien erlaubt. Damit ist auch die
Relativierbarkeit von Mikroprogrammen beim Binden stark einge-
schränkt.

Es wurden folgende Lösungswege beschritten :

zu Problem 1 :
Sicher ist Ihnen bereits bei der Behandlung der Tests aufgefallen,
daß kein einfacher Test vorkommt, da in der Hardware nur kompli-
ziertere Testarten mit 2 Testbedingungen existieren. Jeder Test hat
auch etwas andere Adreßbeziehungen für die Folgemikrobefehle. Bei
der Angabe eines einfachen Tests kann nun der Mikrobefehlscompiler
die Belegung optimieren, indem er in einer dieser 3 Testarten eine
Testbedingung in den Spezialfall eines immer oder nie erfüllten
Tests überführt.
In der Hardware gibt es die sogenannten Testinverter-Bits, die jeden
vorhandenen Test invertieren können. Sie führen ebenfalls zu verschiedenen Folgeadreßbeziehungen, die per Programm optimiert werden.
Weiter sind die beiden Harwaretestfelder vertauschbar.
Alle diese Vorgänge sind für den Mikroprogrammierer transparent.

zu Problem 2 :
Die Mikrobefehle können eingeteilt werden in völlig frei ver-
schiebbare und solche mit eingeschränkten Sprungradien. Letztere
sollen kritische Mikrobefehle genannt werden. Die völlig frei
Verschiebbaren dienen zunächst zum Auffüllen ev. entstandener Lük-
ken, die bei sehr komplexen Vermaschungen entstehen können. Anschließend füllen sie einen eigenen Bereich.
Damit ergibt sich ein bestimmter Bereich in dem ein Modul verschoben
werden kann, nämlich so lange bis der Bereich mit den kritischen
Mikrobefehlen von einer Sprungradius-Grenze durchschnitten wird.
Die Lage dieses kritischen Bereichs innerhalb eines Moduls kann
zusätzlich durch Steueranweisungen festgelegt werden. Bereits beim
Adreßpacken eines Moduls kann eine Startadresse für den Modul
angegeben werden, die auch die Lage des Moduls innerhalb der
Sprungradiengrenzen festlegt. Sie bietet mit der Verschiebung beim
Binden eine zusätzliche Adreßverschiebung.
Damit kann das Binden völlig frei von Adreßpackvorgängen gehalten
werden.
Mit diesen Mitteln ist es gelungen, das Adreßpacken für die
Mikroprogrammierung weitgehend transparent zu halten.

3. Mikroprogrammbeispiel:

Die Leistungsfähigkeit der verwendeten Mikroprogramm-Sprache soll
nun am Beispiel des Maschinenbefehls COMPARE LOGICAL CHARACTERS
(CLC) erklärt werden.
Betrachten Sie zuerst einen Ausschnitt aus dem Blockschaltbild der
PLU in Bild 4:
Das vergrößert gezeichnete Register IR(Instruction Register) enthält
den Befehl mit den Teilen:
    OP= Operationscode
    L = Länge der Speicheroperanden
    B1= Basisregister für 1.Operand
    D1= Distanz für 1.Operand
    B2= Basisregister für 2.Operand
    D2= Distanz für 2.Operand

Die PLU soll nun die Adressen für den 1. und 2. Operanden aus
dem Inhalt des jeweiligen Basisregisters plus der Distanz berechnen.
Die Basisregister seien im Registersatz SCP, die Adressen sollen für
die nächste Fließbandstufe in die Register PPA und PPB gebracht
werden und zusätzlich muß die jeweilige Adresse in das Register AMX
transferiert werden. In üblichen höheren Programmiersprachen wäre
nachstehende Notation denkbar, wobei B1,B2,D1,D2 als Unterstrukturen
von IR deklariert sein müßten. SCP kann als einfach indizierte
Variable angesehen werden. Alle Variablen seien vom Typ Integer.

```
SW-Notation:
============
AMX=SCP(B1) + D1
PPA=AMX
AMX=SCP(B2) + D2
PPB=AMX
/* ZUSAETZLICH: LESE-AUFTRAG FÜR
2. OPERANDEN AN NAECHSTE FLIEßBAND-STUFE */

MPL-Y Notation:
===============
CLC:ROUTINE;
   AMX=ACS(SCP(B1),D1,LDPPA);; /* 1.Mikrobefehl */
   AMX=ACS(SCP(B2),D2,LDPPB);  /* 2.Mikrobefehl */
   READ(AMX,RO,L,LEFT);
   SW;
   GOTO PCMAE IN INRX;;
END CLC;
```

Einige Anmerkungen zur Schreibweise :
Für die Adreßaddition wurde hier nicht die Schreibweise SCP(B1)+ D1
verwendet, da es sich um eine spezielle Addition handelt. Nur bei
ihr ist die Funktion LADEN PPA von AMX (LDPPA) erlaubt. Es ist in
diesem Fall also die Verwendung einer Built-In-Funktion nötig, da
die Semantik nicht mit einer normalen Addition übereinstimmt. Damit
ist die Angabe von LDPPA nur in dieser Funktion möglich, so daß die
Erzeugung unsinniger Bitmster im Mikrobefehl erschwert wird.
Die Built-In-Funktion READ(AMX,RO,L,LEFT) gibt Speicherlesen mit AMX
als Adresse an. Es werden Operanden gelesen (RO=Read Operand), die
Leselänge ist in L enthalten. Es werden jedoch nur maximal 8
Bytes gelesen. Die Lesedaten werden im Zielregister nach links
ausgerichtet. Ab abgelaufener Leselänge werden dort Nullen einge-

tragen. Mit der Angabe Switch (SW) wendet sich die PLU dem nächsten
Befehl zu. Die Angabe
GOTO PCMAE IN INRX; ist ein Beispiel für einen Sprung in eine
andere Routine. In diesem Fall ist er jedoch nur bei einem
Hardwarefehler von Switch relevant. Es erfolgt dann ein Sprung zur
Maschinenfehlerroutine.

Wenn Sie den Weg der Operanden im Blockschaltbild verfolgen,
so ist die komprimierte, doch verständliche Schreibweise offensichtlich.
Die ausführliche Schreibweise für den 1.Mikrobefehl wäre nämlich:
BMX=D1;RB=BMX;SPO=SCP(B1);RA=SPO;AMX=ACS(RA,RB,LDPPA);;

BELEGTE MIKROBEFEHLS-FELDER:
=============================

FELD	1.MB	2.MB
FCA	ACS	ACS
SRA	SCP	SCP
SRB	BMX	BMX
AMX	AAD	AAD
BMX	D1	D2
FCC		RO
BA		LEFT
BM		L
FCSP	READ	READ
SPAD	B1	B2
LIT	LDPPA	LDPPB

MB = Mikrobefehl

ADDIERER AUF ACS (ADRESSRECHNUNG)
Source RA =SCP
SOURCE RB=BMX
AMX=AAD
BMX=D1 bzw D2
CACHE-Funktion = READ OPERAND
BYTEAUSRICHTUNG => LINKS
LESE-LAENGE IN L
FUNKTION SCP-LESEN
SCP-ADRESSE AUS B1 bzw B2
FUNKTION LADEN PPA bzw PPB verschlüsselt
im LITERALFELD BEI FCA=ACS.

Nun zur Fortsetzung dieses Befehls im Befehlsausführungsprozessor:
(siehe auch Bild 5)
In einer Schleife müssen folgende Aktionen untergebracht werden.
* Lesen der beiden Operanden und Übertragen der Lesedaten ins
   Zielregister (RDATA).
* Erhöhen beide Operanden-Adressen (A,B) und Erniedrigen des Zählers
   für die Leselänge (R).
* Verknüpfung der Operanden (Subtraktion zur Prüfung auf Gleichheit).
   Endekriterium zum Austritt aus der Schleife ist die Feststellung
   einer Ungleichheit zwischen beiden Operanden oder die Abarbeitung
   der vollen Leselänge. Die Bearbeitungsrichtung ist von links nach
   rechts. Als Ergebnis des Befehls wird in der ANZEIGE festgehalten,
   ob beide Operanden gleich oder welcher größer war.

Um diese vielen Aktionen in einer Schleife von 2 Mikrobefehlen
unterzubringen, stellen sie sich die Schleife als Seilschlinge mit
einem Knoten als Endebedingung vor. Nun drehen sie die Schleife zu
einer 8 und legen die beiden Ringe übereinander. Damit erhalten Sie
übereinanderliegene kleinere Ringe. Der Knoten ist nur in einem
Ring. Sie müssen also die Endebedingung besonders berücksichtigen.
Im vorliegenden Beispiel wird sie durch die Built-In-Funktionen
IMATCT und IRDLN berichtigt, die das Lesen verhindern, falls der
Test NZD=1 (Ungleichheit beider Operanden) erfüllt ist, bzw die
Leselänge abgelaufen ist.

Nun noch zu den verwendeten Built-In-Funktionen :
CNT(R-8)   :Hier wurde nicht die Formulierung R = R - 8 verwendet, da
            das Zählregister R auch noch über einen eigenen Addierer
            erniedrigbar ist, während hier die reine Zählfunktion
            angestoßen werden soll.
SET(ICAR) :Setzen des Eingangscarrys für Verknüpfung im Addierwerk.
READ(...) :Lesen der Speicherdaten analog PLU, nur entfällt in der
            EXU die Angabe RO
AR1=T(AR2):Transferfunktion über den Shifter und nicht über das
            Addierwerk.
SCCLB(...):Setzen der ANZEIGE abhängig von der Verknüpfung.
PL(E)   :Befehlsende nach PLU signalisieren.

Es fehlt nur noch der Hinweis, daß zu Befehlsbeginn ARO...AR3 mit
den Lesedaten des 2.Operanden von der PLU geladen wurden. Die Register A,B,R enthalten Operandenadressen und die Leselänge.
Es soll noch angemerkt werden, daß der erste und die beiden
letzten Mikrobefehle zum Ein- und Ausphasen aus der Schleife
dienen. Damit dürfte der Rest des Mikroprogramms selbsterklärend
sein.

```
CLC:ROUTINE;
  BEG: READ(PA,R,LEFT);
       B=B+8;
       CNT(R-8);
       SET(ICAR);;
  LOOP:
       READ(B,R,LEFT);
       ARO=RDATA;
       AR1=T(AR2);
       A=A+8;
       IRDLN;IMATCT;
       IF NZD=1 THEN GOTO END2;
       IF R<O THEN GOTO END1;;

       READ(A,R,LEFT);
       B=B+8;
       ALU64= ARO +NOT AR1 + CARRY;
       CNT(R-8);
       AR2=RDATA;
       GOTO LOOP;;

  END1: ALU64=ARO +NOT AR1 + CARRY;
       SCCLB('3'X);    PL(E);;
  END2:
       SCCLB('3'X);    PL(E);;

END CLC;
```

4. Firmware-Test-System

Nun zum Firmware-Test-System. Sein wesentlichstes Gütekriterium ist
natürlich seine Testschärfe. Eine gute Testschärfe läßt sich nur dadurch erreichen,indem man jeden Maschinenbefehl mit möglichst vielen
Beispielen von Eingangsoperanden ablaufen läßt und die Ergebnisse
kontrolliert. Unser Firmware- Test-System (FITS) arbeitet nun nach
dem einfachen Prinzip des Vergleichs (s. auch Bild 6).

Auf einem Referenz-Prozessor läuft der sogenannte FITS-GENERATOR ab.
Er bildet Eingangsdaten für einen bestimmten Befehl, und führt dann
diesen aus. Anschließend stellt er die Eingangsdaten und Resultate
samt zugehörigem Befehl im TESTDATENBLOCK (TDB) zusammen, um an-
schließend das nächste Beispiel entsprechend zu bearbeiten.
Die Bildung der Eingangsdaten ist steuerbar, so sind z.B.
   * Feste Vorgaben
   * Daten aus einem Zufallsgenerator
   * Variationen nach arithmetischen Reihen
möglich.

Als Referenzprozessor dient ein Prozessor aus der gleichen System-
Familie mit gleichem Befehlssatz wie der zu testende Prozessor
(Prüfling). Die Testdatenblöcke, die auch noch mit Masken zur
Ausblendung undefinierter Ergebnisse versehen werden können (z.B.
Auftreten mehrerer Programmfehlerereignisse in einem Befehl ohne
vorgeschriebene Priorität) können auf Band oder Platte geschrieben
werden.

Mit einem solchen Testdatenträger wechselt man nun zum Prozessor
über, der geprüft werden soll. Auf ihm läuft der sog. FITS-KONTROL-
LER. Dieses Programm ist ein möglichst einfach gehaltenes urlade-
fähiges "Mini-Betriebssystem" zum Einlesen der Testdatenblöcke.
Anschließend bereitet es aus ihnen die Testsituation wie im Generator vor und führt den Maschinenbefehl aus. Darauf vergleicht es
die vom Befehl erzeugten Resultate mit den Resultaten des Testda-
tenblocks. Bei Ungleichheit können detaillierte Fehlermeldungen
ausgegeben werden.
Neben der einfachsten Betriebsart, alle Testdatenblöcke sequentiell
abzuarbeiten, ist es auch noch möglich, gezielt Tests oder auch
Testsequenzen aufzurufen oder zyklisch ablaufen zu lassen.

Ein Nachteil dieses Systems soll nicht verschwiegen werden:
Der FITS-Kontroller muß bereits am Prüfling ablauffähig sein.
Er ist zwar nur mit 15 verschiedenen Befehlen , den sog. Basisbe-
fehlen programmiert. Zusätzlich zu ihnen müssen jedoch die Ein-
/Ausgabe und große Teile der privilegierten Struktur wie Unter-
brechungsbehandlung, Wechsel der Funktionszustände usw bereits aus-
getestet sein.

Dieser Nachteil wurde mit dem System FITP (Firmware-Testsystem Prototyp) folgendermaßen behoben: Der Prüfling und eine vorhandene serienreife Zentraleinheit der gleichen Systemfamilie wurden an den gleichen Arbeitsspeicher angeschlossen. Die Serienzentraleinheit dient nun als Steuerrechner auf dem der FITS-Kontroller abläuft. Das Vorbereiten der Testsituation wird vom Kontroller in ein Hilfs-Mikroprogramm im Prüfling verlagert. Es besteht im wesentlichen aus der Übernahme der im Testdatenblock enthaltenen Register aus dem Arbeitsspeicher in die Register des Prüflings (PRESET- Routine). Nach Ausführung des Befehls übernimmt ein weiteres Mikroprogramm das Rückspeichern dieser Register in den Speicher (RESTORE-Routine). Dort kann sie der Kontroller wieder übernehmen und wie bereits beschrieben weiterverarbeiten.

Es ist nun nur noch eine zeitliche Koordination zwischen Steuerrechner und Prüfling vorzunehmen. Sie erfolgt mit Hilfe einer fest vereinbarten Speicherzelle:

* Der Steuerrechner setzt diese Zelle nach Vorbereiten der Daten im Speicher und wartet auf das Rücksetzen, das für ihn Kennzeichen für den Beginn der Auswertung ist.
* Der Prüfling wartet auf das Setzen. Erkennt er es, führt er seine Aktionen PRESET-Befehlsausführung -RESTORE durch und setzt anschließend die Speicherzelle zurück.

Neben dem früheren Testbeginn bietet dieses Verfahren folgende zusätzliche Vorteile:

* starke Entkopplung zwischen Steuerrechner und Prüfling. Aus diesem Grund können z.B. auch privilegierte Befehle und Funktionen besser getestet werden. Dies ist beim anfangs beschriebenen System schwer möglich, da z.B. durch privilegierte Funktionen falsch geladene Systemsteuerregister mit großer Sicherheit den Kontroller zum Absturz bringen.
* stärkere Beziehung zu Hardware und Firmware.
  Beim betrachteten Rechner ist der Registersatz aus Leistungsgründen verdreifacht (1x in PLU, 2x in EXU). Da sie durch PRESET und RESTORE auf Mikroprogramm-Ebene zugänglich sind, können alle Duplikate übergeben, verglichen und ausgewertet werden. Weitere interne Register sind ebenfalls leicht übergebbar und mit den Testergebnissen wenigstens ausdruckbar. Besonders wichtige Beispiele dafür sind Mikrobefehls-Tracer, Befehls-Tracer und interne Hilfs-Register, in denen z.B. Mutiplikationsvielfache aufgebaut sind. Damit können Fehler erheblich besser auf Grund der Fehlerausdrucke analysiert werden.
* Der Kontroller muß nicht mit dem Basisbefehlssatz programmiert werden. Dies bedeutet eine starke Programmiererleichterung.

Zum Abschluß der Testsystembeschreibung möchte ich Ihnen noch eine Vorstellung über den Umfang der Testbeispiele geben :
Es liegt inzwischen eine Programmbibliothek von über hundert Bändern vor, die ständig erweitert und verbessert wird. Ein Band enthält 15000-30000 Testbeispiele.
Zusätzlich sind Platten mit repräsentativen Beispielen aller Befehle für eine schnelle Prüfung vorhanden.
Diese Datenmengen über Simulation abzuwickeln scheidet aus Rechenzeitgründen aus. Als sinnvoll erscheint mir jedoch eine Mikroprogrammsimulation aus der Mikroprogrammsprache heraus, falls die Mikroprogrammierung dem Benutzer in die Hand gegeben wird oder eine Simulation der Mikroprogramme samt darunterliegender Hardware, um Entwicklungsfehler von vornherein stärker unterbinden zu können.
Also Simulation als Ergänzung zu diesem intensiven Testsystem.

BILD 1:ALLGEMEINE KENNDATEN DES BEFEHLSPROZESSORS DER ZENTRALEINHEIT
SIEMENS 7.780 -
EINFLUß AUF FIRMWARE-ENTWURFS-SYSTEM UND MIKROPROGRAMMIERUNG

* Hochleistungsrechner   starke Parallelarbeit
viele Mikrooperationen pro Mikrobefehl
=> komprimierte Mikrobefehlssprache

* Fließbandrechner   2 verschiedene Mikroprogrammsprachen
2 verschiedene Mikrobefehlscompiler

* Befehlsliste   spezielle HW-Funktionen zur Optimierung
  SIEMENS SYSTEM 7.000   die knapp darstellbar sein müssen

* Virtuelle Adressierung   tlw. Einfluß auf Mikroprogramme
kein Einfluß auf FW-Entwurfs-System

* Multiprozessorfähigkeit zusätzliche Mikroroutinen
kein Einfluß auf FW-Entwurfs-System

* Mehrere Speicher-   wenig Einfluß auf Mikroroutinen
  Hierarchien   kein Einfluß auf FW-Entwurfs-System

BILD 2: KENNDATEN DES MIKROBEFEHLS-SPEICHERS
DES BEFEHLSPROZESSORS SIEMENS 7.780

	PLU	EXU
BREITE DES MIKROBEFEHLS-WORTES	64 BIT	144 BIT
ZAHL DER MIKROBEFEHLS-WORTE	2048	8192
KAPAZITÄT DES MIKROBEFEHLS-SPEICHERS	16 KB	143 KB
PARALLELES LESEN VON	2 WORTEN	4 WORTEN
ZAHL DER MIKROOPERATIONEN PRO MIKROBEFEHL	14	CA 20
UMINTERPRETATION VON MIKROBEFEHLSFELDERN	JA	KAUM

BEIDE MIKROBEFEHLS-SPEICHER LADBAR VON FLOPPY-DISK,
ARBEITSSPEICHER UND SERVICE PROZESSOR

ZEITLICHE EINBETTUNG DES FIRMWARE-ENTWURFS-SYSTEM IN GESAMTENTWICKLUNG

	HARDWARE	FIRMWARE (FW)	FW-ENTWURFS-SYSTEM
KONZEPT-PHASE Vorgabe		Preis-/Leistungsziel	
	HW-Konzept Blockschaltbild	Mikrobefehlsliste "Mikroprogr." wichtiger Befehle	RAHMENKONZEPT: für viele Prozessoren Sprache:MPL-Y Built-In-Funktionen keine Flußdiagramme komprimierte Sprache Adreßpacken
PLANUNGS PHASE	Gatterebene log. Pläne Bitmuster für Mikrobefehle Auflösung FBGn Aufbau Prototypen	Mikroprogr.von Test- und funktionellen Mikroprogrammen in MPL-Y	Datenbankfunktionen Änderungsdienst Fehleranalyse
TEST-PHASE	HW-Test durch Test-Mikroprogramme		FW-Entwurfs-System funktionsfähig
		Test funktioneller Mikroprogramme durch FW-TEST-SYSTEM	

BILD 3

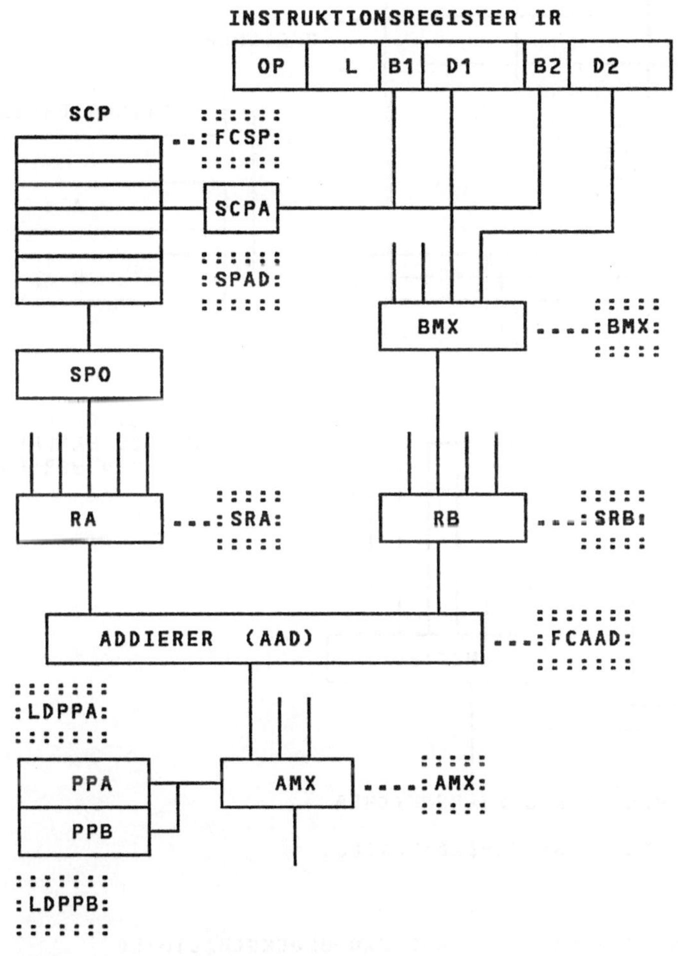

BILD 4:VEREINFACHTER AUSSCHNITT AUS PLU—BLOCKSCHALTBILD

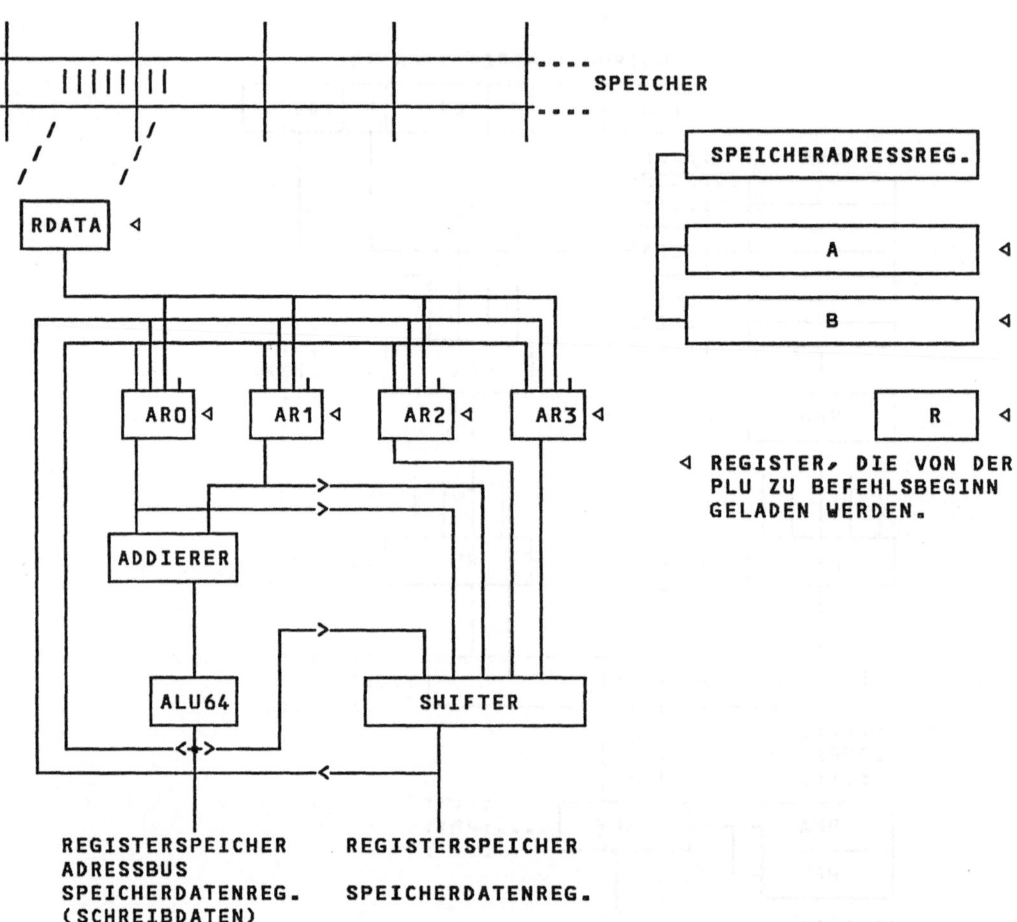

BILD 5:VEREINFACHTER AUSSCHNITT AUS EXU—BLOCKSCHALTBILD

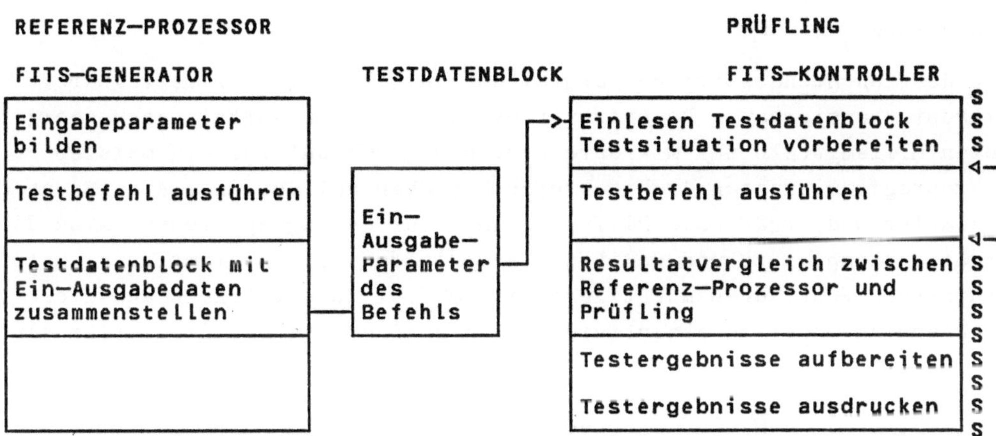

◁— hier wird für FITP die PRESET— bzw RESTORE—ROUTINE eingefügt

S
S diese Teile werden bei FITP im Steuerechner ausgeführt
S

BILD 6: FIRMWARE-TEST-SYSTEM

HÖHERE PROGRAMMIERSPRACHEN FÜR DIE MIKROPROGRAMMIERUNG

Lutz Richter

Universität Dortmund, Abteilung Informatik

Einführung

Mit der zunehmend weiteren Verbreitung auch kommerziell verfügbarer
mikroprogrammierbarer Rechnersysteme wächst das Bedürfnis nach geeigneten Hilfsmitteln zur Mikroprogrammierung. Obwohl für die meisten
mikroprogrammierbaren Architekturen Sprachen auf der untersten Ebene wie
Assembler und ergänzende Hilfsprogramme zur Verfügung stehen, sind die
Ansätze, komplexere und damit zugleich in den die Programmierung unter-
stützenden Funktionen mächtigere Hilfsmittel zu entwickeln und diese
auch vom Anwender zu akzeptieren, noch gering. Die Gründe hierfür sind
vielfältig.

In der folgenden Übersicht sollen zunächst die beim Entwurf und der
Anwendung höherer Programmiersprachen für die Mikroprogrammierung auftretenden Probleme untersucht und klassifiziert werden. Eine Zusammen-
stellung der Entwurfskriterien leitet dann über zu den in der wissenschaftlichen Literatur bekannten Ansätzen. Nacheinander werden Register-Transfer-Sprachen, maschinenabhängige und maschinen-unabhängige
Sprachen vorgestellt. Hierbei wird jeweils versucht, Entwurfs- und An-
wendungsziele am erreichten Ergebnis zu relativieren. Eine Liste offe-
ner Fragen und künftiger Forschungsarbeiten auf diesem Gebiet beschließt
die Darstellung.

1. Aufgabenstellung und Klassifikation

Sprachliche Hilfsmittel für die Mikroprogrammierung verfolgen eine Reihe ganz unterschiedlicher Ziele. Entsprechend vielfältig sind die dazu bekannten Ansätze.

Man unterscheidet Sprachen zur

- Beschreibung und Definition mikroprogrammierbarer Systeme

- Erzeugung von Mikroprogramm-Code

- Verifikation erzeugten Mikroprogramm-Codes

- Optimierung vorhandener Mikroprogramme
  (nach Kontrollspeicher-Bedarf und/oder Mikroprogramm-
  Ausführungszeit)

- Simulation mikroprogrammierbarer Zielarchitekturen

Häufig werden mit einem sprachlichen Ansatz mehrere dieser Ziele gleichzeitig verfolgt. In der Regel schließen sich aus Aufwandsgründen gewisse dieser Ziele jedoch gegeneinander aus.

Eine weitere Unterscheidung der bekannten Ansätze ergibt sich aus der Relation Gastrechner (der zur Verfolgung einer der o.g. Aufgabenstellungen benutzt wird) und Zielrechner (für den z.B. Mikroprogramme erzeugt oder optimiert werden). Sprachentwürfe zur Lösung einer oder mehrerer der aufgeführten Aufgaben können entweder

- Gast- und/oder Zielrechner abhängig oder

- Gast- und/oder Zielrechner unabhängig sein.

Während die Frage der Gastrechner-Unabhängigkeit von nachgeordneter Bedeutung (und mit entsprechendem Implementierungsaufwand ohne grundsätzliche Schwierigkeiten überwindbar) ist, wird die Zielrechner-Unabhängigkeit ganz entscheidenden Einfluß auf die Struktur des Sprachansatzes haben. Mindestens muß bei letzteren Sprachen die Definition der Mikroprogramm-Struktur des Zielrechners mit zum Umfang der Sprache gehören.

Nach Agrawala und Rauscher [AGR] kann man grob folgende Klassen von Mikroprogramm-Sprachen unterscheiden:

- Mikroprogramm-Sprachen

- Flußdiagramm-Sprachen

- Register-Transfer-Sprachen

- prozedur-orientierte maschinenabhängige Sprachen

- prozedur-orientierte maschinenunabhängige Sprachen

Während *Mikroprogramm-Assembler* Mikroprogramm-Instruktionen in einer mnemonischen und symbolischen Form angeben, die den klassischen Assembler-Sprachen ganz ähnlich sind und die vorzugsweise für vertikale Mikroinstruktions-Formate verwendet werden, enthalten *Flußdiagramm-Sprachen* zusätzliche Elemente, um Kontrollstruktur-Zusammenhänge in den Mikroprogrammen zum Ausdruck zu bringen. Dieses für zahlreiche Modelle des Systems IBM/360 verwendete Hilfsmittel [HUS] kann insbesondere auch bei horizontalen Mikroinstruktions-Formaten im Gegensatz zu Assembler-Sprachen vorteilhaft verwendet werden. Beide Hilfsmittel müssen jedoch als niedere Sprachen betrachtet werden und sollen in den nachfolgenden Ausführungen nicht weiter untersucht werden.

Eine Reihe von Elementen höherer Programmiersprachen findet sich in den sog. *Register-Transfer-Sprachen* zur Mikroprogrammierung. Datenaustausch zwischen den verschiedenen Komponenten der Mikroprogramm-Architektur werden als Assignment-Anweisungen (daher der Name "Register-Transfer") ausgedrückt, arithmetische und logische Operationen können in algebraischer Notation kompakt formuliert werden und Kontrollstruktur-Anweisungen im Mikroprogramm werden mit den aus anderen höheren Programmiersprächen bekannten Konstruktionen (IF-THEN-ELSE,WHILE etc.) formuliert. Obwohl diese Sprachen syntaktische Elemente höherer Programmiersprachen enthalten, muß festgehalten werden, daß

- die Anzahl und Mächtigkeit der benutzten Datenstrukturen
  gering ist

- eine vollständige Kenntnis der Mikroprogramm-Zielmaschine
  für den Mikroprogrammierer unerläßlich ist

- eine umkehrbar eindeutige Zuordnung zwischen Sprachanweisungen
  und Mikroprogramm-Instruktionen besteht.

Diese umkehrbar eindeutige Zuordnung zwischen den Anweisungen der höheren Mikroprogrammiersprache und den Instruktionen des Mikroprogramms fällt weg bei den *prozedur-orientierten Mikroprogramm-Sprachen*. Eine

Anweisung in der höheren Sprache kann eine Folge von Mikroinstruktionen in der Zielmaschine generieren. Zwar werden die verschiedenen Einheiten der Mikro-Architektur (Register, Datenpfade, ALU, Schiebeeinheit etc.) in der Regel explizit angesprochen und der Mikroprogrammierer muß daher nach wie vor über eine genaue Kenntnis der Zielmaschine verfügen, jedoch sind im *maschinenabhängigen Fall* diese Komponenten bereits Bestandteil der syntaktischen Konstruktionen der Sprache und erleichtern damit wesentlich deren Benutzung. Im Gegensatz dazu werden bei den *zielmaschinen-unabhängigen Sprachen* im Vereinbarungsteil zunächst alle wesentlichen Elemente der Mikroprogramm-Architektur, für die ein Mikroprogramm erzeugt werden soll, vereinbart. Sie haben daher zusätzlich den Charakter von Maschinen-Beschreibungs-Sprachen. Oft wird in diesem Zusammenhang auch die Frage nach der Portabilität von Mikroprogrammen aufgeworfen. Es muß jedoch davor gewarnt werden, daß bei Benutzung maschinenunabhängiger Sprachen gewissermaßen automatisch die Übertragbarkeit so erzeugter Mikroprogramme erreicht wird. Da üblicherweise der Code-Generierungs-Mechanismus in der auf die Zielstruktur orientierten Form in vielfältiger Weise von den speziellen im Vereinbarungsteil festgelegten Eigenschaften abhängt, ist die Portabilität von Mikroprogrammen auch bei maschinen-unabhängigen Sprachen ein weitgehend ungelöstes Problem. Der Vorteil zielmaschinen-unabhängiger Sprachkonstruktionen besteht im wesentlichen darin, die identischen Sprachs-Hilfsmittel zur Mikroprogrammierung für mehrere verschiedene Mikroprogramm-Architekturen verwenden zu können. Der Mikroprogrammierer wird also von der Aufgabe entlastet, zusätzlich zu der Kenntnis der verschiedenen Mikro-Strukturen auch noch verschiedenartige sprachliche Hilfsmittel zu beherrschen.

Entwurfskriterien für höhere Mikroprogrammsprachen umfassen einen ganzen Katalog von Aufgabenstellungen. An erster Stelle steht die *Reduktion des Programmieraufwandes* bei der Erstellung des Mikroprogramms, d.h. sowohl der Schwierigkeitsgrad als auch die erforderliche Zeit für die Mikroprogrammierung können durch Benutzung höherer Sprachen zum Teil beträchtlich vermindert werden. Es darf jedoch nicht außer Betracht bleiben, daß die Effizienz von auf diese Weise erzeugten Mikroprogrammen (im Hinblick auf Kontrollspeicherbedarf und Laufzeitverhalten) selten optimal ist. Außerdem wird die Verminderung des Aufwandes für den Mikroprogrammierer üblicherweise auf Kosten des Aufwandes für den Implementierer des Übersetzers für die höhere Mikroprogrammiersprache gehen. Die Verwendung prozeduraler und block-orientierter

Sprachkonstruktionen führt zu einem *erleichterten Verständnis* und einer *verbesserten Dokumentation* der erzeugten Mikroprogramme. Hierdurch wird nahezu zwangsläufig auch eine *erleichterte Testbarkeit* der resultierenden Mikroprogramme erreicht. Zu den Erleichterungen, die die Benutzung höherer Sprachen für die Mikroprogrammierung mit sich bringt, gehören auch die Unterstützung bei der *Aufteilung und Zuweisung des (der) Kontrollspeicher(s)*. Die Planung der Kontrollspeicher-Organisation erfolgt auf einer höheren Abstraktionsebene als bei Assembler-Programmen. Von entscheidender Bedeutung sind ebenfalls syntaktische und semantische Elemente zur Formulierung und Prüfung des *Zeitverhaltens* der resultierenden Mikroprogramme. Auf diese Weise können auch Methoden zur *Vermeidung von Konflikten* in den erzeugten Mikroprogrammen mit in die Eigenschaften der zu verwendeten Sprachshilfsmittel eingearbeitet werden.

Die Implementierung von höheren Programmiersprachen für die Mikroprogrammierung erfolgt in der üblichen Weise auf eine der vier nachfolgend genannten Methoden

    (1) der Quelltext der höheren Programmiersprache wird in den Mikrocode übersetzt

    (2) der Quelltext der höheren Programmiersprache wird in eine Zwischensprache übersetzt, die durch die mikroprogrammierbare Architektur des Zielrechners interpretiert wird

    (3) der Zielrechner interpretiert direkt den Quelltext des in einer höheren Programmiersprache formulierten Mikroprogramms

    (4) der Quelltext der höheren Programmiersprache erzeugt bei seiner Ausführung als Ausgabe Zeichenketten (Bitstrings), die von der Mikroprogramm-Ebene der Zielmaschine ausgeführt bzw. interpretiert werden.

Unabhängig von der Form der Implementierung werden höhere Programmiersprachen erklärt entweder durch

    - eigene und *vollständig in sich abgeschlossene Sprachdefinitionen*, deren Syntax und Semantik den Erfordernissen der gesetzten Zielvorstellung angepaßt ist oder durch

    - *Erweiterung und Anpassung vorhandener höherer Sprachen*, die mit zusätzlichen Sprachelementen angereichert werden, um der Aufgabenstellung entsprechende Unterstützung zu bieten.

2. Beispiele höherer Mikroprogrammiersprachen

In der nachfolgenden Darstellung wird der Stand der Entwicklung auf
dem Gebiete höherer Programmiersprachen nach den Gesichtspunkten der
erläuterten Klassifikation und der beschriebenen Zielvorstellungen
exemplarisch erläutert und miteinander verglichen. Da die Entwicklung
solcher Ansätze und deren Beschreibung in der einschlägigen Literatur
außerordentlich umfangreich ist, kann die Illustration anhand bekannter
Entwicklungen nur auszugsweise erfolgen und daher keine Vollständigkeit
erreicht werden. Es wird jedoch versucht, für die meisten der angespro-
chenen Klassifikationsebenen jeweils eine typische Entwicklung zu beschreiben und zu bewerten.

2.1 Register-Transfer-Sprachen

Sprachen auf der Register-Transfer-Ebene gestatten die symbolische Bezeichnung der verschiedenen Komponenten der Zielrechner-Architektur.
Über Zuweisungs-Statements erfolgt die Beschreibung des im Mikroprogramm festgelegten Datenaustausches. Derartige Sprachen enthalten zahlreiche assembler-ähnliche Konstruktionen. Als Zielmaschinen kommen
Mikroarchitekturen mit sowohl vertikaler als auch horizontaler Struktur
in Frage. Üblicherweise enthalten solche Sprachen keinerlei Hilfsmittel zur expliziten Formulierung internen Parallelismus.

Für das *zweistufig mikroprogrammierbare System QM-1* [NAN] der Nanodata
Corporation, das auf der Nanoprogramm-Ebene über 360 Bit breite Nano-
speicherworte der Formulierung der Mikroprogramm-Architektur dient,
sieht die symbolische Register-Transfer-Sprache die konsekutive Angabe
einer Nanoinstruktion in vier aufeinanderfolgenden Teilschritten vor.
Ein Nanowort besteht aus einem 72 Bit Deskriptor, in dem Bedingungen
für die Zeit der Ausführung der folgenden vier 72 Bit breiten Nano-
Einzelschritte festgelegt werden.

Das nachfolgende Nanoprogramm beschreibt den Zugriffsvorgang zu einer
Mikroinstruktion

```
FETCH:
.... LEGAL MICRO OP ENTRY, ALLOW NANO INTERRUPT, ALLOW MICRO INTERRUPT
x... READ CS (MPC+1)
.x.. LOAD NPC (CS)
..x. READ NS, MPC PLUS 1
...x GATE NS, LOAD R31
```

Beim Aufruf dieses Nanoprogramms weist der Mikroprogrammzähler (MPC)
auf die zur Zeit ausgeführte Mikroinstruktion im Kontrollspeicher. Der
Deskriptor (gekennzeichnet durch ....) gibt an, daß die betreffende
Nano-Instruktion durch eine Mikro-Instruktion aufgerufen wird und daß
Nano- und Mikro-Unterbrechungen zugelassen sind. Der erste Nanoschritt
(x...) startet einen Lesevorgang der nächsten Mikroinstruktion, im folgenden Nanoschritt (.x..) wird der Operationsteil der neuen Mikro-Instruktion in den Nanoprogramm-Zähler (NPC) geladen und danach (..x.)
wird ein Lesevorgang im Nano-Speicher gestartet sowie der Nanoprogramm-
zähler inkrementiert. Abschließend (...x) wird die Zuweisung des neuen
Nano-Wortes zum Start der Ausführung der nächsten Mikro-Instruktion
veranlaßt und die neue Mikro-Instruktion in das Mikroinstruktions-Re-
gister gebracht.

Diese Register-Transfer-Sprache erfordert - wie alle Sprachen dieser
Klasse - eine detaillierte Kenntnis der Struktur der Zielmaschine. Es
fehlen komplexere Anweisungen zur Steuerung des Kontrollablaufs, insbesondere bleiben mögliche interne Parallelitäten auf der Sprachebene
voll verborgen. Implizit sind solche zeitlichen Überlappungen allerdings durch die geeignete Wahl aufeinanderfolgender Nanoschritte sorg-
fältig zu planen.

Ein weiteres Beispiel eines solchen Register-Transfer-Ansatzes findet
sich in dem *Microprogramm Design System* von Dubbs [DUB]. Dieser Vorschlag, der u.a. die Beschreibung von algebraischen Ausdrücken in
freier Form erlaubt, enthält jedoch keinen Übersetzer für formulierte
Mikroprogramme, sondern muß vielmehr als ein Ansatz einer Beschrei-
bungssprache verstanden werden.

2.2 Zielmaschinen-abhängige Ansätze

Bei den bekannten Versuchen, Konstruktionen höherer Programmsprachen
zur Erzeugung von Mikroprogrammen für fixierte Zielarchitekturen zu
verwenden, gibt nach wie vor das Prinzip umkehrbar eindeutiger Zuordnung zwischen den Anweisungen der höheren Programmsprache und den resultierenden Mikroinstruktionen. Allerdings weisen sowohl die zulässigen Ausdrücke als auch die erlaubten Kontrollstrukturen in solchen
Sprachen eine weit höhere Komplexität auf als die entsprechenden Elemente der Register-Transfer-Sprachen. Es ist möglich, virtuelle Betriebsmittel der Zielarchitektur (Register, Subregister, Speicher,

Datenpfade etc.) im Programm zu deklarieren und im Mikroprogramm anzusprechen. Sprachen dieser Art sind also insbesondere dazu geeignet, auf einer festgelegten Mikroprogramm-Architektur virtuelle Maschinen als Emulatoren zu beschreiben und die dafür erforderlichen Mikroprogramme zu formulieren. Beschränkungen in dem Umfang der Sprach-Hilfsmittel resultieren ausschließlich aus dem begrenzten Funktionsumfang der Ziel-architektur. Derartige Sprachen sind ausnahmslos Derivate bekannter universeller höherer Programmiersprachen (ALGOL, PL/1 etc.)

Beispiel eines solchen Zielmaschinen-abhängigen Vorschlags ist die Sprache MPL [ECK], die in der Form eines PL/1-Dialekts Prozeduren und die Vereinbarung lokaler sowie globaler Definitionsbereiche verschiedener Datentypen (virtueller und realer Register, Haupt- und Mikro-speicher, lokale und Hilfsspeicher, Ereignisse etc.) vorsieht. Zusätzliche Operatoren für logische und Schiebe-Operationen sowie zur Verkettung von Operanden ermöglichen die Formulierung von Mikroprogrammen auf einer vergleichsweise hohen Abstraktionsstufe.

Das folgende auszugsweise Mikroprogramm [MLE], das weitgehend vom Programmtext her selbsterklärend ist, zeigt die Möglichkeiten von MPL:

```
INTERDATA : PROCEDURE OPTIONS (MAIN);
    DECLARE  (RO,R1,R2,R3,R4,R5,R6,AR,DFR,MDR)  BIT(8),
             MS(O:32767) BIT(16),
             MAR BIT(16),
                MAH BIT(8) DEFINED MAR POSITION(1),
                MAL BIT(8) DEFINED MAR POSITION(9),
             'LOCCNT' BIT(16),
             (CARRY,SNGL,CATN,TRUE,FALSE)EVENT;

/FETCH : PROCEDURE :
    /* INSTRUCTION FETCH, LOC CTR UPDATE & OPCODE DECODE */
    MAR = RO//R1;                 /* INSTRUCTION ADDRESS */
    MDR = MS(MAR);
    RO//R1 = RO//R1+2;            /* INCREMENT LOC COUNTER */
    R4//R3 = MDR;                 /* GET OPCODE */
    R5 = R3.RSH.3;                /* RIGHT JUSTIFY R1/X1 */
    AR = (R3.LSH.1)/1;            /* LEFT SHIFT REGISTERS R2/X2 */
                                  /* OF THE EMULATED 360 MACHINE */
    R2,DFR = R4.RSH.4;            /* INTO AR */
        :
        :
```

Der Übersetzungsvorgang eines MPL Programms in das Mikroprogramm läuft in mehreren Schritten ab. In der ersten Phase wird das Quellprogramm in die Zwischensprache SML übersetzt und ein Verzeichnis der benutzten Bezeichner angelegt, die zweite und dritte Phase erzeugen aus SML-Code via einem virtuellen Object-Code das Mikroprogramm. Die Aufstellung des Verzeichnisses und die dritte Phase der Erzeugung des Maschinenprogramms sind vollständig maschinenabhängig. Obwohl prinzipiell MPL auch zur Erstellung von Mikrocode für verschiedene Zielarchitekturen verwendet werden kann, müssen wesentliche Teile des MPL-Übersetzers doch für jede neue Zielmaschine neu entworfen und implementiert werden.

Weitere Beispiele maschinenabhängiger höherer Programmiersprachen sind ANIMIL [RAU], SIMPL [RAM] und PUMPKIN [LLO], die entsprechend ihrer Zielmaschinenstruktur für vorwiegend horizontale Mikroarchitekturen entworfen wurden. Im Gegensatz dazu sind die FCPU-ML [LBL] und MIL [WIL] Beispiele maschinenabhängiger Sprachen mit vertikaler Mikroprogramm-Architektur.

2.3 Zielmaschinen-unabhängige Sprachen

Die unter dem Gesichtspunkt der Zielmaschinen-Unabhängigkeit entworfenen Sprachen enthalten ausnahmslos Daten- und Kontrollstruktur-Elemente zur formalen Definition von System-Architekturen. Sie gehören daher ebenso in die Klasse der Rechner-Beschreibungs-Sprachen, wobei allerdings die Abstraktions-Ebene auf die Stufe der Mikro- bzw. Nanoprogrammierung festgelegt ist. Die bekannten Ansätze stellen Forschungs- und Bewertungswerkzeuge für den experimentellen System-Entwurf dar; sie bilden die Grundlage für die zahlreichen Versuche, Elemente für die funktionale vertikale (und auch horizontale) Migration bereitzustellen. In diesem Sinne bilden sie unerläßliche Werkzeuge für die Systemprogrammierung.

Allerdings dürfen diese Ansätze nicht als Substitution für ökonomisch realistische Implementierung kommerziell verfügbarer Maschinen verstanden werden und sie sind auch kein adäquater Ersatz von niederen Mikroprogrammier-Sprachen, wenn es um die Realisierung optimal effizienter Mikroprogramme (bezüglich Kontrollspeicherbedarf und Laufzeit) geht. In diesem Sinne ist die Bemerkung in der Einführung zu verstehen, daß die Akzeptanz solcher Hilfsmittel seitens Anwender noch gering ist. Andererseits stellen solche Vorschläge die Basis für dringend erforderliche Werkzeuge dar, um die zunehmend stärker offerierte Implementierungsebene Firmware in Zukunft wirkungsvoller nutzen zu können.

Bezüglich der Implementierung derartiger maschinen-unabhängiger höherer Mikroprogrammier-Sprachen kommt aus naheliegenden Gründen nahezu ausschließlich das in Abschnitt 1 unter (4) beschriebene Verfahren in Frage, d.h. der übersetzte Quelltext eines in einer höheren Sprache formulierten Programms muß zunächst ausgeführt werden, um dann als Ausgabe Zeichenketten zu erzeugen, die als Kontrollspeicher-Inhalte das beabsichtigte Mikroprogramm darstellen. Anders als bei den maschinenabhängigen Vorschlägen wird also das gewünschte Mikroprogramm nicht direkt durch Übersetzung bzw. Interpretation in einem Schritt gewonnen, sondern das übersetzte Programm bildet den Code-Generator für ein spezielles Mikroprogramm der Zielmaschine.

Die am häufigsten verwendete Basis für solche Ansätze bietet das *Prinzip der Erweiterbarkeit*. Auf der Grundlage einer existierenden universellen höheren Programmiersprache (ALGOL, PL/1, PASCAL etc.) werden etwa bei der Sprache *EMPL (Extensible Microprogramming Language [DEW])* durch Einführung von TYPES (ähnlich den CLASSES in SIMULA bzw. den MODES in ALGOL 68) neue Datenstrukturen definiert, auf denen OPERATIONS erklärt werden können, aus denen TYPE_OBJECTS, TYPE_OPERATIONS und TYPE_PROCEDURES resultieren. DeWitt behauptet, daß mit dem EMPL-Ansatz die folgenden vier Eigenschaften bzw. Forderungen erfüllt werden können:

- EMPL unterstützt den Entwurf strukturierter Mikroprogramme

  die Lesbarkeit von EMPL erleichtert die Aufgabe späterer Programmänderungen

- EMPL ist maschinen-unabhängig und in EMPL geschriebene Programme sind portabel

- EMPL kann optimalen Mikrocode (bezügl. der Laufzeit des Zielprogramms) erzeugen.

Es zeigt sich jedoch sofort, daß die beiden letzten Forderungen in einem gewissen Widerspruch zu den früher genannten Eigenschaften der Zielmaschinen-Unabhängigkeit stehen. DeWitt löst diese Schwierigkeit, indem er vorschlägt, über eine maschinen-abhängige Zwischensprache IL das maschinen-unabhängige EMPL-Programm verschiedenen Zielstrukturen zugänglich zu machen. Im Sinne der in Abschnitt 1 eingeführten Klassifikation gehört daher EMPL eigentlich noch zur Gruppe der maschinenabhängigen Mikroprogramm-Sprachen, da für jede Zielmaschine eine individuelle Zwischensprache IL definiert und der Übersetzer EMPL → IL jeweils neu implementiert werden muß.

Da aber EMPL insbesondere mittels der TYPE-Konstruktion einen für die Mikroprogrammierung wichtigen Ansatz zur Vereinbarung neuer Daten-

strukturen und damit auch zur Definition verschiedenartiger Zielarchitekturen enthält, sei nachfolgend noch ein Beispiel in EMPL angefügt,
das einen Stack vereinbart.

```
TYPE STACK
      DECLARE STK(16) FIXED;
      DECLARE STKPTR  FIXED;
      DECLARE VALUE FIXED;
      INITIALLY DO;
                STKPTR = 0;
                END;
      PUSH:     OPERATION ACCEPTS (VALUE)
                MICROOP: PUSH 3 0;
                IF STKPTR=16 THEN ERROR;           /* OVERFLOW   */
                ELSE DO;                           /* PUSH VALUE */
                     STKPTR = STKPTR+1;
                     STK(STKPTR) = VALUE;
                   END;
                END;
      POP:      OPERATION RETURNS (VALUE)
                MICROOP: POP 3 0;
                IF STKPTR = 0 THEN ERROR;          /* UNDERFLOW */
                ELSE DO;                           /* POP VALUE */
                     VALUE = STK(STKPTR);
                     STKPTR = STK(STKPTR);
                   END;
                END;
   ENDTYPE;
```

Die von Sommerville [SOM] vorgeschlagene Sprache SUILVEN wurde ur-
sprünglich entwickelt, um als Hilfsmittel bei der Generierung von
Mikrocode für das System Burroughs B1700 verwendet zu werden. Sie enthält allerdings einige Konstruktionen, die in eingeschränkter Weise
auch einen Einsatz für verschiedenartige Zielstrukturen erlaubt. Die
Behauptungen des Autors von SUILVEN, diese Sprache habe die notwendigen
Eigenschaften, Emulatoren für verschiedene Zielmaschinen ohne Verlust
an Effizienz zu erzeugen und der Mikroprogrammierer könne auf detaillierte Kenntnisse der zugrundeliegenden Mikroarchitektur verzichten,
müssen jedoch in mehrerlei Hinsicht bezweifelt werden.

Dem schon in EMPL erwähnten Ansatz der Erweiterbarkeit bestehender oder
auch künftiger Sprachen kommt jedoch im Zusammenhang mit Sprach-Hilfs-
mitteln zur Mikroprogrammierung eine besondere Bedeutung zu. Mindestens
bei der Implementierung von Übersetzern oder Interpretierern für neue
oder erweiterte Sprachkonstruktionen bedeutet die Verwendung bestehender Sprachen und deren Übersetzer eine deutliche Vereinfachung.

Diese Voraussetzung und das Ziel einer für die Mikrocode-Erzeugung
weitgehenden Maschinen-Unabhängigkeit war das Hauptmotiv der Entwick-

lung von ALGOL M ([PRI],[PRO]). Ein Preprozessor übersetzt ALGOL M in
ALGOL W und gewährleistet daher zunächst eine weitgehende Unabhängig-
keit von der Gastmaschine. Der Mikroprogrammierer ist hauptsächlich
damit befaßt, Bitstrings für den Kontrollspeicher der Mikroprogramm-
Architektur zu entwickeln. Die Sprache muß also effiziente Konstruktionen zur Bitstring-Manipulation enthalten. Es müssen daher Möglichkeiten zur Definition des Kontrollspeicher-Formats und der Mikrowort-
Struktur vorgesehen sein. Um die spezifischen Abhängigkeiten einer gewissen Zielstruktur geeignet formulieren zu können, sollte die Sprache
syntaktische Konstruktionen haben, um die zum Verhalten der Mikrostruk-
tur relevanten Regeln (z.B. im Sinne von Ausschluß-Bedingungen) beschreiben und bei der sukzessiven Erzeugung der Kontrollspeicher-
Inhalte auch überprüfen zu können. Prozeduren, Microlabel und externe
Referenzen sind weitere Spracheigenschaften, die in diesem Zusammenhang
unerläßlich sind. ALGOL M sieht für diese Zwecke zusätzlich zu den in
der Gastsprache vorhandenen Vereinbarungen die folgenden Deklarationen
vor:

- Bitstring-Deklarationen
- Kontrollspeicher-Deklarationen
- Microfield-Deklarationen
- Regel-Deklarationen
- Microlabel-Deklarationen
- Folgeadressen-Deklarationen
- Ausführungszeit-Deklarationen
- M-Feld-Deklarationen

M-Felder stellen in ALGOL M geordnete Mengen von Bitstrings und/oder
Microlabels dar. Für einen Teil dieser zusätzlichen Datenstrukturen
sind auch entsprechende Ausdrücke vorgesehen, d.h. Regel-Ausdrücke er-
lauben die logische oder arithmetische Verknüpfung von Bedingungen, die
den zulässigen Ablauf von zu erzeugenden Mikroprogrammen beschreiben.
Um eine zweckmäßige Anwendung der in der Erweiterung eingeführten
Datentypen zu ermöglichen, gibt es zahlreiche zusätzliche Zuweisungs-
Statements, so u.a.

Bitstring-Zuweisungen
Microlabel-Zuweisungen.

Da ALGOL M besonders im Hinblick auf horizontale Mikroprogramm-Struk-
turen entwickelt wurde, wird bei solchen Mikroprogrammen eine häufig
angewendete inkrementale Entwicklungstechnik unterstellt und durch ent-

sprechende Spracherweiterungen geeignet unterstützt. Durch die PUT-
Anweisung wird in einem ALGOL M-Programm jeweils nur ein Teil eines
horizontalen Mikrowortes besetzt (z.B. das Aufsetzen eines Haupt-
speicher-Lesevorganges) und das abschließende WRITE gibt dann erst eine
Folge von horizontalen Mikroprogramm-Worten an den Kontrollspeicher
weiter. Die mittels der Regel-Deklarationen festgelegten zulässigen
Bedingungen werden bei der PUT-Anweisung (statisch, d.h. innerhalb
eines Teils des Mikrowortes) und später bei der WRITE-Anweisung (statisch, d.h. für das gesamte nun belegte Mikrowort und auch gleichzeitig
dynamisch, d.h. für eine Folge von nacheinander auszuführenden Mikroworten) überprüft und auf diese Weise eine partielle Korrektheit des
erzeugten Mikrocodes erreicht.

Einige weitgehend selbsterklärende Beispiele sollen die genannten
Eigenschaften von ALGOL M illustrieren:

```
           CONTROLSTORE  CS  (0::1023,  63::0)
```

bezeichnet einen 1K großen Kontrollspeicher mit 64 Bit breiten Worten,
in denen die Bit-Numerierung von rechts nach links aufsteigend verläuft. Unter Verwendung dieser Kontrollspeicher-Vereinbarung sei weiter

```
     MICROFIELD      MICROWORD1:= CS (63::0),
                     TEST:= MICROWORD1 (63,58::56),
                     OVERFLOW:= TEST(1)
                     STOREBUSY(1::0)= TEST(3::2),
                     CSBUSY:= STOREBUSY(0),
                     MSBUSY:= STOREBUSY(1);

     ADDRESSFIELD    SUCC:= MICROWORD1 (15::0);
```

dann ist die dadurch vereinbarte Aufteilung eines Mikrowortes die folgende

```
                   63 ... 58  57  56 ... 15  14 .... 1 0
     MICROWORD1    *  ... *   *   *  ... *   *  .... * *
     TEST          *       *   *   *
     OVERFLOW                      *
     STOREBUSY             *   *
     CSBUSY                    *
     MSBUSY               *
     SUCC                               *   *  .... * *
```

Durch die Regeln

```
CONTROLSTORE  CS (0::127, 31::0);
MICROFIELD    ALUOP:= CS(17::10), READMS:= CS(31);
EXECUTION TIME:= 80;
RULE          ALU_EXCLUSIVE:= (ALUOP[80 BEFORE ?]= O          *)
                  AND (ALUOP = O);
RULE          READ_MS_CYCLE:= (READMS=1) AND
                  (READMS[80 AFTER ? :: 400 AFTER ?]= 1;
```

werden Verbote formuliert, eine ALU-Operation in zwei aufeinanderfolgenden Mikroworten zu starten bzw. einen Hauptspeicher-Lesevorgang innerhalb von weniger als 5 Mikroworten nach Initialisierung einer solchen
Leseoperation wieder zu starten.

Im Gegensatz zu anderen zielmaschinen-unabhängigen Sprachansätzen,
kann bei Benutzung von ALGOL M keineswegs auf die detaillierte Kenntnis
der Mikroprogramm-Architektur der Zielmaschine verzichtet werden.
Allerdings wird in vollem Umfang durch die Sprache die Festlegung, Verwendung und Prüfung von architektur-internen logischen und zeitlichen
Zusammenhängen und Abhängigkeiten auf höchstmöglicher Abstraktionsebene unterstützt und daher eine ganz wesentliche für die Mikroprogrammierung charakteristische Aufgabe erleichtert.

Auch bei neueren Entwicklungen auf dem Gebiet der Mikroprogrammiersprachen scheint sich dieser Trend fortzusetzen. Die Vorschläge von
Patterson et al. [PLT] und Marti et al. [MKE] benutzen einen vergleich-
baren Ansatz: mit Konstruktionen höherer Programmiersprachen Elemente
der unteren (Mikroprogramm-) Ebene zu beschreiben. Die Überlegenheit
dieses Prinzips gegenüber klassischen Mikroassemblern ist offensichtlich.

*)? bedeutet den laufenden Zeitpunkt

3. Aufgaben künftiger Forschung und Entwicklung

Im Mittelpunkt weiterer Bemühungen, leistungsfähige und zugleich mäch-
tige Sprachhilfsmittel für die Mikroprogrammierung zu entwickeln,
müssen wohl-strukturierte Modellbildungen zur Beschreibung von Komponenten und Betriebsmitteln der unteren (Mikroprogramm-) Ebene stehen.
Die Behandlung von Ausnahmefällen - die auf Mikroprogramm-Ebene nahezu
die Regel sind - muß in den Sprachkonstruktionen insbesondere semantisch klar geregelt werden.

Übersetzungs- bzw. Interpretationsaufwand bei Mikrocode-erzeugenden
Systemen ist nach wie vor hoch, insbesondere wenn komplexe Prüfungen
(wie die Regelprüfungen in ALGOL M) im Verlaufe der Code-Erzeugung vorgenommen werden. Die Konsequenz ist, daß vor allem bei kleineren Änderungen innerhalb bereits existierender Mikroprogramme der dafür notwendige Zeit- und (Gast-) Rechneraufwand nicht toleriert werden kann.
Diesen Mangel zu beseitigen, werden besondere Anstrengungen erforderlich sein.

Schließlich muß erreicht werden, daß Mikroprogramm-Erzeugung, -Optimie-
rung und -Testen als zusammenhängende Aufgabe verstanden werden, die
mit einheitlichen und aufeinander abgestimmten Ansätzen unterstützt
werden (erste Teilvorschläge hierzu finden sich in [FEY]). Die Bereitstellung interaktiver Werkzeuge, um Generierungs- und Testvorgang gegebenenfalls iterativ durchführen zu können, scheint besonders viel-
versprechend zu sein.

Literatur

[AGR]   Agrawala, A.K., Rauscher, T.G., Foundations of Micropro-
         gramming, Academic Press, 1976

[BUS]   Bushell, R.G., Higher Level Languages for Microprogramming,
         EUROMICRO Journal, vol.4, no.2, 1978, pp.67-75

[DEW]   DeWitt, D.J., Extensibility - A New Approach for Designing
         Machine Independent Microprogramming Languages,
         SIGMICRO Newsletter, vol.7, no.3, 1977, pp.33-41

[DSH]   Davidson, S., Shriver, B.D., An Overview of Firmware
         Engineering, IEEE Computer, vol.11, no.5, 1978,
         pp.21-33

[DUB]   Dubbs, E.W., A Microprogram Design System Translator,
         Compcon 1972, pp. 95-98

[ECK]   Eckhouse, R.H., A High Level Microprogramming Language (MPL),
         Proc. SJCC, 1971, pp.169-177

[FEY]   Fey, H.J., Ein mikroprozessor-unterstütztes Mikroprogramm-
         Entwicklungssystem (MMES) für den Nixdorf-Rechner
         NR 1501.XY, Fachgespräch Mikroprogrammierung,
         GI-Jahrestagung Berlin, 1978, pp.114-136

[HUS]   Husson, S.S., Microprogramming - Principles and Practices,
         Prentice-Hall, Englewood Cliffs, 1970

[LBL]   Lawson, H.W., Jr., Blomberg, L., The Datasaab FCPU Micro-
         programming Language, SIGMICRO/SIGPLAN Interface
         Meeting, May 1973, pp.86-96

[LLO]   Lloyd, G.R., PUMPKIN - Another Microprogramming Language,
         SIGMICRO Newsletter, vol.5, no.1, 1974, pp.45-76

[MKE]   Marti, J.B., Kessler, R.R., A Mediam Level Compiler Generating
         Microcode, MICRO-12 Workshop, SIGMICRO Newsletter,
         vol.10, no.4, Dec. 1979, pp.36-41

[MLE]   Mallett, P.W., Lewis, T.G., Considerations for Implementing
         a High Level Microprogramming Language Translation
         System, IEEE Computer, vol.8, no.8, 1975, pp.40-52

[NAN]   Nanodata Corporation, QM-1 Hardware Level User's Manual,
         Williamsville, NY, 1974

[PLT]   Patterson, D.A., Lew, K., Tuck, R., Towards an Efficient
          Machine-Independent Language for Microprogramming
          MICRO-12 Workshop, SIGMICRO Newsletter, vol.10, no.4,
          Dec. 1979, pp.22-35

[PRI]   Petzold, R., Richter, L., Röhrs, H.P., ALGOL-M, Preliminary
          Specifications, Internal Working Paper, University
          of Dortmund, Informatik, 1975

[PRO]   Petzold, R., Röhrs, H.P., Flexible High Level Microcode
          Generation, Preprints of the EUROMICRO Conference
          Nice (Proc. North-Holland), June 1975, pp.45-52

[PRR]   Petzold, R., Richter, L., Röhrs, H.P., A Two Level Micropro-
          gram Simulator, MICRO-7, Palo Alto, Preprints of the
          Seventh Annual Workshop on Microprogramming,
          Oct. 1974, pp.41-47

[RAM]   Ramamoorthy, C.V., Tsuchiya, M., A High Level Language for
          Horizontal Microprogramming, IEEE Transactions on
          Computers, vol. C-23, no.8, 1974, pp.791-802

[RAU]   Rauscher, T.G., Towards a Specification of Syntax and
          Semantics for Languages for Horizontal Microprogrammed
          Machines, SIGMICRO/SIGPLAN Interface Meeting,
          May 1973, pp.98-112

[SOM]   Sommerville, J.F., Towards Machine-Independent Micropro-
          gramming, EUROMICRO Journal, vol.5, no.4, 1979,
          pp.219-224

[TTO]   Tamura, E., Tokoro, M., Hierarchical Microprogram Generating
          System, MICRO-12 Workshop, SIGMICRO Newsletter,
          vol.10, no.4, Dec. 1979, pp.7-21

[WIL]   Wilner, W.T., Microprogramming Environment on the Burroughs
          B1700, Compcon 1972, pp.103-106

<u>CORRECTNESS OF FIRMWARE</u>
<u>-AN OVERVIEW-</u>

Helmut K. Berg
Technical University of Berlin
and
University of Minnesota

1. INTRODUCTION

Similar to the developments in the area of software engineering,
microprogram verification evolved into one of the fundamental
notions of firmware engineering. In a general sense, program verification is the task of systematically demonstrating that a program achieves its intended purpose, i. e., the task of proving
the absence of errors from a program. This task may bo considered
as a backward mapping from a given program to a statement of the
functional requirements for that program. There exist two fundamental approaches to establish such mappings. A program may be
exercised for a specific set of input values; the successful
completion of program execution constitutes a necessary condition
for the correctness of that program. A more rigorous approach is
to provide an argument that a program satisfies its functional
requirements which is independent of specific input values thus
constituting a necessary and sufficient condition for the correctness of that program. In this paper, we investigate both approaches
to the verification of firmware.

Firmware may be defined as microprograms for the specialization of
the use of a computer system through interpretative implementation
of the functional behavior of a computer. This functional behavior
of a computer is exhibited by the information and control structures
of its architecture, and is realized by the data and control flow of
its organization. <u>Firmware</u> <u>engineering</u> may then be defined [1] as
the practical application of scientific knowledge in the specification, design, construction, verification, documentation, and maintenance of firmware. Note the similarity of this definition with
common definitions of software engineering, such as [2]. A <u>firmware</u>
<u>engineering</u> <u>discipline</u> consists of rules for the systematic execu-
tion of working procedures by which scientific principles are ap-

plied in the different phases of firmware development, in order to
achieve certain goals [1]. In this respect, microprogram verification is to be considered as an integral part of the firmware life
cycle. Therefore, microprogram verification shall not be considered
in isolation, but in relation to other phases of the firmware life
cycle.

1.1 Life Cycle and Verification

The general system life cycle is depicted in Fig. 1. Names for the
results obtained in the different phases of the firmware life cycle
are given in parentheses. Note that all these results constitute
some form of system specifications.

System development begins with some idea of the _purpose_ the system
is to achieve. The design problem, then, is to design a system that
satisfies the given elementary needs and the user requirements in
the system context identified by the purpose. Given this information,
the system requirements may be defined by a step called _requirement
engineering_. In this design step, the major functions and constraints
of the system are identified, and a complete set of requirements,
constraints, and objectives is developed that is compatible with the
system context. The resulting requirement definition provides two
classes of information: functional requirements and attributes (e.g.,
security [3]). The next step, which we call _non-procedural design_,
formalizes the functional requirements and the attributes given by
the requirement definition; the result consists of formal statements
which we call functional specification and property specification,
respectively. Specifications differ from programs by the fact that
they state _what_ (i. e., the requirements) the system is to achieve,
rather than _how_ the "what" is achieved. That is, specifications map
the problem structure into an appropriate system structure by
identifying system modules and establishing their mutual interfaces
and relationships. Given the specification, the next step is the
procedural design of the system which results in blueprints for programs to be implemented. In this step, the functional specifications
of system modules are converted into algorithms that state how the
"what" is to be implemented. In this respect, the design serves to
drive the _implementation_. Here, programs are generated that embody
the blueprints provided by the design in a syntactically correct
form. The set of programs resulting from implementation do not yet
constitute the envisioned system, but still need be coordinated in
function and disciplined in format so that the assemblage results in

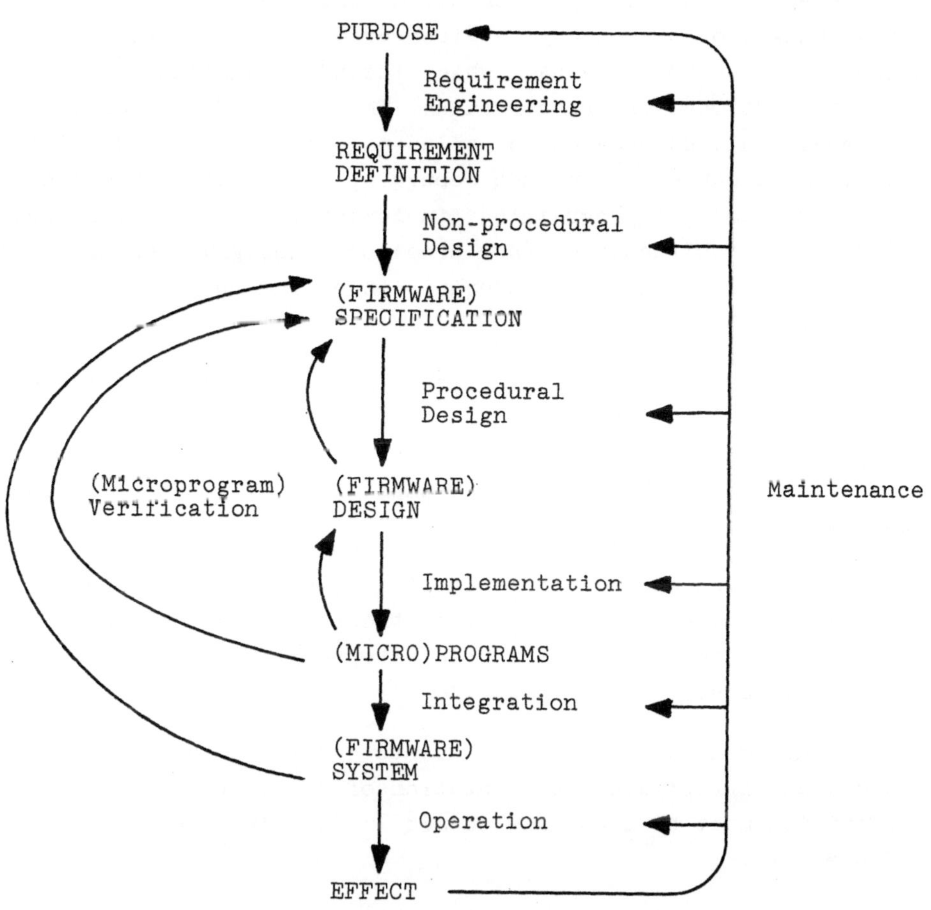

Fig. 1: System Life Cycle and Verification Steps

an entire facility for the specified task. This step is called <u>inte-gration</u>. The result of integration is an operational program system that may be stored in a computer's memory and executed to achieve the desired effect (i. e., the "what"). During the <u>operation</u> of a program system, the system requirements or the operational require- ments may change, or errors may be discovered. Hence, system improvements may become necessary which include modifications, addition of functions, or error repairs. This task of keeping a system operational and updated is called <u>maintenance</u>. As indicated in Fig. 1, maintenance may include debugging (operation), reorgani- zation (integration), reprogramming (implementation), redesign (pro- cedural design), restructuring (non-procedural design), reevaluation (requirement engineering), and redefinition of the purpose (system enhancement).

Verification plays a central role in the life cycle. It is related to nearly all phases of design and development: non-procedural design, procedural design, implementation, integration and mainten- ance). That is, for each design/development step, it must be demon- strated that:

- The step was conducted correctly, i. e., assuming the spe- cifications given as the result of the previous step are correct, the result of the current step must satisfy these specifications,

- the requirement definition is used to carry out the step, i. e., an appropriate representation of the requirement definition must be available to aid in deriving the result of the step.

Central to verification is the availability of a specification, i. e., an unambiguous representation of the requirement definition. A <u>specification</u> is an abstract description of a system. It embodies the system requirements in the sense that any system which fits this description will satisfy the requirements. In this context, "abstract" means that a specification suppresses needless detail. The act of ab- stracting implies judgement in choosing between needless detail and essential generality. This judgement must be guided by both the nature of the system to be specified and the uses of the specification.

Hence, different specifications of the same system may exist. For example, a microprogram itself is a specification, as it consists of a set of abstractions that may be transformed into many equivalent forms. In this paper, we distinguish between specifications which are algorithmically transformable to executable programs and those which are not [4]. Specifications which result from nonprocedural design are not algorithmically transformable to executable programs, but such a transformation requires engineering talent. In contrast to such static (interface) specifications, the design constitutes an algorithmic specification, i. e., a procedural form for which there may exist techniques for transforming it to executable programs.

With respect to verification, specifications, constitute redundant information which is necessary for the construction of a backward mapping from a program or program system to a statement of the system requirements, i. e., to carry out the verification. As indicated in Fig. 1, we find several such backward mappings in the life cycle. However, as will be seen, verification is not always based on formally stated specifications or designs (corresponding verification steps are not depicted in Fig. 1).

The preceeding discussion indicates that there is a close connection between verification and the discipline of the design methodology. It will be shown that certain approaches to verification are applicable only if the discipline provides particular representations of the system requirements, such as specifications or designs. In particular, there exists an extremely strong dependency between construction methods and verification methods [5]. Furthermore, verification methods depend on the approach taken to specify the semantics of program systems, programs, and programming constructs. Given these semantic definitions, verification attempts to demonstrate the correspondence between the semantics specified for a program (program system) and the semantics derived from the program (program system) which results from implementation (integration). The derivation of program (program system) semantics is based on the semantic definitions of the programming constructs used in the implementation (integration).

1.2 Differences between Software and Firmware

In many respects, firmware and software are identical, and the same
concepts may be applied to carry out corresponding steps in the
firmware and software life cycles. For example, the specification
and verification of both software programs and microprograms require
to define a model of program execution that suppresses all needless
engineering details of a computer. Such a model must ensure that the
semantics of a program are precisely equivalent to what that program causes the machine to do. Thereby, techniques and tools used to
apply concepts of specification and verification are made general,
as they are brought closer to mathematical proof techniques. Hence,
software and firmware verification generally do not differ in the
verification methods used. However, they differ in the defintion of
semantics of programs and programming constructs. Firmware is more
closely related to the aspects of the machine hardware that interprets micoprograms than software is. Hence, less engineering details
can be "abstracted out" of a model for defining firmware semantics.

Some of the differences between software and firmware which affect
microprogram verification are listed below:

- Data objects referred to by microprograms (e. g., register
  contents) are uniquely defined by the underlying hardware and
  are intellectually simpler as well as structurally more regu-
  lar than data objects referred to by software programs (i. e.,
  linked lists).

- All microprogram data objects are global (e. g., register contents), whereas we distinguish between local and global data
  objects in software programs (scope rules).

- Microinstruction formats are more complex and less systematic
  (e. g., combination of several time-dependent microoperations
  in a single microinstruction) than machine instruction formats
  (single operation code).

- Microprogram control constructs (e. g., conditional branches)
  are uniquely defined by the underlying hardware, however, from
  a programming point of view, they usually are awkward and do
  not lend themselves to writing structured programs, as modern
  software control constructs do (e. g., while construct).

- Typical firmware systems (e. g., emulators) have a lower complexity than software systems (e. g., operating systems, data base management systems).

- Parallelism (e. g., simultaneous control of several hardware resources) and synchronization (e. g., control of asynchronous operations) are explicit in microprograms (e. g., busses may be used simultaneously, interrupts and exceptions must be handled explicitly), whereas the handling of parallelism and synchronization (e. g., concurrent execution of cooperating processes) may be implicit in software programs (e. g., implicit synchronization mechanisms, such as conditional critical region statements, may be provided through layers of lower level software).

Some of the firmware/software differences listed above exhibit firmware characteristics that make microprogram verification easier than software verification. Moreover, the small size of microprograms and the well-defined set of data objects and hardware resources that are affected by microoperations have led to the development of firmware verification techniques and tools which generally are not applicable for software verification. Not surprisingly, verification is, with respect to software engineering, the most advanced area of firmware engineering. However, this advance of microprogram verification over other areas of firmware engineering also results from a stringent need for firmware verification. Some of the arguments that demonstrate this need are given below.

- The lack of advanced firmware construction techniques and widely accepted high-level microprogramming languages make microprogramming inevitably unstructured and error-prone. Understanding and modification of microprograms may become extremely difficult.

- The fact that microprograms very often reside in read-only memory (ROM) requires that the absence of microprogram errors be demonstrated before they are committed to ROM. Modifications and corrections of microprograms become virtually impossible.

- Microprograms are deeply embedded into the machine and affect all hardware resources, thus, microprogram errors result in an erroneous machine. The distinction between firmware errors and hardware errors may require considerable elaboration.

- Microprogram users are distinct from microprogrammers and hence, microprogram errors can be detected, but are difficult to identify and repair. Documents on firmware specification and verification may greatly facilitate firmware maintenance [1].

- Technological advances imply a necessity for increased firmware expenditure in application-oriented computer system architectures. The complexity of microprograms will increase to the level of system and application program modules.

- The availability of microprogrammable computers allows for vertical migration of system and application primitives into the firmware [6]. The traditional group of microprogrammers expands to include system and application programmers who generally are not familiar with the hardware details required for microprogramming.

1.3 Plan of this Paper

In this paper, the mainstream approaches to firmware verification are presented. Naturally, such an exposition cannot hope to the complete, especially since much firmware is considered to be proprietary and therefore, many firmware engineering techniques have never been published. We apologize to authors who consider their contributions mainstream, whereas the interpretation of the author dit not.

Any attempt to give an overview of firmware verification methods inevitably overlaps with expositions given in the literature on software verification methods. To minimize this overlap and to streamline the exposition given here, the reader is refered to an extensive survey on software verification methods [5], whenever appropriate.

This paper attempts to provide an overview on firmware verification methods. To start (chapter 2), we discuss the fundamental approaches to semantic definitions. This classification leads to a distinction between firmware testing and firmware correctness proofs. These fundamental approaches to firmware verification are investigated in chapter 3 and chapter 4, respectively. The reader will realize that, so far, not all mainstream approaches to software verification have been applied in firmware engineering. Therefore, in chapter 5, we identify possible future directions in firmware verification.

2. FUNDAMENTAL APPROACHES TO SEMANTIC DEFINITIONS

The fundamental concern of program verification is to demonstrate the
correspondence of program semantics as derived from semantic definitions of individual programming constructs with program semantics
as specified by (non-procedural or procedural) program design. Hence,
further discussions of verification methods require an understanding
of the fundamental approaches to semantic definitions. Three main
approaches to semantic definitions of programming constructs (i. e.,
programming languages) have developed. These approaches are: the operational approach, the denotational approach, and the axiomatic
approach. All three approaches have been applied in firmware verification. Before we proceed to a description of these approaches, we
introduce the notions of abstract machines and abstract programs.

2.1 Abstract Machines, Abstract Programs, States, State Spaces

An abstract machine, M, is defined by a pair,

$$M = (d, F),$$

where d is the state of M, and F is a set of transformations for
effecting state changes. The transformations $f_i \in F$ act upon a set
of data objects $\{O_1, \ldots, O_n\}$; the state d is given by the states
of the data objects, O_i.

A data object, O, is defined by a triple,

$$O = (n, v, t),$$

where n is its name, v is its value, and t is its type. The name of
a data object may be used to reference the object in a transformation description. The value of a data object defines the state of
the object. The type of a data object defines the form of its value
(e. g., integer, real) and the operations which may legitimately be
performed upon it [5].

The set of transformations, F, of an abstract machine, M, may be
embedded into an abstract programming language.Then the state d
of an abstract machine M is given by the values of data objects
that can be created (i. e., given a legitimate type), given a name,
and assigned a value, using this abstract programming language.
Abstract machines may be realized by hardware or may be represented
by a (micro)programming language. If an abstract machine is represented by a programming language, the state d at a specific instant
in time is given by the values v_i of the variables of a program

written in that programming language at that instant in time, i. e.,

$$d = (v_1, \ldots, v_n).$$

If an abstract machine is realized by <u>hardware</u>, the <u>state</u> d at a specific instant in time is given by the contents c_i of the machine registers and physical memory cells at that instant in time, i. e.,

$$d = (c_1, \ldots, c_n).$$

That is, the state of an abstract machine depends upon the execution of an abstract program on that abstract machine, as the state is given by the collection of the values of the data objects referenced by that abstract program.

It is convenient for the treatment of verification, to associate a state with an <u>abstract</u> <u>program</u>, rather than with the appropriate abstract machine. Then, the <u>state</u> defines the effect of executing a program for a specific set of input values up to a certain point. Additionally, a <u>state</u> <u>space</u>, D, of a program may be defined as the cartesian product,

$$D = D_1 x \ldots x D_n,$$

of the sets, D_i, of the legitimate states (value ranges) of all the data objects, O_i, referenced by that program. Legitimate sets of input and output values of a program, which are of the form $(v_1, \ldots, v_n)$, may then be identified by defining subspaces of the state space, D. Thus, the effect of executing a program up to a certain point may be expressed in terms of a legitimate input subspace for that program and a legitimate subspace of D which defines all states that might legitimately be reached through executing the program up to that point. Note that the latter approach is independent of specific sets of input values.

2.2 The Operational Approach

In the operational approach, the sementics of the programming constructs of an abstract programming language are defined by virtue of a more primitive abstract machine. The basic idea is, that the state and the set of transformations of the primitive abstract machine are so simple that no misunderstanding about their meaning can possibly arise. Then, the semantics of the abstract programming language are defined in terms of the state and the transformations of the primitive abstract machine. That is, the semantic definition specifies, for each programming construct, a <u>translation</u> into the primitive transformations. Hence, for each programming construct of the abstract programming language, there exists a program in the primitive abstract programming language. To determine the semantics of a programming construct, one has to trace through that primitive program. Consequently, to determine the semantics of a program written in the abstract programming language, one has to trace through the translated program step by step, in order to establish its precise meaning.

With respect to verification, the operational approach requires the execution of (a trace trough) the program written in the primitive programming language. The effect of program execution may then be determined by observing how the state of that program is changed by the individual transformations. Obviously, this method of determining the semantics of programs is applicable only to specific sets of input values. Hence, a program is verified by demonstrating the equivalence between results of program executions for specific sets of input values and corresponding execution-independent specifications of the expected results. The concept underlying this verification method, which maps between individual program states, is the commonly known concept of <u>program testing</u>.The specification of the particular sets of input states and corresponding output states constitutes the definition of test cases.

The operational approach evolved out of the conventional view of high-level programming languages. Although thinking of high-level programming languages in their own terms and at their own levels is highly desirable, the operational approach analyzes the actual effects of program execution at a separate, lower level. This approach does not solve the original problem of rigorously defining the semantics of programs and programming constructs, but merely pushes this problem one level lower. More importantly, however, the operational approach tends to define the semantics of a program only for specific computations of that program, rather than for the class of all computations that can be performed by that program, or even by a class of programs. In particular, if we attempt to define semantics of a programming language, we must consider all programs that could possibly be written in that language. Instead of giving unique functions from which the semantics of any program written in such a language could be derived, the operational approach tends to suggest implementations of that language.

2.3   The Denotational Approach

In the denotational approach, the semantics of programming constructs of an abstract programming language are defined by virtue of so-called "semantic valuation functions" [7]. Semantic valuation functions map programming constructs onto values (i. e., states) in the program's state space. The basic idea is to define the programming constructs by state values, i. e., each programming construct denotes a value. These values usually are defined in terms of the values denoted by the constituent subcomponents of the individual programming constructs. That is, the semantic definition specifies for each programming construct a defining equation. To determine the semantics of a programming construct, one has to work out the result of the corresponding equation. Consequently, to determine the semantics of a program, one has to work out an equation between values denoted by the constituent programming constructs and the value denoted by the program.

With respect to verification, denotational semantic definitions allow us to talk about equality in a program, in the sense that two program entities (e. g., program segment, programming construct) are equal, if they both denote the same value in an appropriate state space. Hence, for some implementation of an abstract programming language given in terms of the abstract programming language of a more primitive abstract machine, we may demonstrate that it is correct. Here, correctness refers to the fact that equal expressions remain equal under the translation. In general, the verification method is an algebraic program correctness proof that shows the identity of two functions. These functions are the combination of semantic valuation functions which define the semantics of a given program and the required input/output function of that program as given by the program specification.

Two contributions are necessary for the denotational approach. First, the nature of the state space must be given. (In the denotational approach, the state space may include functions, in addition to values of data objects.) Second, a technique for defining semantic valuation functions must be given. As an example of an abstract programming language, the λ-calculus may be considered [7]. The λ-calculus may be used to model the concepts of function and functional abstraction. There exist conversion rules for syntactic transformations on λ-expressions. Hence, if the class of functions representable by λ-expressions is established, these rules may be used to

define semantic valuation functions associating λ-expressions with
members of that class. Obviously, it must be guaranteed that the
conversion rules preserve identity in that class of functions. Note
that the denotational approach, in contrast to the operational
approach, is independent of specific sets of input values. Rather,
it allows us to define the semantics of the class of all computations that can be performed by a program written in a denotatio-
nally defined abstract programming language.

2.4 The Axiomatic Approach

In the axiomatic approach, the semantics of programming constructs
of an abstract programming language are defined by virtue of a
deductive system [5]. A deductive system, L = (A, I), is composed
of a set of axioms, A, and a set of inference rules, I. The axioms
and inference rules may be used to derive theorems (valid statements) from axioms and other theorems. The basic idea is to define
a programming construct by assertions which state what is to be
asserted before and after the execution of that programming construct. An assertion is a predicate that defines a subspace of a
program's state space. We distinguish between input assertions and
output assertions. An input assertion defines the set of legitimate
states upon which a given programming construct may be executed.
An output assertion defines the execution of a programming construct upon a legitimate input state. That is, output assertions
describe a relation between the legitimate input and output states
of a programming construct. The semantics of a programming constructs
are defined by an axiom or an inference rule that establishes a
relationship between input and output assertions for that programming
construct. The actual assertions are determined by the program and
its state space. Hence, for a given initial or final assertion, the
semantics of a program are determined by inductively deriving the
actual assertions for each programming construct of that program as
theorems in the deductive system. This derivation consists of a
sequence of valid statements accompanied by justifications of why
the statements are valid. A justification can be either an axiom, by
which the statement is assumed to be valid, or an inference rule, by
which a new valid statement is shown to follow from previous valid
statements.

With respect to verification, the axiomatic approach is completely
execution-independent. The deductive system allows us to state for

each programming construct what will be true after that programming
construct has been executed and to relate this statement to what
was true beforehand. Note that we do not need semantic definitions
of the abstract programming language of a more primitive abstract
machine, in order to define the deductive system. Hence, a specification of input and output assertions is all that is needed for
the verification of a programming construct. If the given output
assertion can be derived as a theorem using the input assertion and
the axioms and inference rules of the deductive system, the programming construct has been verified. (It is also possible to derive
the input assertion from the output assertion [5].) For the verification of a program, the output assertion of a programming construct
may be used as input assertion of the subsequent programming construct. Hence, the fundamental verification methods is an <u>inductive
program correctness proof</u> in the underlying deductive system. This
proof demonstrates for each programming construct in a program that
the appropriate assertions are satisfied, i. e., that the assertions
are theorems of the deductive system. The inductive proof includes a
proof of the initial and final assertions of the program as given by
the program specification.

One of the main advantages of the axiomatic approach is the fact
that it requires a minimum of new notation (e.g. quantifiers, logical operators) in addition to the abstract programming languages
itself. This aspect is partly responsible for the vogue of the
axiomatic approach, as it allows programming and correctness proof
to be done using the same language. Furthermore, semantic definitions
as given by deductive systems are independent of particular sets of
input values for programs. Rather, the semantics of the class of all
computations that can be performed by a program written in an axio-
matically defined abstract programming language are obtained by
specifying assertions on the state space of that program. As these
specifications are given separately for each programming construct
in a program, the effect of each step in program execution on the
program's state space can uniquely be established.

2.5 Comments on the Three Approaches

The three approaches to semantic definitions may be contrasted with
the help of the diagram shown in Fig. 2. Let P denote a program
written in some abstract programming language, and let D be the
state space of the program P.

In the <u>operational approach</u>, the program P is translated into a program, T(P), written in the abstract programming language of a more primitive abstract machine. As a consequence, the state space, D, is mapped onto the state space, T(D), of the program T(P). The semantics of the program T(P) is implicitly defined, as the semantics of the programming constructs in T(P) are assumed to be obvious. In order to explicitly define the semantics of P, test cases, TC, for program, P, may be defined. These test cases need be mapped into the state space, T(D), thus, obtaining a set of test cases, T(TC), which are based on T(D). The semantics of program, P, can then be defined explicitly by executing program, T(P), for the test cases, T(TC).

In the <u>denotational approach</u>, an appropriate value space, V, must be defined onto which the state space, D, can be mapped. Then, the program, P, must be transformed into a program, V(P), in a programming language that allows an association between programming constructs and values in V to be established. Finally, semantic valuation functions can be defined that associate the programming constructs in V(P) and V(Γ) itself with the appropriate subspaces of the value space V (in the λ-calculus, the subspaces of V correspond to members of the class of functions representable by λ-expressions). Hence, the semantics of the program, V(P), can explicitly be defined. The semantics of program, P, are indirectly defined by virtue of the

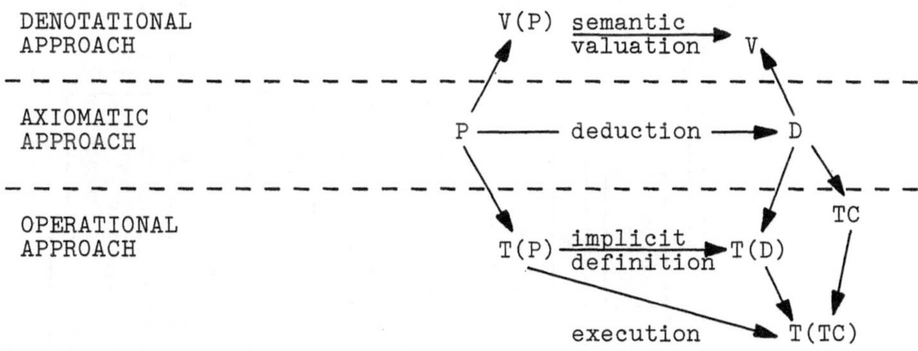

Fig. 2: Comparsion of Approaches

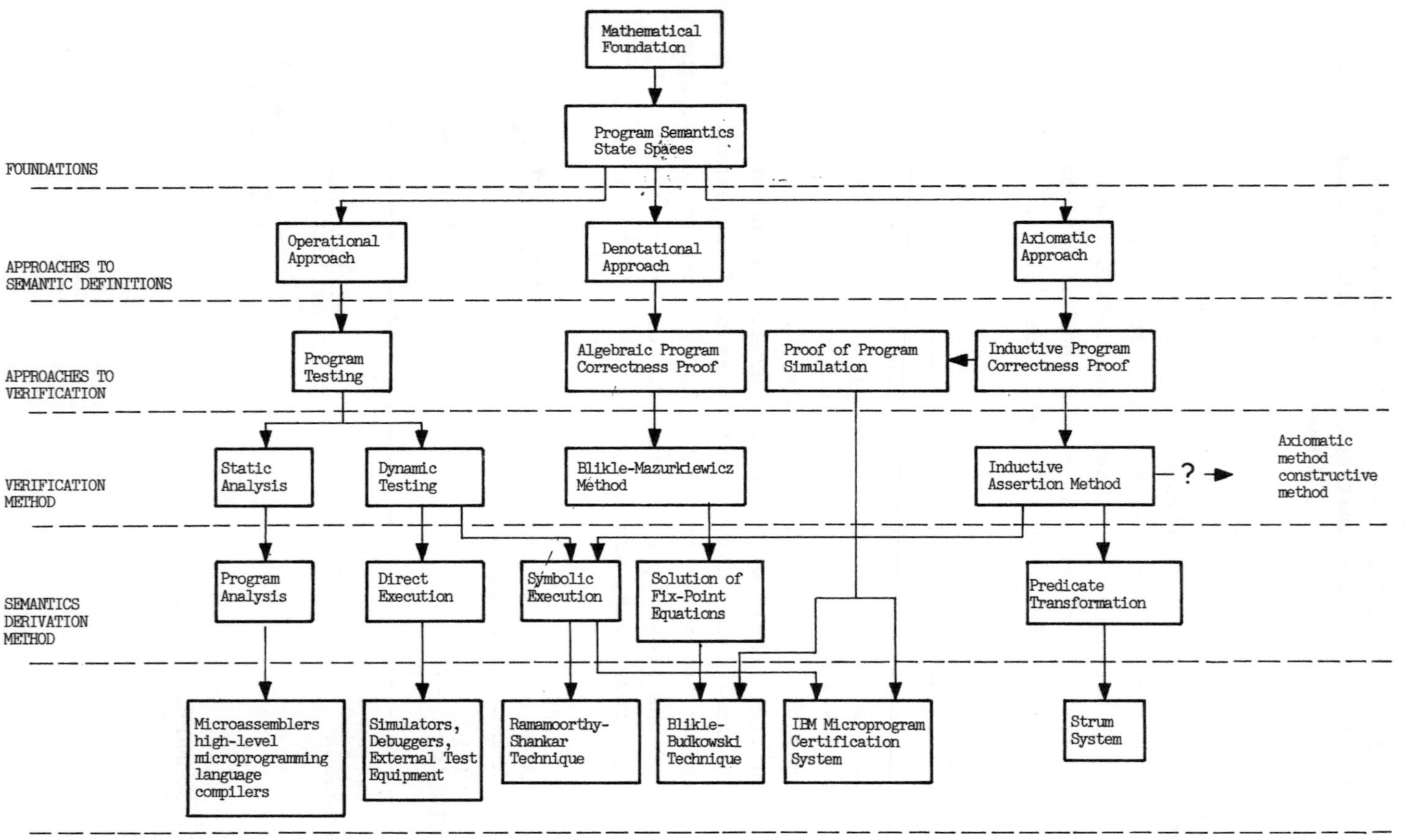

Fig. 3: Firmware Verification Scenario

conversion of program, P, to program V(P).

The <u>axiomatic approach</u> is the most straightforward. Here, the deductive system defines rules by which programming constructs in the program, P, can directly be mapped onto the state space, D. The semantics of program, P, are explicitly defined by deduction in the deductive system.

The developments in firmware verification which are associated with the three fundamental approaches are summarized in Fig. 3. The boxes refer to the developments. The arcs show the boxes from which each development primarily eminates. Hence, Fig. 3 exhibits the logical connections in the scenario of firmware verification, rather than the historical development.

2.6 Testing versus Correctness Proof

In the proceeding sections, we distinghuished between program testing and program correctness proof. To stress this distinction, we offer the following definitions which are in accordance with [8]. Note, however, that both verification methods must be supported by techniques and tools for program debugging.

- <u>Correctness proof</u> is the attempt to show the absence of errors from a program.

- <u>Testing</u> is the attempt to show the presence of errors in a program.

- <u>Debugging</u> is the attempt to locate and correct known errors in a program.

Theoretically, correctness proof is a stronger argument about the correctness of a program than testing. Correctness proofs demonstrate correctness for the domain of all legitimate initial states, whereas a test can demonstrate the correct behavior of a program only for a particular initial state. Consequently, testing is inherently limited, because the number of test cases required to completely exercise even a small program is prohibitively large. Therefore, tests generally are not exhaustive, and thus, cannot prove the correctness of a program. Nevertheless, testing is by far the most widely used verification technique. This situation is caused by several reasons.

- Intuitive testing has been with us since the first days of computer programming.

- Work on systematic verification techniques has begun relatively late in the development of the art of programming.

- Testing is intellectually simpler than formal correctness proofs.

- Automated testing aids which include corresponding debugging tools are widely available, whereas only a few formal verification techniques have yet been automated.

- Formal verification techniques have inherent limitations [5].

Formal methods necessitate an abstract view of program semantics. This abstraction inevitably leads to a distance between formal definitions of program semantics and the physical manifestation of program semantics through execution of programs on a real machine. Both semantic definitions would be _equivalent_, if we had assurance that all transformations of a source program to its execution in the machine hardware would be correct with respect to the formally defined program semantics. However, we do not have such assurance, as there is no bottom line at which we can show that executing a program is guaranteed to produce the desired effect, e. g., we would have to consider all physical effects in the hardware which, ultimately, are subject to the laws of nature. Consequently, formal semantic definitions need be restricted to program execution on some abstract machine that models the behavior of a real machine. Hence, the value of a correctness proof depends on the ability to correctly capture the behavior of the real machine, as the validity of a proof in the model corresponds to the truth only, if the program semantics in the model and in physical reality are equivalent.

In _software verification_, high-level programming languages are generally considered as the abstract programming language of the abstract machine by which the behavior of the real machine is modelled. That is, the transformations of programs written in such a language to their execution on a real machine are assumed to be correct with respect to the semantic definitions for that language. This conception is deemed to be legitimate, as it is one of the fundamental objectives of high-level programming languages to provide for hardware-independence. This situation obviously changes, when we consider firmware verification.

For <u>firmware verification</u>, hardware-independence cannot be achieved. Therefore, firmware verification requires less abstract models of machine behavior which capture all effects in the hardware that affect the semantics of microinstructions (cf. section 1.2). In particular, the parallel execution of microoperations and the synchronization of asynchronous operations require considerable elaboration in firmware semantic definitions. As a consequence, most firmware semantic definitions do not include sufficient hardware details to rigorously assure equivalence between the formally defined semantics and their physical manifestation.

The preceding discussion implies that the operational approach to semantic definition inevitably is most viable to firmware verification. In general, formal firmware verification systems cannot exist without being supported by appropriate tooting aids. As there exists no bottom line at which we can guaranteed that all physical effects which are crucial to firmware semantics have been captured, we always have to provide means by which the actual execution of microprograms can be observed. For example, if the 2oo nanosecond microinstruction execution cycle of a particular machine turns out, in reality, to be only 170 nanoseconds long, the formal firmware semantic definitions may no longer be applicable to that machine. Furthermore, the fact that microprograms are deeply embedded into the machine requires the ability to distinguish between firmware errors and hardware errors. Erroneous behavior at the machine language level, i. e., at the firmware user level, may be caused by firmware or hardware errors. Thus, firmware maintenance ultimately relies on elaborate firmware/hardware testing techniques. Nevertheless, firmware verification systems are extremely valuable tools, as they allow us, except for certain hardware-dependent aspects of firmware semantics, to rigorously overcome the severe weaknesses of conventional testing practices. Moreover, formal firmware semantic definitions may also facilitate enhancements of firmware test systems.

3. FIRMWARE TESTING

Testing is the conventional and most common approach to firmware
verification. Firmware testing is greatly facilitated by the fact
that microprograms affect a relatively small set of hardware
resources and data objects. The microprogram environment, i. e.,
the abstract machine by which the microarchitecture of a computer
system is modelled is fixed by the underlying hardware. That is,
it is strictly limited to the functional units, data paths, registers, and memories that exist in the hardware. As a consequence,
testing techniques, such as microprogram simulation, may be employed
in firmware testing which, in general, are not practical for software testing. Using such techniques, firmware testing tools may be
provided that allow the firmware tester to observe effects of
microprogram execution in sufficient detail to be able to detect
(test) as well as to locate and correct (debug) errors. Hence, firmware testing and debugging aids can easily be incorporated into a
single firmware development system. The latter is particularly
responsible for the vogue of firmware testing.

Based on the definitions of testing and correctness proof as given
in section 2.6, it must be emphasized that firmware testing does
not guarantee that a microprogram is correct. Rather, it demonstrates that a microprogram performs properly for some subset of
the set of legitimate initial states. Therefore, we prefer to talk
about _firmware_ _validation_, when we refer to firmware verification
by testing.

3.1 Criteria for Differentiating Testing Techniques and Tools

Firmware testing techniques and tools may be differentiated by the
following criteria:

- the approach taken to carry out tests,

- the environment in which tests are carried out,

- the level at which tests are carried out,

- the types of errors that can be detected and located.

To elaborate on these criteria, we provide the following definitions. We call the deviation of a system's behavior from its
specification a _failure_. An _error_ is caused by a _fault_ and leads
to an _erroneous_ _state_ which, in turn, indicates a failure. By

error <u>detection</u> we mean the recognition of the effect of an error, i. e., of an erroneous state; by <u>error</u> <u>location</u> we mean the recognition of the cause of an error, i. e., of a fault.

We propose the following distinction between static and dynamic errors in microprograms.

- <u>Static</u> <u>errors</u> can be detected and located by analyzing microprogram code and/or machine states obtained due to microinstruction execution.

Examples: syntactic errors in the microprogram source code, specifications of microoperations in a single microinstruction which are inconsistent with the underlying microinstruction format, specifications of microoperations in a single microinstruction which are inconsistent with the specification of the controlled hardware resources (e. g., addressing two different registers of the same scratch pad simultaneously), violations of timing relationships which are recognizable from the microcode (e. g., change of register contents used in an asynchronous operation, before the asynchronous operation terminates).

- <u>Dynamic</u> <u>errors</u> cannot be detected by analyzing microprogram code. They can be detected but not located by analyzing machine states obtained due to microinstruction. Their location requires the analysis of the elementary steps which are carried out, in order to execute microinstructions.

Example: Consider microcode that controls the operations of a processor's console. Such a microprogram may loop, waiting for a console command switch to be pressed. Due to bouncing of the mechanical switch contacts, the switches cannot be examined immediately. Therefore, the microprogram needs to remain in the waiting loop for several microseconds, until the contacts cease bouncing. Hence, if the waiting period turns out to be too short, an erroneous state might be reached (e. g., a switch might be overlooked), although the waiting loop is implemented logically correct.

Microprogram tests may be carried out at three different levels.

- Tests at the <u>microprogram</u> <u>level</u> consider complete microprograms by either analyzing their code or investigating the
  machine states resulting from their execution.

- Tests at the <u>microinstruction</u> <u>level</u> consider single microinstructions by either analyzing the assignment of microoperations to them or investigating the machine states resulting from their execution.

- Tests at the <u>microoperation</u> <u>level</u> consider individual microoperations by monitoring their execution.

Two major approaches to program testing have developed [9].

- <u>Static</u> <u>analysis</u> is concerned with investigating the logical
  structure of a program.

- <u>Dynamic</u> <u>testing</u> is concerned with investigating the execution of a program.

In addition to a facility for executing test cases, program testing
requires a test environment in which the tester can interact with
the program under test (e. g., halt execution, display the program
state, etc.). Firmware inherently does not provide facilities for
establishing a test environment. Hence, the firmware test environment need be established by means other than firmware. Here, the
following two alternatives may be distinguished.

- The test environment for <u>on-line</u> <u>tests</u> is the physical
  processor upon which the microprograms under test are
  executed.

- The test environment for <u>off-line</u> <u>tests</u> is independent
  of the physical processor upon which the microprograms
  under test are executed.

3.2 Static Analysis

Static analysis is concerned with analyzing the logical structure of
programs [9]. The application of static analysis in firmware validation generally is limited to syntax analysis as carried out by
microassemblers or compilers of high-level microprogramming languages. Obviously, static analysis of microprograms is an off-line
testing technique, as the effects of actually executing microprograms on the physical processor are not considered. As a consequence,

only static errors can be detected and located by static analysis.
Static analysis may be carried out at the microprogram level, i. e.,
by analyzing the composition of microinstructions in a microprogram,
or at the microinstruction level, i. e., by analyzing the specifi-
dation of microoperations in individual microinstructions.

Because static analysis is primarily concerned with the syntax of
microprograms, it is particularly useful for detecting logical errors
and questionable microcoding practices. That is, using static analysis, design specifications which state the logical nature, i. e., the
how, of a microprogram can be validated, whereas, the validation of
the specification of the functional requirements for a microprogram,
i. e., the what, requires the investigation of the effects of microprogram execution. Hence, the information obtained from static
analysis is restricted to global aspects of logic and coding style.
The information that can be obtained from static analysis of
microprograms includes.

- Syntactic errors, e. g., a non-existing symbol type is found
  in the source of a microprogram.

- Departures from coding standards, e. g., a macro name is
  found during macro expansion by the microassembler.

- Illegal use of identifiers, e. g., symbols other than labels
  are found as labels, operand identifiers occur where operators are expected.

- Illegal control store address resolution, e. g., two microinstructions are assigned to the same absolute control
  store address, a user microprogram exceeds the capacity of
  the writable control store.

- Illegal use of hardware resources, e. g., two specifications
  of ALU-operations occur in the same microinstruction.

- Illegal flow of control, e. g., microcode segments cannot be
  reached under any set of input data, machine registers are
  set but never used, registers are used as operands before a
  value is assigned to them.

The types of errors which are detectable or locatable by static
analysis indicate that static analysis techniques are similar to
techniques used for syntactic analysis and code optimization.
There exist severe limitations to static analysis. Most importantly

for firmware validation, time-dependent aspects of microprogram
semantics, such as the initiation and termination of asynchronous
operations, cannot be validated by static analysis. To mitigate
these limitations requires the design of microarchitectures that
facilitate the detection and location of a wider range of errors.
For example, timing conditions for the execution of individual
microoperations may be made explicit in the microinstruction format,
or microinstruction sequencers may be built which support the use of
modern control constructs (e. g., while...do...instead of if...then
goto...) in microprograms. However, even such measures would not
eliminate the need for dynamic testing in firmware validation, as
static analysis cannot capture those effects of microprogram execution which account for more elaborate microprogram faults.

3.3 Dynamic Testing

Dynamic testing is concerned with analyzing the run-time behavior of
programs [9]. With respect to the application of dynamic testing in
firmware validation, we distinguish between off-line and on-line
tests. Both types of dynamic firmware tests may be capable of detecting and locating static as well as dynamic errors. Furthermore,
dynamic testing may observe the run-time behavior of microcode at
the microprogram level, the microinstruction level, or the microoperation level.

3.3.1 Tests and Test Cases

A microprogram, M, consists of a set of microinstructions, m_i, i. e.,

$$M = m_1; \ \ldots; \ m_n.$$

A microinstruction, m_i, consists of a set of microoperations, μ_j,
i. e.,

$$m_i = (\mu_1, \ \ldots, \ \mu_m).$$

The execution of a microprogram, M, is a function, E, whose domain is
the set of legitimate initial states and whose range is the set of
legitimate final states of M [5]. We call the function, E, the execution function, and denote the set of legitimate initial states and
the set of legitimate final states of a microprogram, M, by ϕ and ψ,
respectively. Note that ϕ and ψ stand for conditions which define subspaces of the
state space, D, of the microprogram, M, which is defined by the registers and
memory cells of the underlying hardware (cf. section 2.1). Let the initial state
as difined by a particular set of input values be denoted by d_0.

Then, the <u>final state</u>, d_f, resulting from the execution of a microprogram, M, for an initial state, d_0, is defined,

$$d_f = E(M, d_0).$$

Using these notations, we state the following definitions.

- The <u>execution</u>, $E(M, d_0)$, of a microprogram, M, is <u>defined</u>,
  if $d_0 \epsilon \Phi$ and M terminates; the <u>execution</u>, $E(M, d_0)$, of a
  microprogram, M, is undefined, if $d_0 \notin \Phi$ or M does not termi-
  nate.

- The <u>trace</u>, T, of a microprogram, $M = m_1; \ldots; m_n$, is the sequence of microinstructions executed for a particular initial
  state, d_0, i. e.,

$$T(M,d_0) = m_{i_1}, m_{i_2}, \ldots, i_j \epsilon [1:n].$$

  The trace, $T(M, d_0)$, is a finite sequence of microinstructions,
  if and only if M terminates for d_0. The length of the trace
  $T(M, d_0)$ is denoted $|T(M, d_0)|$.

- The <u>computation</u>, C, of a microprogram, M, is the sequence of
  states arising from $T(M, d_0)$, i. e.,

$$C(M, d_0) = d_1, d_2, \ldots,$$

  where $d_j \epsilon D$ is the state which is reached after the execution of
  microinstruction, m_{i_j}, in $T(M, d_0)$. The trace and the compu-
  tation are related by virtue of the equality, $|T(M,d_0)| = |C(M,d_0)|$.

In contrast to static analysis, dynamic testing can capture states
of $C(M, d_0)$ which are reached during the execution of a microprogram, M. Hence, test cases may be defined which can be verified by
observing the result of microprogram execution.

- A <u>test case</u> is a triple,

$$(d_j, m_p; \ldots; m_r, d_k),$$

  which specifies that the execution of a microcode segment,
  $m_p; \ldots; m_r$, of a microprogram, $M = m_1; \ldots; m_n$, is to termi-
  nate with state, d_k, when executed starting with state, d_j.

- A _test_ is the attempt to verify a test case, $(d_j, m_p; \ldots; m_r, d_k)$, i. e., the attempt to establish the equivalence,

$$E(m_p; \ldots; m_r, d_j) = d_k,$$

by execution of $m_p; \ldots; m_r$ for d_j.

The definitions given above are sufficient to define dynamic tests at the microprogram level and at the microinstruction level.

- A _dynamic_ _test_ _at_ _the_ _microprogram_ _level_ attempts to verify tests cases of the form, (d_0, M, d_f).
- A _dynamic_ _test_ _at_ _the_ _microinstruction_ _level_ attempts to verify tests cases of the form, (d_{j-1}, m_j, d_j).

To define _dynamic_ _tests_ _at_ _the_ _microoperation_ _level_ requires a refinement of the definition of execution. The execution of a single microinstruction may be divided into several _subcycles_ in which particular microoperations are executed (in the simplest case, there is only one subcycle, namely the microinstruction execution cycle). Hence, during the execution of a microinstruction, _substates_ might be reached which result from the execution of microoperations in a particular subcycle. We define a _subcycle_ by a pair, (cp_s, cp_e), where cp_s and cp_e denote the cycle points at which the subcycle starts and ends, respectively. A _cycle_ _point_ is a time instant within a microinstruction execution cycle, at which the input to a functional hardware unit or register must be present, or after which the output of a functional hardware unit or register is available for use [10]. In general, cycle points are defined by clocks. We identify the _individual_ _microoperations_, μ_i, _in_ _a_ _microinstruction_, m_j, by the notation,

$$m_j = (\mu_1(cp_{1_1}, cp_{1_2}), \ldots, \mu_m(cp_{m_1}, cp_{m_2})).$$

Note that this notation allows us to account for microoperations whose execution takes more than a single subcycle.

The _substates_ _reached_ _during_ _the_ _execution_ _of_ _a_ _microinstruction_, m_j, are denoted by

$$E(m_j, d_{j-1}, cp_k) = d_j(cp_k), k\epsilon[1:S],$$

where S is the number of subcycles in the execution of m_j. That is,

$E(m_j, d_{j-1}, cp_k)$ denotes the substate reached after the execution of the k-th subcycle in the execution of the microinstruction, m_j. The substate, $d_j(cp_k)$, is effected by only those microoperations, $\mu_i(cp_{i_1}, cp_{i_2})$, with $cp_{i_2} \leq cp_k$, i. e., whose execution terminated before the cycle point, cp_k. Obviously, we have,

$$E(m_j, d_{j-1}, cp_S) = E(m_j, d_{j-1}) = d_j,$$

i. e., the substate reached after the last subcycle is the state reached after microinstruction execution. As a convention, we introduce the equivalence, $d_j(cp_0) = d_{j-1}$.

The <u>effect of executing a single microoperation</u>, $\mu_i(cp_{i_1}, cp_{i_2})$, in a microinstruction, m_j, for a given state $d_j(cp_{i_1})$, is denoted,

$$E(m_j, d_j(cp_{i_1}), cp_{i_2}) = d_j(\mu_i(cp_{i_1}, cp_{i_2})).$$

Using this notation, we obtain the following definition.

- A <u>dynamic test at the microoperation level</u> attempts to verify test cases for the form,

$$(d_j(cp_{i_1}), m_j, d(\mu_i(cp_{i_1}, cp_{i_2}))).$$

The <u>effect of asynchronous microoperations</u> may be observed as follows. For an asynchronous microoperation, μ_i, the cycle point, cp_{i_2}, at which it terminates is not known a priori. Therefore, we denote an asynchronous microoperation by $\mu_i(cp_{i_1}, ?)$. Nevertheless, the termination of an synchronous microoperation needs be synchronized with an internal clock. Hence, if the execution of an asynchronous microoperation terminates, there exists a cycle point, cp_a, at which the effect can be recognized. That is, <u>tests of asynchronous microoperations</u> involve test cases of the form,

$$(d_j(cp_{i_1}), m_j, d_k(\mu_i(cp_{i_1}, ?))),$$

whose verification requires the determination of the cycle point, cp_a, to establish,

$$E(m_j, d_j(cp_{i_1}), cp_a) = d_k(\mu_i(cp_{i_1}, ?)).$$

Note that the execution of an asynchronous microoperation may span

several, say $k - j$, $k \geq j$, microinstruction execution cycles.
Therefore, we used different indices, j and k, in the description
of the substates associated with the cycle points, cp_{i_1} and cp_a,
respectively.

3.3.2 Microprogram Correctness and Operational Semantics

We are now in the position to define the correctness of a microprogram with respect to the operational approach to semantic definition
as it applies to firmware testing.

- A _microprogram_, M, is _correct_, if

$$(\forall d_0 \epsilon \Phi) \; (E(M, \; d_0) = d_f),$$

    where Φ denotes the set of legitimate initial states and d_0
    and d_f are given by test cases, $(d_0, \; M, \; d_f)$.

We readily recognize that microprogram correctness cannot rigorously
be established by testing, as the set Φ generally is infinite, and
consequently, an infinite set of test cases would need to be specified and verified. Hence, testing can only validate microprograms by
verifying an appropriate set of test cases.

We obtain the following relationships between microprogram correctness, error detection, and error location.

- An _error is detected at the microprogram level_, if for a
  given test case, $(d_0, \; M, \; d_f)$, the corresponding test leads
  to

$$E(M, \; d_0) \neq d_f.$$

Note that an error which is detected at the microprogram level may
be caused by any number or combination of faulty microinstructions
or microoperations in the microprogram.

- An _error is located at the microprogram level_, if for a test,
  with $E(M, \; d_0) \neq d_f$, the set of faulty microinstructions or
  microoperations can be identified.

To identify faulty microinstructions or microoperations in an erroneous microprogram, tests at the microinstruction level may

become necessary. Such tests allow the tester to investigate the trace, $T(M, d_0)$, and the computation, $C(M, d_0)$, for a particular test case. Thus, tests at the microinstruction level provide insight into microprogram control flow and states reached after the individual steps of microprogram execution. This information may facilitate error location.

- An <u>error is detected at the microinstruction level</u>, if for a given test case, (d_{j-1}, m_j, d_j), the corresponding test leads to

$$E(m_j, d_{j-1}) \neq d_j.$$

- An <u>error is located at the microinstruction level</u>, if for a test, with $E(M_j, d_{j-1}) \neq d_j$, the set of faulty microoperations in m_j can be identified.

Obviously, errors detected at the microinstruction level identify faulty microinstructions. Static analysis of faulty microinstructions may be successful in locating the faulty microoperations that cause the error. However, in certain cases, static analysis of faulty microinstructions cannot provide sufficient insight into the semantics of microinstructions. For example, errors may be caused by violations of time-dependent relationships between individual microoperations, yet, these violations may not be recognizable from the microcode (cf. example of dynamic error in section 3.1).

As demonstrated above, there exist microprogram errors which can only be located through tests at the microoperation level. That is the location of such errors requires insight into the <u>transiency of microoperation execution</u>. As a result, test cases must be defined which specify the expected functional behavior as well as the transient behavior of a machine during microinstruction execution. This information may be furnished by defining test cases in terms of substates which are reached due to microoperation execution in subcycles of the microinstruction execution cycle.

- An <u>error is detected at the microoperation level</u>, if for a given test case, $(d_j(cp_{i_1}), m_j, d_j(\mu_i(cp_{i_1}, cp_{i_2})))$, the corresponding test leads to

$$E(m_j, d_j(cp_{i_1}), cp_{i_2}) \neq d_j(\mu_i(cp_{i_1}, cp_{i_2})).$$

Note that errors which are detected at the microoperational level may either be firmware errors or hardware errors. The test cases used incorporate semantic definitions of microoperations as well as specifications of the associated transiency of the hardware. Consequently, the inability to verify a test case may be due to a faulty microoperation or to the fact that the behavior of the controlled hardware resources is not consistent with the specifications given in the test case. The stringent need for tests which allow for the distinction between firmware and hardware errors has been discussed in section 2.6. To satisfy this requirement, tests at the microoperation level must lend themselves to error location.

- An <u>error</u> <u>is</u> <u>located</u> <u>at</u> <u>the</u> <u>microoperation</u> <u>level</u>, if for a test with $E(m_j, d_j(cp_{i_1}), cp_{i_2}) \neq d_j(\mu_i(cp_{i_1}, cp_{i_2}))$, the logical fault in the specification of a microoperation or a failure of the controlled hardware can be identified.

Note that the identification of a hardware failure does not correspond to the location of the underlying error. However, in firmware testing, we are not concerned with the location of hardware errors, but content with locating firmware errors. Theoretically, tests at the microoperation level are sufficient to locate firmware errors, as they allow us to observe the effects of executing microinstructions in the framework of control signals sent to individual hardware resources and subcycles which define the execution times of the initiated elementary operations. In practice, however, the ability to locate arbitrary firmware errors is heavily dependent on the tester's skill in defining test cases and the facilities available for observing the execution of microprograms.

3.3.3 Test Systems

Because dynamic testing is primarily concerned with the effects of executing microprograms, it is particularly useful for discovering functional errors and violations of the expected logical and transient microprogram behavior. That is, using dynamic testing, requirement specifications which state the functional nature of a microprogram, i. e., the what, can be validated. In this endeavor, a well-devised test plan and consistent adherence to it are the most important factors. Note that such a test plan may involve tests at the microprogram level, the microinstruction level, and the microoperation level. However, most firmware test systems do not lend themselves to testing at all three levels. Therefore, it may become necessary to use several distinct test systems in the test of a single microprogram. The following are the fundamental types of dynamic tests.

- <u>Functional</u> <u>tests</u> attempt to demonstrate that a microprogram produces correct output states from legitimate input states.

- <u>Logical</u> <u>tests</u> are concerned with the manner in which microcode performs its computation, e. g., error handling for initiations of microprogram executions on illegitimate input states, initializations must ensure that all possible microprogram executions start from legitimate input states, particular calling sequences for microcode routines must be enforced, etc.

- <u>Timing</u> <u>measures</u> are taken to provide information for improving the efficiency of microcode, e. g., total microprogram execution time, relative time in each microcode routine, idle time for particular hardware resources, processor idle time due to waiting for the completion of asynchronous external operations (e. g., main memory access), etc.

The definition of test cases very often is not based on formally stated specifications or designs (cf. section 1.1). Rather, they constitute samples from the space of possible input/output states which are derived according to a certain test plan. Subsequently, we briefly describe how different firmware test systems support dynamic testing.

The typical <u>off-line</u> <u>firmware</u> <u>test</u> <u>system</u> is a microprogram simulator. A microprogram simulator, e. g., [11], [12], [13], is a software program which implements a model of the functional hardware resources and their interconnections upon which microprograms are executed in the physical processor. It interprets microprograms by modelling their execution on this simulated machine. The level at which effects of microprogram execution can be observed through simulation depends on the accuracy of the mapping of the physical processor into the simulator software. To test microprograms effectively, a microprogram test system should at least provide the following capabilities.

- <u>State Display</u>: display of contents of registers as well as control store and main memory cells.

- <u>State Modification</u>: modification of registers and memory cells, e. g., in order to input test cases.

- <u>Execution Monitoring</u>: examination of traces, $T(M, d_0)$, or computations, $C(M, d_0)$, of a microprogram, e. g., step through microprogram, break or halt microprogram execution at particular points.

- <u>Execution Time Measuring</u>: generation of statistics on microprogram execution times.

Microprogram simulation allows static and dynamic errors to be detected, but, generally does not allow dynamic errors to be located. Hence, the availability of a microprogram simulator does not eliminate the need for an on-line firmware test system that enables the tester to carry out tests at the microoperation level.

<u>On-line firmware test systems</u> enable the tester to observe the effects of microprogram execution on the physical processor. The range of existing and proposed on-line firmware test systems spans from systems that allow the initiation of complete microprogram executions through the execution of particular machine language instructions to systems that include hardware additions to microprogrammable processors that allow microprograms to be instrumented through on-line examination of each individual hardware resource.

The typical on-line firmware test system is an interactive debugger, e. g., [14], [15]. Generally, interactive debuggers and microprogram simulators have very similar command languages which may be used to carry out tests at the microinstruction level. The two types of test systems differ by the fact that a debugger automatically captures all effects of microoperation execution upon the physical processor, whereas the simulator software generally accounts only for a subset of these effects. Although this characteristics of debuggers may facilitate the location of certain dynamic errors, they do not lend themselves to the verification of test cases which require insight into the transiency of microoperation executions (cf. section 3.3.2). Consequently, the location of errors at the microoperation level (cf. example of dynamic error in section 3.1) may require the availability of external test equipment that allows the transient behavior or microoperations to be observed.

To carry out tests at the microoperation level requires test facilities which generally are provided only by maintenance consoles.
However, in contrast to the common use of maintenance consoles, firmware testing is not concerned with the location of hardware errors
(cf. section 3.3.2). Moreover, firmware test systems should lend
themselves to the application of test procedures in the context of
microprogram source code, rather than in the context of the physical
effects of the hardware itself. Therefore, external test equipment
for tests at the microoperation level need be more "abstract" than
tests using a maintenance console. Among the crucial facilities to
be provided by hardware additions to microprogrammable processors
are:

- conditional interrupts on the state of individual hardware
  resources,

- data sampling (state monitoring) at termination of individual subcycles in a microinstruction execution,

- conditional data sampling at a priori unknown cycle points
  at which terminations of asynchronous operations are
  synchronized with an internal clock (cf. section 3.3.1).

Test systems of this type, e. g., [16], [17], may exceed the facilities offered by maintenance consoles by allowing measurements to be
taken or formal statements about microprogram semantics to be
asserted automatically. Furthermore, the crucial facilities of such
test systems may be mimiced by the use of a logic state analyzer in
firmware testing [18].

In summary, it is fair to state that firmware test systems are the
most widely used tools for firmware verification (cf. section 2.6).
Therefore, it is even more suprising that many software test
practices [9] have not yet been adopted for firmware testing. Resulting deficiencies of firmware test methods concern in particular
the development of test strategies, the ability to carry out firmware tests at the level of microprogram source code, and the
ability to combine firmware tests with execution time measurements.
Satisfactory solutions of these problems constitute a prerequisite
for the application of firmware test systems as tools in firmware
engineering disciplines and vertical migration techniques [6].

4. FIRMWARE CORRECTNESS PROOFS

In contrast to firmware testing, firmware correctness proofs demonstrate that a microprogram is correct with respect to a given semantic definition for that microprogram. To establish the correctness of a microprogram by a correctness proof, the set of legitimate initial states and the set of legitimate final states for that microprogram need be defined. The set of legitimate final states needs be specified such that a unique mapping between legitimate initial states and associated final states can be derived. A correctness proof, then, uses a deductive argument to show that a microprogram adheres to these specifications for all legitimate initial states, rather than demonstrating that a microprogram execution maps a particular initial state into the assigned final state (test case verification).

4.1 Relationships between Correctness Proofs and Testing

According to our discussion in section 2.1, the overall effect of microprogram execution may be described by the difference between an initial state, d_0, and a final state d_f. Following Hoare [19], we may adopt the notation,

$$\{d_0\}M\{d_f\},$$

to mean that "if the initial state is d_0, then the execution of the microprogram will result in the final state d_f". Note that this notation corresponds to the definition of test cases, (d_0, M, d_f), as given in section 3.3.1. Hence, this notation refers to the same execution function, $E(M, d_0)$, as the definition of test cases. To establish $E(M, d_0) = d_f$, correctness proofs employ a deductive system (cf. section 2.4), rather than the execution of the microprogram M for the initial state d_0. Therefore, we denote the validity of the equivalence, $E(M, d_0) = d_f$, by

$$\vdash \{d_0\}M\{d_f\},$$

where the symbol, $\vdash$, denotes theoremhood in the deductive system in which that validity was demonstrated. That is, any statement whose validity in a given deductive system has been shown may be preceeded by the symbol, $\vdash$. Then, $\vdash S$ may be read: "S is a theorem". Obviously, the meaning of $\vdash \{d_0\}M\{d_f\}$ is equivalent to the meaning of a successful verification of a test case (d_0, M, d_f).

In correctness proofs, we are concerned with the establishment of $\vdash \{d_0\}M\{d_f\}$ for all legitimate initial states for the microprogram, M. Rather than proving, $E(M, d_0) = d_f$, in a deductive system for all these initial states separately, we strive for a single deductive argument (proof) that establishes $\vdash (E(M,d_0) = d_f)$ for all legitimate initial states, d_0. Therefore, we define the set of legitimate initial states by a condition Φ. This condition defines the subspace of a microprogram's state space which constitutes the domain of the execution function, E. Then, $\vdash \Phi(d_0)$ may be read: "d_0 is a legitimate initial state". Analogously, we may define the semantics of a particular microprogram (i. e., the set of legitimate final states and their relationship to the corresponding initial states [5])by a condition ψ.

Using these notations, we obtain:

- <u>set of legitimate initial states</u>: $\{d_0 \epsilon D \mid \vdash \Phi(d_0)\}$,

- <u>set of legitimate final states</u>: $\{d_f \epsilon D \mid \vdash \psi(d_f)\}$,

where D is the state space of a microprogram M. The <u>semantics of a microprogram</u>, M, may then be described,

$$\{\Phi\}M\{\psi\}.$$

Note that this definition comprises all conceivable test cases for the microprogram, M. The <u>correctness of a microprogram</u>, M, may now be denoted by

$$\vdash \{\Phi\}M\{\psi\}.$$

The meaning of the latter statement is equivalent to the meaning of the successful verification of all conceivable test cases and thus, to microprogram correctness as defined in section 3.3.2. It must be emphasized at this point that the establishment of $\vdash \{\Phi\}M\{\psi\}$ by a correctness proof is theoretically practicable even if Φ and ψ define infinite sets, whereas the verification of all conceivable test cases is not practicable for an infinite set of legitimate input states.

We are now in the position to define microprogram correctness as it applies to firmware verification through correctness proofs [5].

- <u>Partial Microprogram Correctness</u>:

$$\vdash \{\Phi\}M\{\psi\}^{+} \text{ iff } (\forall\, d_0)(\vdash \Phi(d_0) \text{ \underline{and} } \vdash (M \text{ terminates}) \rightarrow \vdash \psi(E(M,d_0)))$$

i. e., if the initial state, d_0, satisfies the condition, Φ, and M terminates, then the final state, d_f, satisfies the condition, ψ. (The superscript, $^{+}$, denotes partial correctness.

- <u>Total Microprogram Correctness</u>:

$$\vdash \{\Phi\}M\{\psi\} \text{ iff } (\forall\, d_0)(\vdash \Phi(d_0) \rightarrow \vdash (M \text{ terminates}) \text{ \underline{and} } \vdash \psi(E(M,d_0)))$$

i. e., if the initial state, d_0, satisfies the condition, Φ, then M terminates and the final state, d_f, will satisfy the condition, ψ.

Note that, for firmware testing, we did not distinguish between partial and total correctness. The verification of test cases always refers to total correctness, as the equivalence, $E(M, d_0) = d_f$, can be shown only, if the microprogram execution terminates with state, d_f. As firmware correctness proofs are independent of the actual microprogram execution, the functional (partial) correctness of a microprogram may be demonstrated without ensuring termination of that microprogram.

4.2   Criteria for Differentiating Correctness Proof Techniques

Firmware correctness proof techniques may be differentiated by the following criteria:

- the approach taken to define the execution function E,

- the deductive system used to carry out proofs,

- the proof procedure employed,

- the construction technique supported by the verification technique,

- the level at which proofs are carried out,

- the types of errors that can be identified.

The definition of micorprogram correctness as given in the preceeding section refers to the execution function, $E(M, d_0)$. In correctness

proofs, the execution function is defined independent of the actual
execution of the microprogram, M. Its definition is based on semantic
definitions for the individual microprogramming constructs which are
employed in the construction of the microprogram, M. Hence, the
following approaches may be taken to define the execution function
(cf. section 2):

- Operational Approach,

- Denotational Approach,

- Axiomatic Approach.

The symbol, $\vdash$, in the definition of microprogram correctness refers
to the validity of statements in the deductive system used to carry
out the proof. Here, we may distinguish between:

- deductive systems which define the semantics of microprogramming constructs _indirectly_ by linking semantic definitions to formulas which can be proved in a deductive
  system of some mathematical notion, such as predicate
  calculus, recursive function theory, algebra of relations,
  etc. and

- deductive systems which define the semantics of microprogramming constructs _directly_ by giving semantic definitions in the form of axioms, and inference rules a deductive system which can be used to prove statements of
  microprogram semantics.

With respect to the proof procedure employed in correctness proofs,
we propose the following distinction.

- _Algebraic induction_ derives program semantics by combining
  semantic definitions of individual microprogramming constructs and proves correctness by demonstrating the correspondence between the derived and the a priori specified
  program semantics (cf. section 4.4.1).

- _Algebraic simulation_ constructs for a given microprogram a
  "more natural" program with the same semantics, proves the
  "more natural" program correct, and demonstrates that the
  original microprogram "simulates" this program (cf.
  section 4.4.2).

Verification techniques may be based on particular techniques for
constructing programs. Here, we find two alternative approaches to
program construction.

- <u>Inductive construction techniques</u> are based on the reasoning
  from particular facts to general facts. That is, a "particular"
  program is developed and then, the correspondence of the semantics of this program with the "general" semantics specification
  for that program is verified.

- <u>Deductive construction techniques</u> are based on the reasoning from
  general facts to particular facts. That is, given the "general"
  semantics specification for a program, a "particular" program is
  derived whose semantics provably correspond to the "general"
  semantics specifications.

The level at which proofs are carried out as well as the types of
errors that can be identified by correctness poofs depend on the
ability of the underlying deductive system to capture the effects
of microprogram execution. As outlined in section 3.1, we may distinguish between static and dynamic errors as well as between proofs
at the microprogram level, the microinstruction level, and the microoperation level.

4.3 Approaches to the Definition of the Execution Function

4.3.1 Operational Definition of the Execution Function

An operational approach to the definition the execution function, E,
which applies to firmware verification is <u>symbolic execution</u> [20].
In symbolic execution, the execution of a program is made symbolic
by introducing symbols as input values in place of real values. Note
that a symbol differs from a variable in that it represents an unknown, yet fixed value. To demonstrate the concept of symbolic execution, we consider the following simple example. We denote the value
of a data object, X, by v(X).

Let the data objects, A and B, be assigned the symbolic values, a and
b, respectively. Then, the symbolic execution of the assignment
statement,

$$C: = A + 2 \times B,$$

results in the symbolic value,

$$v(C) = a + 2 \times b.$$

Using this symbolic value of C, the symbolic execution of the assignment,

$$D: = C - A,$$

yields the symbolic value,

$$v(D) = a + 2 \times b - a.$$

Using algebraic simplification rules, $v(D)$ may be reduced to

$$v(D) = 2 \times b.$$

It is readily recognized, that, with symbolic execution, a state $d \varepsilon D$
is defined by an n-tuple of the form,

$$d = (v(n_1), \ldots, v(n_n)),$$

where $v(n_i)$ denotes the symbolic value of the data object n_i (cf.
section 2.1). Consequently, the execution function, $E(M, d)$, of a
programming construct, m, is defined by a function, $f(d)$, with

$$E(m, d) = f(d),$$

which incorporates the transformations contained in m and the symbolic
values of the data objects referenced in m.

Given this definition of the execution function, the computation (cf.
section 3.3.1), $C(M, d_0)$, of a microprogram, M, may be defined,

$$C(M, d_0) = d_1, d_2, \ldots$$

$$= f_1(d_0), f_2(d_1), \ldots$$

$$= f_1(d_0), f_2(f_1(d_0)), \ldots,$$

and hence, the execution function of a microprogram is given by

$$E(M, d_0) = f_{|C(M,d_0)|}(f_{|(C(M,d_0)|-1}(\ldots(f_1(d_0))\ldots))$$
$$= d_f.$$

Thus, microprogram semantics are derived by symbolically executing
the microprogram, M.

Note that the definition of the execution function by symbolic execution requres a trace through the given microprogram. However, in

contrast to the direct execution of a microprogram, symbolic execution
eliminates the need for specifying test cases. Rather, the program
semantics are derived as a function of symbolic values which is independent of particular state values, d_0 and d_f. Consequently, the
desired microprogram semantics may also be specified in terms of a
function, $\psi(v(n_1), \ldots, v(n_n))$, of symbolic values. Then, the
correctness of a microprogram may be shown by proving equivalences of
the form

$$\psi(v(n_1), \ldots, v(n_n)) = E(M, (v(n_1), \ldots, v(n_n))) =$$

$$f_{|C(M, (v(n_1), \ldots, v(n_n)))|}(\ldots(f_1(v(n_1), \ldots, v(n_n)))\ldots).$$

To this end, algebraic simplification rules may be used.

The reader may have noticed that the definition of the execution
function, $E(M, (v(n_1), \ldots, v(n_n)))$, is dependent on the trace,
$T(M, d_0) = T(M, (v(n_1), \ldots, v(n_n)))$, of the microprogram, M, which
in turn, is dependent on the value of the initial state, d_0. In fact,
this dependency constitutes one of the major limitations of symbolic
execution. For conditional branches which depend on symbolic branch
conditions, all alternative execution traces need be considered.
Hence, there may exist several alternative definitions of the execution function $E(M, (v(n_1), \ldots, v(n_n)))$. Moreover, iterative constructs which arre conditioned by symbolic values may lead to
infinite execution traces. The latter difficulty may be overcome [20]
by introducing inductive arguments according to the inductive
assertion method [21], [5].

4.3.2 Denotational Definition of the Execution Function

In the denotational approach to semantic definition, the semantics of
programming constructs are defined by <u>semantic valuation function</u>
(cf. section 2.3). A particular denotational approach which has been
applied to firmware verification is based on the <u>Blikle-Mazurkiewicz
method</u> [22]. Here, the execution function $E(M, d_0)$ is defined by a
binary input/output relation, $R \subseteq D \times D$, where D is the state space of
the microprogram, M. To establish this relation, the microprogram, M,
is split into a finite number of modules, $M_1, \ldots, M_n$ (e. g., assignment statements or tests), which are defined by input/output
relations, $R_1, \ldots, R_m$. The relation R is then defined by a semantic
valuation function $f(R_1, \ldots, R_m)$ in an algebra of binary relations,

i. e.,

$$R = f(R_1, \ldots, R_m).$$

The semantic valuation function f is found by an algebraic method which consists of writing and solving a set of fix-point equations.

To prove the correctness of a microprogram, the desired semantics may be specified in terms of a function, $\psi(v(n_1), \ldots, v(n_n))$, of symbolic values, $v(n_i)$. Then, the correctness of a microprogram may be shown by proving equivalences of the form,

$$\psi(v(n_1), \ldots, v(n_n)) = E(M, (v(n_1), \ldots, v(n_n))) =$$

$$f(R_1(v(n_1), \ldots, c(n_n)), \ldots, R_m(v(n_1), \ldots, v(n_n))).$$

This proof is carried out in the algebra of binary relations.

The Blikle Mazurkiewicz Method appears, at first glance, to be very similar to the symbolic execution approach. Both approaches specify the desired microprogram semantics in terms of a function, $\psi(v(n_1), \ldots, v(n_n))$. However, in contrast to symbolic execution, the denotational approach does not require a trace through the microprogram, in order to define the execution function, $E(M, (v(n_1), \ldots, v(n_n)))$. Rather, the input/output relations, $R_i(v(n_1), \ldots, v(n_n))$, implicitly denote the symbolic value of the associated microprogram modules, M_i, respectively. That is, the definition of the relations, $R_i(v(n_1), \ldots, v(n_n))$, corresponds to a transformation of the microprogram into a program, $V(M)$, (cf. section 2.5) that allows an association between microprogramming constructs and symbolic values in the "symbolic" state space, V, of the microprogram to be described. Therefore, the semantic valuation function, $f(R_1, \ldots, R_m)$, may be derived algebraically to explicitly define the semantics of the microprogram, M.

4.3.3 Axiomatic Definition of the Execution Function

In the axiomatic approach, the execution function, E, is implicitly defined by predicate transformations [5]. A predicate transformation is a function which maps an assertion and a programming construct into another assertion (for definition of assertion cf. section 2.4). Using the notation introduced in section 4.1, Q and R, denote the input assertion and the output assertion of a programming construct, m, in {Q}m{R}, respectively. The deductive system which defines the semantics of the programming constructs, m_i, of a given language contains predicate transformations, $TR(m_i, Q) = R$, such that for a given state, d, it is guaranteed that

$$\vdash Q(d) \rightarrow \vdash R(E(m_i, d)).$$

Examples of predicate transformers such as the "strongest verifiable consequent transformer" [21] and the "weakest precondition transformer" [23] are given in [5].

The derivation of the execution function, $E(M, d_0)$, using predicate transformations may be illustrated as follows. Consider the trace of a microprogram, $T(M, d_0) = m_{i_1}, m_{i_2}, \ldots,$ as defined in section 3.3.1. Let

$$TR(m_{i_j}, R_{j-1}) = R_j \text{ and } TR(m_{i_{j+1}}, R_j) = R_{j+1}.$$

Then, we obtain by substitution

$$TR(m_{i_{j+1}}, R_j) = TR(m_{i_{j+1}}, TR(m_{i_j}, R_{j-1})) = R_{i+1},$$

and thus,

$$\vdash R_{j-1}(d) \rightarrow \vdash R_{j+1}(E(m_{i_j}, m_{i_{j+1}}, d)).$$

Consequently, we may define a predicate transformer for functional composition, such that

$$TR(m_{i_{j+1}}, TR(m_{i_j}, R_{j-1})) = TR(m_{i_j}, m_{i_{j+1}}, R_{j-1}) = R_{j+1}.$$

Applying this predicate transformer inductively to the trace, $T(M, d_0)$, of M, we may obtain the predicate transformation,

$$TR(T(M, d_0), \Phi) = \psi,$$

or equivalently,

$$\vdash \Phi(d_0) \rightarrow \vdash \psi(E(T(M, d_0), d_0)).$$

If Φ and ψ are the desired input and output assertions of M, respectively, and M terminates, the inductive application of predicate transformations establishes the correctness of M for the trace, $T(M, d_0)$.

As shown in [5], it is possible to define predicate transformers for conditional and iterative programming constructs. Using these predicate transformers, derivation of program semantics becomes independent of individual traces, $T(M, d_0)$, i. e., it becomes independent of particular initial states, d_0. Consequently, a predicate transformer, $T(M, \Phi) = \psi$, may be derived which encompasses all conceivable paths through M. This predicate transformer guarantees,

$$(\forall d_0)(\mathrel{|\!\!-} \Phi(d_0) \rightarrow \mathrel{|\!\!-} \psi(E(M,d_0))).$$

Furthermore, predicate transformers may be defined [5] such that $T(M, \Phi) = \psi$ guarantees, $(\forall d_0)(\mathrel{|\!\!-} \Phi(d_0) \rightarrow \mathrel{|\!\!-} (M \text{ terminates}) \underline{\text{and}} \mathrel{|\!\!-} \psi(E(M, d_0)))$. Note that the latter statement corresponds to the definition of total microprogram correctness given in section 4.1. Thus, the axiomatic definition of the execution function; $E(M, d_0)$; i. e., the derivation of microprogram semantics, includes the correctness proof, if the subspace of the state space, D, of M as defined by $T(M,\Phi)$ is contained in the subspace defined by the specification of the desired microprogram semantics [5].

4.4   Firmware Verification Techniques

In this section, we describe existing and proposed firmware verification techniques and refer to corresponding firmware verification systems. We illustrate these techniques only as far as they deviate from software verification techniques as desribed in [5].

4.4.1 Algebraic Induction

One of the most advanced firmware verification systems is the STRUM system [24]. This system is based on a Pascal-like high-level microprogramming language which lends itself to structured microprogramming. Furthermore, the STRUM system is oriented towards formal microprogram verification using Floyd's inductive assertion method [21], [5]. To this end, the language includes the construct, assert, which allows program semantic specifications to be given as part of the program text. These specifications are compiled together with the source code. Subsequently, a verification condition generator generates verification condition (cf. [5]). Verification conditions are formulas of the form,

$$TR(m_i, Q) \rightarrow R,$$

(cf. section 4.3.3) i. e., they include a predicate transformer which defines the semantics of a microprogramming constructs, m_i, and an implication of the specified semantics, R, by the assertion $R' = TR(m_i, Q)$. A proof of a verification condition shows that the microprogramming construct is consistent with the given semantic specification, R. In the STRUM system, the proof of verification conditions is automated by an interactive theorem prover. The proofs are carried out through manipulation and simplification of algebraic formulas.

The specification of the microprogram semantics is given in a subset of Bell and Newell's ISP notation [25]. That is, the specification of a microprogram that emulates a particular computer may be given in the form of an ISP description of that computer. That is, adopting Floyd's inductive assertion method, both the high-level microprogram and the ISP description are transformed into verification conditions to be proved correct. This approach deviates from software verification using Floyd's method by the fact that assertions are not given in the form of first order predicate calculus formulas. Rather, the lower level of detail as required for microprogram specifications is provided by the ISP notation. Nevertheless, this notation generally does not allow the definition of execution functions,

$$E(M_j, d_j(cp_{i_1}), cp_{i_2}) = d_j(\mu_i(cp_{i_1}, cp_{i_2})),$$

that include sufficient detail to prove correct the dynamic behavior of microprograms at the microoperation level (cf. section 3.3.1).

A second firmware verification technique which is based on algebraic induction has been proposed by Ramamoorthy and Shankar [26]. In contrast to the STRUM system, this system defines the execution function, E, by symbolic execution (cf. section 4.3.1). To this end, microprograms are transformed into atomic microoperations. The data objects referenced by these microoperations and the atomic microoperations themselves from an algebra which constitutes the deductive system underlying correctness proofs. This proposal has two major limitations. First, execution functions, $E(m_j, d_j(cp_{i_1}), cp_{i_2}) = d_j(\mu_i(cp_{i_1}, cp_{i_2}))$,

which refer to the dynamic behavior of microoperation execution can
only be handled for the standard set of atomic microoperations.
Second, the fact that symbolic execution of loops may lead to
infinite execution traces (cf. section 4.3.2) limits this method to
loopfree microprograms.

4.4.2 Algebraic Simulation

A second class of firmware verification techniques is based on
Milner's definition of algebraic simulation between programs [27].
The investigation of simulations between programs was originally
motivated as follows. Correctness proofs using the inductive
assertion method [21], [5] may be combersome for programs with
"unnatural" data representations or control constructs. Therefore,
the most lucid approach to proving such programs correct may be to
first design another program with "natural" data representations
and control constructs which is simulated by the original program,
and then, prove the new (i. e., the simulated) program correct.

The motivation for applying algebraic simulation in firmware
verification is obvious. First, the considerable amount of
details of the underlying hardware included in microprograms
make formal proofs of microprogram correctness a very elaborate
task. Second, specifications of microprogram semantics are by
and large independent of these hardware details, as only the
functional microprogram behavior is of interest at the machine
language level provided by firmware. Therefore, an algorithmic
description of this functional microprogram behavior may be
designed and proved correct, and then, the simulation of this
functional description by the original microprogram may be shown.

A proof of simulation between two programs involves the following.
Let M be a microprogram, and let P be a functional description of
M. Let E_M be the execution function of M, and let E_p be the execution
function of P. Let D_M be the state space of M, and let D_p be the state
space of P. Then, a <u>simulation of P by M exists</u>, if there exists a
mapping

$$F: \ D_p \to D_M,$$

such that

$$(\forall d_{p_0})(\vdash \Phi_p(d_{p_0}) \to (E_M(M,F(d_{p_0})) = F(E_p(P, \ d_{p_0})))),$$

where Φ_p defines the set of legitimate initial states of P. The
proof of a simulation is carried out using the deductive system
that defines the execution functions E_p and E_M.

A firmware verification system that is based on Milner's algebraic
simulation has been developed by IBM [28]. In this system, the
functional descriptions of microprograms are given using an APL-
like language for symbolic execution. A specification of the
functional behavior of a microprogram written in this language may
be validated by direct execution of the specification for particular
input values (testing). The same language is used to describe the
machine hardware upon which microprograms are to be executed. The
microprogram to be verified can symbolically be executed upon this
hardware description (cf. section 4.3.1). By the same token, the
microprogram semantic specification can symbolically be executed.
On the basis of the microprogram and the specification, a proof of
simulation of the specification by the microprogram can be attempted.
To carry out this proof an automated interactive system (MCS: Microprogram Certification System) is available. MCS contains more than
400 algebraic simplification rules for proving simulations. When MCS
fails to proof simulation, an error must be located in the microprogram, in the specification, or in the hardware description (cf.
3.3.2).

In the IBM system, the problem of infinite execution traces which
are due to symbolic conditions in iterative constructs has been
resolved by proving the existence of a mapping between both
symbolically executed programs at appropriate stopping points (at
least one in each loop). Thus, eliminating the need to introduce
formal inductive arguments according to the inductive assertion

method [21],[5]. As no notion of time is bult into the IBM system,
all possible interleavings of parallel/asynchronous operations are
to be considered. That is, parallelism in microprogram execution
is explicitly modelled as a set of processes running sequentially,
but interleaving arbitrarily. This drawback of the system is partly
due to the lack of ability in defining execution functions of the
form,

$$E(m_j, d_j(cp_{i_1}), cp_{i_2}) = d_j(\mu_i(cp_{i_1}, cp_{i_2})).$$

For the same reason, the detection and location of dynamic errors
may be hindered (cf. section 3.3.2).

Another firmware verification technique which is based on algebraic
simulation has been proposed by Blikle and Budkowski [29]. In this
technique, the execution function is defined using the Blikle-
Mazurkiewicz method [22] (cf. section 4.3.2). The input/output
behavior of a microprogram is defined in the algebra of relations in
which the execution function of that microprogram is derived. The
definition of the execution function according to the Blikle-
Mazurkiewicz method does not include any notion of time and hence,
the dynamic behavior of microprogram execution usually cannot be
treated by this technique. Furhtermore, the technique is primarily
oriented towards proofs of microprograms implementing arithmetical
operations.

4.5 Evaluation

The success of firmware verification has been demonstrated by the
application of the systems described in [24] and [28]. For rather
elaborate emulator implementations (e. g., HP-2115 Emulator using
the STRUM system), several microprogramming errors were found
through firmware verification. Furthermore, the verification also
uncovered errors in machine definitions (i. e., documentation) and
microprogram semantic definitions provided by the microprogrammer.
Hence, the formal firmware verification appears to be practicable
for real world applications.

Although the results of microprogram verification are gratifying, firmware verification is still in its infancy. For example, most of the advanced
software verification methods (cf. [5]) have not been applied to
firmware verification (in this respect, promising developments have
been proposed in [30] and [31]). As a result, the deductive

systems used to prove firmware correctness by and large define
semantics of microprogramming constructs rather <u>indirectly</u> (cf.
section 4.2).

- The deductive systems for carrying out correctness proofs
  usually are independent of the definition of the hardware
  upon which microprograms are to be executed.

- The dynamic behavior of microprogram execution usually is
  not captured by semantic definitions of microprogramming
  constructs.

As a result, existing and proposed firmware verification systems
exhibit the following drawbacks.

- Timing and synchronization need be treated explicitly (e. g.,
  all possible interleavings of parallel operations need be
  considered), rather than being incorporated into the definition of the execution function.

- The treatment of timing and synchronization conditions is
  generally insufficient to certify dynamic behavior at the
  microoperation level.

Another aspect of firmware verification techniques is that they are
exclusively oriented towards <u>inductive construction techniques</u>
(cf. section 4.2). That is, these techniques are applicable only to
given microprograms, rather than allowing microprograms to be constructed hand in hand with their proof of correctness. Nevertheless,
the applicability of the constructive verification method proposed
by Dijkstra [23], [5] to firmware verification appears to be worth
investigating. Obviously, constructive verification methods require
definitions of the underlying hardware to be incorporated into the
deductive systems used to carry out correctness proofs, as they
suggest the deduction (construction) of microoperations and microinstructions from formal statements of assertions to be guaranteed.

5. FUTURE DIRECTIONS

As indicated in the preceding sections, work needs to be done, in
order to further the applicability and the capabilities of firmware
verification techniques and tools. The following is a list of
contributions which we regard desirable for future firmware verifi-

cation systems.

- Improvements of firmware test methods must satisfy two opposing objectives. On the one hand, tests at the source code level, preferrably a high-level microprogramming language, are needed to facilitate the application of software test practices. On the other hand, detection and location of dynamic errors requires abilities for firmware instrumentation at the micro-operation level. Furthermore, vertical migration of application and system functions into the firmware requires tools for measuring the execution time performance of firmware implementations. The integration of automatic test case generation on the basis of hardware and firmware specifications and programmable test facilities external to microprogrammable processors may be envisioned as a solution to these problems.

- The applicability of advanced software verification methods to firmware needs be investigated. To this end, mathematical formulations for semantic definitions of microprogramming constructs need be developed which adhere to formalisms used in formal verification methods. In this respect, the application of axiomatic and constructive verification techniques (cf. [5]) relies, in particular, on the ability of define microoperation semantics by appropriate predicate transformers. The latter implies an integration of hardware definitions into deductive systems. Furthermore, advances made in proofs of parallel programs (cf. [5]) may be exploited to handle parallelism and synchronization in microprogram proofs. Finally, high-level microprogramming languages promise to make proof technique developed for software verification directly applicable to firmware verification.

- Firmware specification languages need be developed. Here, static specifications may be favorable over algorithmic description (designs) of firmware semantics. First, static specifications provide interface specifications for firmware modules which facilitate the verification of firmware systems. Second, progress has been made in proofs of properties, i. e., the verification of functional specifications with respect to formal property specifications. Thus, the specification and verification of performance properties may be incorporated into firmware verification techniques, in order to adequately support the application of vertical migration techniques. Third, static specifications provide adequate semantic definitions to be used in automated correctness proofs. Furthermore, both static specification languages and algorithmic design languages play a central role in software design methodologies. Therefore both types of languages should also be applied in firmware design, in order to facilitate the development of uniform techniques for the design/development of hierarchical software/firmware systems. In this respect, automatic synthesis of correct microcode is of particular interest.

- The applicability of deductive firmware construction techniques to microcode optimization should be investigated. Here, appropriate extensions of Dijkstra's constructive method [23], [5] may be envisioned [32]. To this end, predicate transformers would be needed which allow statements about the performance of alternative microprogram constructs to be deduced.

- Larger and more complex examples need be worked, in order to gain experience with advanced verification techniques. To satisfy this fundamental need necessitates the availability of automated verification and testing tools. Considering the enormous expenditure required for the development of such tools (e. g., theorem provers, specification language interpreters), the adoption of software verification tools seems to be the most viable approach to fulfilling this requirement.

Refernces

[1] Berg, H. K., "Firmware-Engineering: Eine Übersicht", Informatik Spektrum, Vol. 3, No. 2, Springer Verlag, 1980.

[2] Boehm, B. W., "Software Engineering", IEEE Trans. on Computers, vol. 25, no. 12, 1976, pp. 1226-1242.

[3] Popek, G. J.; Farber, D. A., "A Model for Verification of Data Security in Operating Systems", Comm. of the ACM, vol. 21, no. 9, 1978, pp. 737-749.

[4] Boebert, W. E.; Franta, W. R., "Specification of Message-Oriented Systems", Honeywell Systems & Research Center, Minneapolis, DPRE Final Report Volume 3, no. F0606-FR-V3 (A005), 1978.

[5] Berg, H. K.; Franta, W. R.; Moher, T. G.; Boebert, W. E., "Formal Methods of Program Verification and Specification: Part I", Course Notes, Department of Computer Science, University of Minnesota, 1979.

[6] Stockenberg, J.; van Dam, A., "Vertical Migration for Performance Enhancement in Layered Hardware/Firmware/Software Systems", Computer, vol. 11, no. 5, 1978, pp. 35-50.

[7] Stoy, J. E., "Denotational Semantics: The Scott-Strachey Approach
to Programming Language Theory", The MIT Press, Cambridge, MA,
1977.
[8] Dijkstra, E. W., "Notes on Structured Programming", Technical
University Eindhoven, Tech. Report EWD 149, April 1970.
[9] Fairley, R. E., "Tutorial: Static Analysis and Dynamic Testing
of Computer Software", Computer, vol. 11, no. 4, 1978, pp. 14-23.
[10] Berg, H. K., "A Model of Timing Characteristics in Computer
Control", EUROMICRO Journal, vol. 5, No. 4, 1979, pp. 206-218.
[11] Davidson, S.; Tao, W., "Testing of Microprograms using the
Lockhead SUE Microinstruction Simulator", Proc. Symposium on
the Simulation of Computer Systems, 1976, pp. 189-801.
[12] Petzhold, R.; Richter, L.; Röhrs, H. P., "A Two-Level Microprogram Simulator", MICRO 7 Preprints, 1974, ACM, pp. 41-47.
[13] Vickery, C. C., "Software Aids for Microprogram Development",
MICRO 7 Preprints, 1974, ACM, pp. 208-211.
[14] Gasser, M., "An Interactive Debugger for Software and Firmware",
MICRO 6 Preprints, ACM, 1973, pp. 113-120.
[15] Genshaft, R. S., "Micro-Delta Reference Manual", Computer
Science Department, Queens College of CUNY, 1976.
[16] Shriver, B. D., "A Description of the MATHILDA System", Computer
Science Department, University of Aarhus, DAIMI PB-13, 1973.
[17] Fey, H. J., "Ein mikroprozessorunterstütztes Mikroprogramm-
Entwicklungssystem für den Nixdorf-Rechner NR 1501.XX", Fachgespräch Mikroprogrammierung, GI, 1979, pp. 114-136.
[18] Berg, H. K.; Covey, C. R., "A Primer on the Use of a Logic
State Analyzer as a Microprogram Debugging Aid", Department
of Computer Science, University of Minnesota, Tech. Report
78-12, 1978.
[19] Hoare, C. A. R., "An Axiomatic Approach to Computer Programming", Comm. of the ACM, vol. 12, no. 10, 1969, pp. 576-583.
[20] Darringer, J. A.; King, J. C., "Application of Symbolic
Execution to Program Testing", Computer, vol. 11, no. 4,
1978, pp. 51-60.
[21] Floyd, R. W., "Assigning Meaning to Programs", Proc. of
Symposia in Applied Mathematics, American Mathematical
Society, vol. 19, 1967, pp. 19-32.
[22] Blikle, A.; Mazurkiewicz, A., "An Algebraic Approach to the
Theory of Programs, Algorithms, Languages, and Recursiveness",
Mathematical Foundations of Computer Science, Warsaw, 1972.
[23] Dijkstra, E. W., "A Discipline of Programming", Prentice Hall,
Inc., Englewood Cliffs, NJ, 1976.
[24] Patterson, D. A., "STRUM: Structured Microprogramming System
for Correct Firmware", IEEE Trans. on Computers, vol. C-25,
no. 10, 1976, pp. 974-986.
[25] Bell, C. G.; Newell, A., "Computer Structures: Readings and
Examples", McGraw-Hill, New York, 1971.
[26] Ramamoorthy, C. V.; Shankar, K. S., "Automatic Testing for the
Correctness and Equivalence of Loopfree Microprograms", IEEE
Trans. on Computers, vol. C-23, no. 8, 1974, pp. 768-782.
[27] Milner, R., "An Algebraic Definition of Simulation between
Programs", Proc. 2nd Int. Joint Conf. Artificial Intelligence,
1971, pp. 481-489.
[28] Joyner, W. H.; Carter, W. C.; Leeman, G. B., "Automated Proofs
of Microprogram Correctness", MICRO 9 Proceedings, 1976, IEEE
Catalog no. 76CH1148-6C, pp. 51-55.
[29] Blikle, A.; Budkowski, S., "Certification of Microprograms by an
Algebraic Method", MICRO 9 Proceedings, 1976, IEEE Catalog no.
76CH1148-6C, pp. 9-14.

[30] Budkowski, S.; Dembinski, P., "Firmware versus Software Verifi-
     cation", MICRO 11 Proceedings, 1978, IEEE Catalog no. 78CH1411-
     8, pp. 119-127.
[31] Dasgupta, S., "Towards a Microprogramming Language Schema",
     MICRO 11 Proceedings, 1978, IEEE Catalog no. 78CH1411-8,
     pp. 144-153.
[32] Berg, H. K.; Franta, W. R., "An Approach to Firmware Engineering
     Disciplines", submitted to the IFIP Working Conference on Firm-
     ware, Microprogramming, and Restructurable Hardware, Linz,
     Austria, May 1980.

FIRMWARE   DOKUMENTATION   UND WARTUNG

REINHARD   HARTWICH

I B M   DEUTSCHLAND GMBH

ENTWICKLUNG   UND   FORSCHUNG

7 0 3 0   BOEBLINGEN

1. Einleitung

In modernen kommerziellen Systemen unterstützt, steuert und kontrolliert die Firmware weitaus mehr Funktionen als die Hardware. Das bedeutet, daß die Anzahl der geschriebenen und auszuführenden Firmware Instruktionen die Anzahl der Schaltkreise um ein Mehrfaches übersteigt.

Zur Wartung, Verbesserung und Erweiterung von Funktionen ist sowohl für die Hardware als auch für die Firmware eine lückenlose, detaillierte Dokumentation unbedingt erforderlich. Da der Hardwaredesign über Computerprogramme gesteuert, simuliert und dokumentiert wird, ergibt sich für die Hardware kein Dokumentations-Problem.

Im Gegensatz hierzu ist die detaillierte und verständliche Firmware-Dokumentation weitgehend vom Programmierer abhängig. Um zu vermeiden, daß spätere, notwendige Programmänderungen nur vom jeweiligen Programmierer ausführbar sind, müßte für die Firmware eine einheitliche Dokumentationsmethode gefunden werden. Nachfolgend wird der Ablauf einer Firmware-Programm-Entwicklung in den einzelnen Stufen wie Spezifikation, Entwurf, Programmierung, Dokumentation, Verifikation und Freigabe beschrieben.

2. Firmware im System-Design

Bild 1 zeigt die Struktur eines DV-Systemes. Es gibt gleichzeitig
einen ungefähren Überblick über die Größenordnung der Firmwarefunk-
tionen im Verhältnis zur Hardware und zeigt verschiedene, in einem
kommerziellen Computer ablaufende Programme.

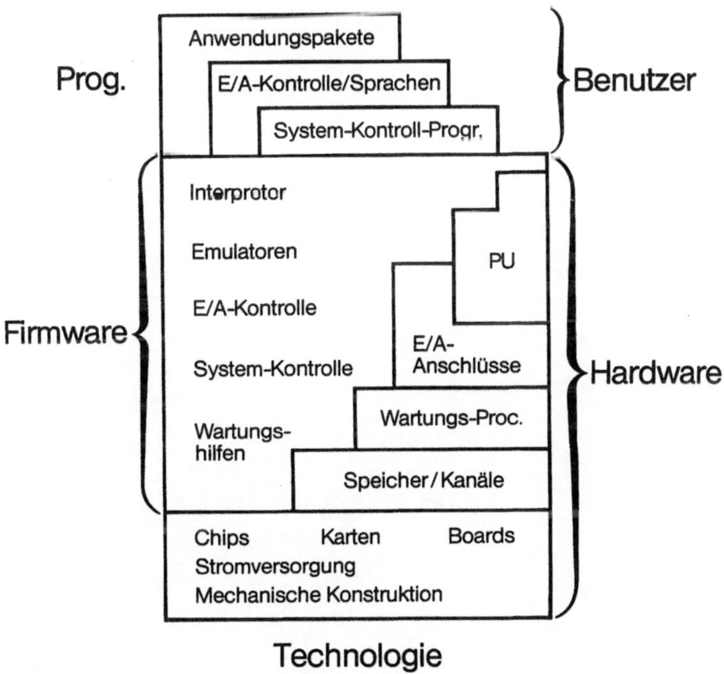

Bild 1

* Aus der Sicht der Software schließt der Begriff "Hardware" die Firmware ein

Im vorliegenden Fall wird die Interpretation der /370 Instruktionen,
die gesamte Systemkontrolle, die Steuerung und Kontrolle der Ein-/
Ausgabe-Einheiten (E/A) sowie die Emulation älterer E/A mittels
Firmware durchgeführt. Bis auf einen generellen System-Test und
einige sogenannte "ON-LINE"-Teste sind sämtliche Wartungsprogramme
in Firmware geschrieben.

Die System-Hardware besteht aus einem Zentralprozessor, mehreren
E/A-Prozessoren, entsprechenden Adaptoren zur Steuerung der externen Schnittstellen, einem entsprechenden Speicher und der Strom-
versorgung.

3. Entwicklung, Prüfung und Dokumentation von Programmen

Die Entwicklung eines Programmes verläuft in Phasen. Ist die Hardware im Prinzip entworfen und der Firmware-Instruktionssatz definiert, dann werden für die Funktionsprogramme Spezifikationen erstellt. Diese beinhalten u.a. die Definitionen der zu programmierenden Funktionen, die Definition der Schnittstellen, Zeitablaufspezifikationen etc.

Danach werden Programm-Flowcharts und Zeitdiagramme erstellt. Bevor mit der Programmierung begonnen wird, findet ein "walk through" mit den Designern statt, die im gleichen Bereich programmieren. Parallel zu diesem Entwicklungszyklus werden von einer separaten Gruppe Design-Hilfsmittel wie Assembler, Linker, Simulatoren, Hardware-Modelle und andere notwendige Unterstützungsprogramme erstellt.

4. <u>Programmierung</u>

Die Programm-Eingabe-Stationen (Terminals) stehen wie aus Bild 2
ersichtlich in den Büros der Designer.

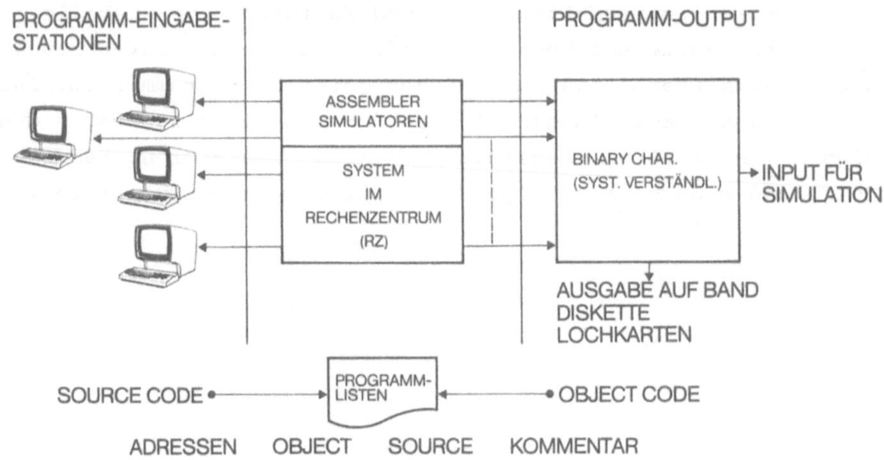

Bild 2

Die Terminals sind mit dem Computer im Rechenzentrum verbunden. Das
am Terminal eingegebene Programm kann sofort assembliert werden.
Der Assembler prüft hierbei schon die eingegebenen Daten auf Gültigkeit, z.B. Gültigkeit der Instruktionen, Blockgrenzen usw. und
erstellt eine Programmliste sowie den Object Code auf Karte, Band
oder Diskette.

Ferner kann vom gleichen Terminal aus das Programm simuliert werden. Voraussetzung hierfür ist, daß die entsprechende Hardware beschrieben ist.

5. Automatische Erstellung von Flow-Charts aus Programmlisten

Wie in der Einleitung erwähnt, müssen später notwendige Programmänderungen auch von anderen Designern als nur vom Programm-Eigner
schnell und zuverlässig durchgeführt werden können. Um das zu erreichen, muß jeder Programmierer gewisse, vorgeschriebene Richtlinien befolgen. Die Einhaltung dieser Richtlinien stellt keine
zusätzliche Arbeit dar, ermöglicht es aber, Programm-Flow-Charts
automatisch mit Hilfe eines Programmes zu erstellen. Im Bild 3 ist
das Prinzip der automatischen Erstellung einer Flow-Chart aus
einer Programmliste dargestellt.

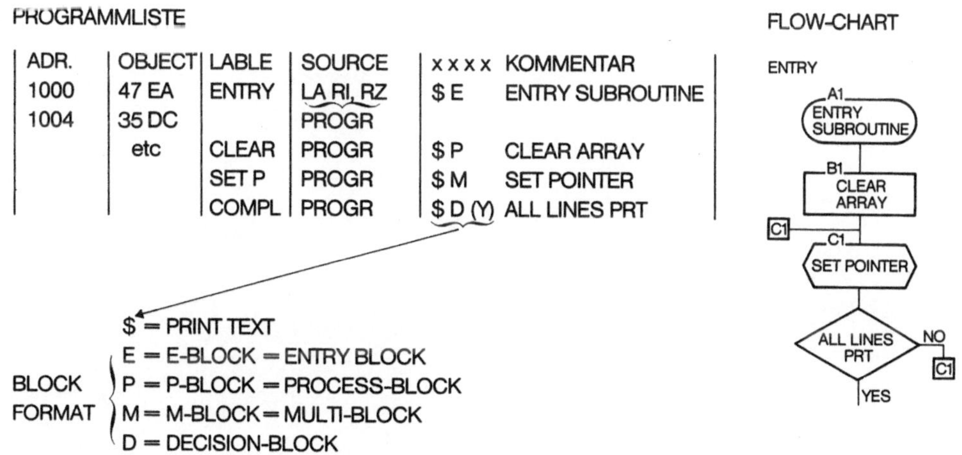

Bild 3

Die automatische Erstellung einer Flow-Chart aus der Programmliste
ist der ideale Weg, immer den neuesten Stand zur Verfügung zu haben. Durch Einfügen von 1-3 Zeichen, z.B. $,D(y) in das Programm
können mit Hilfe des Dokumentations-Systems, verfügbar in einem
Standard-Operating-System, Flow-Charts erstellt werden.

Das Dokumentations-Programm besteht aus 3 Komponenten:

> 1. dem Analyzer
> 2. dem Chart Designer
> 3. dem Editor.

Der <u>Analyzer</u> prüft sämtliche Zeilen, ob sie dokumentiert werden sollen.

Der <u>Chart Designer</u> analysiert, welche Block-Darstellung gewünscht ist, Namen, logische Reihenfolge, Verzweigungen und den zu druckenden Text.

Der <u>Editor</u> verwendet den "Output" von beiden Programmen und erstellt die entsprechende Chart.

6. <u>Testen von Programmen am Testsystem</u>

Nach der Programm-Eingabe, dem Assemblieren sowie dem erfolgreichen
Simulieren wird das Programm am Hardwaremodell getestet. Für das
Austesten gibt es verschiedene Möglichkeiten. Bild 4 zeigt eine
recht wirkungsvolle Variante.

<u>TESTEN VON PROGRAMMEN AM TEST SYSTEM</u>

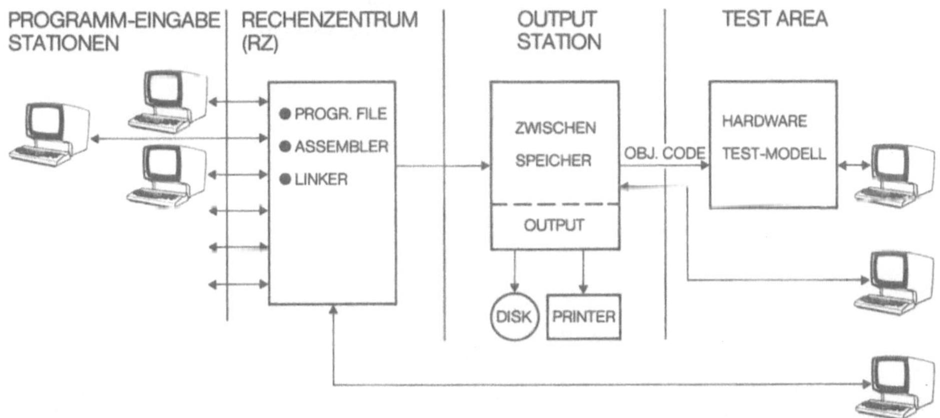

Bild 4

Die assemblierten und wenn notwendig über den sog. Linker verbundenen Programme werden in einen Zwischenspeicher gestellt. Der
Zwischenspeicher ist mit entsprechenden Ausgabeeinheiten, z.B.
Printer, versehen und hat eine direkte Verbindung zum Hardwaremodell.

Der Object-Code kann vom Zwischenspeicher direkt in das Hardwaremodell transferiert und dort funktionell ausgeprüft werden.
Als Steuergeräte stehen neben dem Hardwaremodell Terminals zur Verfügung, die Programmänderungen im Modell, im Zwischenspeicher oder
im Source-Code ermöglichen.

7. <u>Verbinden (Link) sämtlicher Programme und Test</u>

Wie bereits erwähnt, gehören zu einem System eine größere Anzahl
von Programmen, die in einem System verbunden werden müssen. Die
Programme der einzelnen Designer werden in einer sog. File gesam-
melt. Entsprechend der Konfiguration des Systems werden mit Hilfe
eines sog. Link-Programmes die entsprechenden Programme ausgewählt,
verbunden und auf Band, Diskette oder Karten ausgegeben. Am System
erfolgt dann ein kompletter System-Test. (Bild 5)

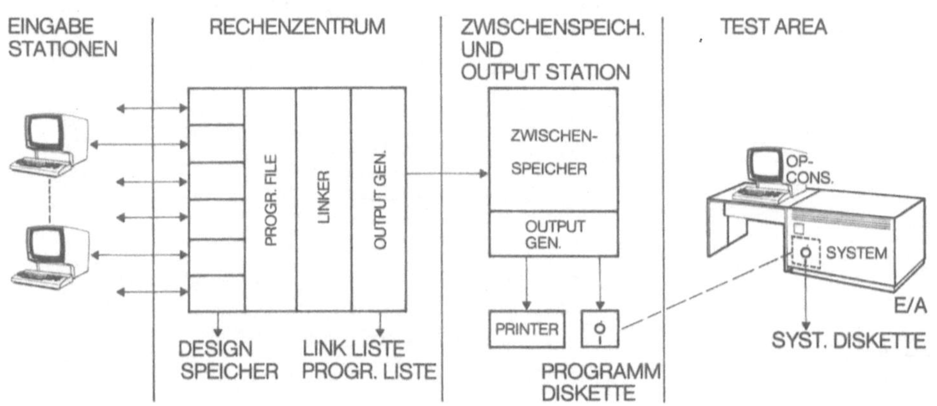

Bild 5

Außerdem zeigt Bild 5, daß für ein komplettes Systemprogramm, zum
Link, sogenannte Linklisten erstellt werden können. Diese Linklisten enthalten alle notwendigen Daten über Programmverbindungen
wie Programm-Namen, Adressen, Relocationfaktor, Länge usw.

8. Programm-Freigabe und Kontrolle

Nach erfolgreichem System-Test werden die Programme an die Fabriken
freigegeben. Der jeweilige Programm-Status wird mit einer Kontroll-
nummmer dokumentiert. Dadurch können Änderungen sowie Erweiterungen
gezielt für jeden Programm-Stand eingeführt werden. Jede Programm-
Änderung führt jedoch zu einer erneuten Freigabe unter einer neuen
Kontrollnummer. Zur besseren Kontrolle und zur Vereinfachung bei
späteren Erweiterungen werden sämtliche bereits ausgelieferte Programme auf den neuesten Stand gebracht.

Wegen der Komplexität der Programme werden diese im Außendienst
nicht geschult und keine detaillierten Programmlisten ausgeliefert.
Das bedeutet, daß eventuelle Designfehler von den Ingenieuren der
Fabrik oder des Labors gesucht und beseitigt we. ⁊ müssen.

9. Fehlererkennung und Wartung

Die Basis für die Wartbarkeit eines Systems einschließlich der
Firmware ist das System-Wartungskonzept. Notwendige Wartungshilfen
müssen im Basis-Design integriert werden. Für die Firmware-Wartung
bedeutet das, daß z.B. die Prüfung der Parameter auf Gültigkeit,
Time Out's, Speicherung der letzten 20 bis 30 Branch-Adressen,
Programm-Traces, zwischenzeitliche Interface- und Hardware-Tests,
separater Service Prozessor usw. bereits beim Programm- und Hard-
ware-Entwurf berücksichtigt werden müssen. Erkannte Fehler verzweigen in eine Fehlerroutine, die gewisse Fehlersymptome speichert,
analysiert und entscheidet, ob eine Wiederholung der Operation
sinnvoll ist, oder ob die Operation abgebrochen werden soll.
Gleichzeitig muß der Benutzer über den Fehlerfall informiert werden. Wie einfach ein Dialog zwischen einem vom System entdeckten
Fehler, dem Benutzer und dem Wartungstechniker sein kann, soll an
Hand des Wartungskonzeptes des IBM Systemes 4300 erläutert werden.
(Bild 6).

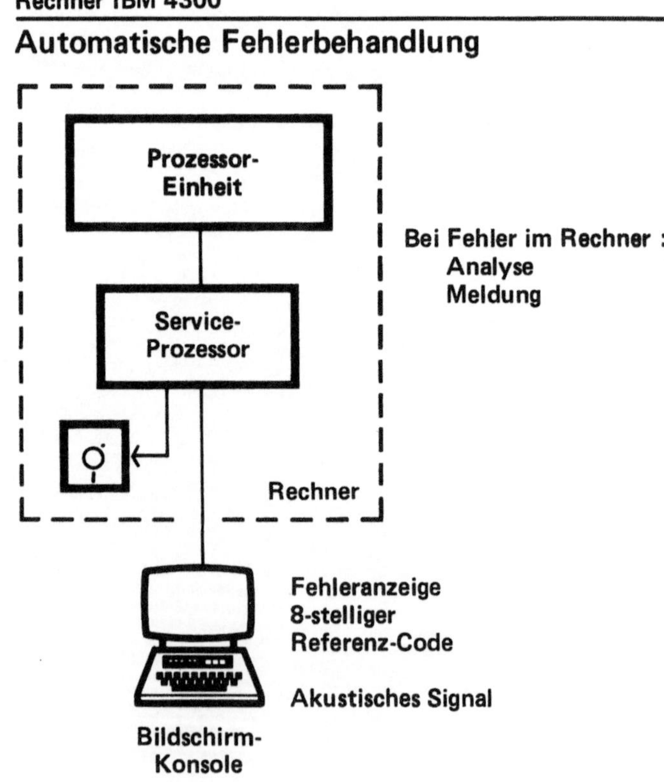

Bild 6

Im System 4300 führen entdeckte Fehler über ein Diagnostic-Programm zu einem log (Speichern der Symptome, Analyse der Symptome) und Erzeugung eines Reference Codes. Der Reference Code wird ebenfalls gespeichert, aber auch dem Benutzer auf der Operator-Console angezeigt, so daß der Wartungstechniker direkt informiert werden kann. Er führt den Techniker/Designer zur Reparatur oder zum fehlerhaften Programm. Das Speichern (Loggen) von entsprechenden Daten wie Branchadressen, Registerinhalte, Statusinformationen dient und hilft dem Designer, Designfehler zu analysieren und entsprechende Änderungen zur Fehlerbeseitigung durchzuführen. Ist ein Designfehler analysiert, wird die Erkennung des Fehlers über (Reference Code), die Fehlerursache sowie die kurzfristige Behebung (Programm-Patch) in eine Datenbank eingegeben.

Diese Information steht dann jedem Techniker zur Verfügung. Er kann, wenn entsprechende Voraussetzungen erfüllt sind (Telefon, Modem etc.) vom System die Datenbank anrufen, über den Reference Code gezielte Informationen - auch über Designfehler - erhalten und das System reparieren. (Bild 7)

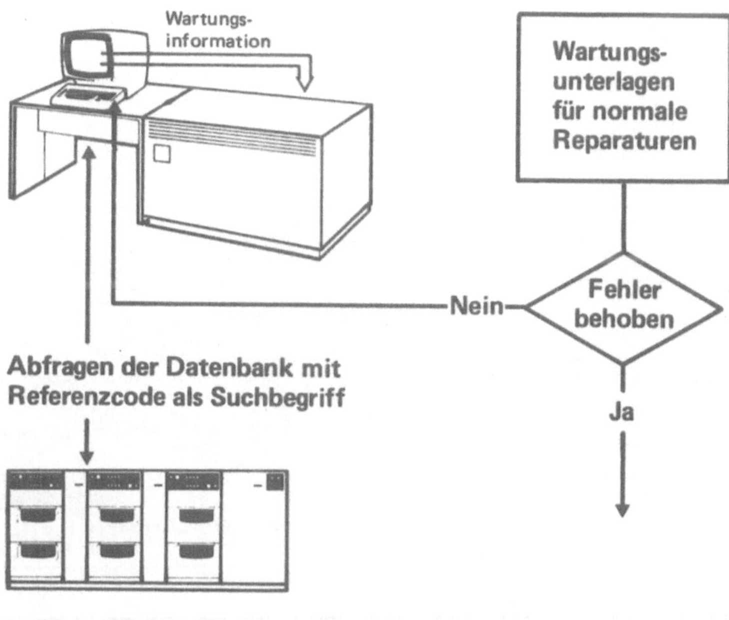

Reparatur mit Unterstützung der Datenbank

Bild 7

10. <u>Reparatur mit Unterstützung der Fernwartungszentrale</u>

In den meisten Fällen gibt der Reference Code dem Wartungstechniker über die Wartungsdokumentation die notwendige Reparaturan-
weisung. Zeigt der Reference Code auf einen Programmfehler und
ist in der Datenbank, die er direkt über Telefon vom Kunden aus
erreichen kann, noch keine Information über diesen Fehler gespeichert, muß der Techniker die Fernwartungszentrale anrufen. Diese
kann nun eine direkte Verbindung zum fehlerhaften System herstel-
len lassen und eine detaillierte Fehleranalyse vornehmen. (Bild 8)

Sie hat Zugriff zu allen gespeicherten Fehlerdaten und kann sämtliche System-Operationen durchführen. Ist ein Fehler analysiert,
wird ein entsprechender Hinweis in die Datenbank unter der Ref-
Code-Nummer gegeben. Es kann sich hier um einen Programm-Patch
oder eine Wartungsinformation handeln. Später wird diese Information im Design (Programm oder Wartungsunterlagen) integriert
und erneut freigegeben.

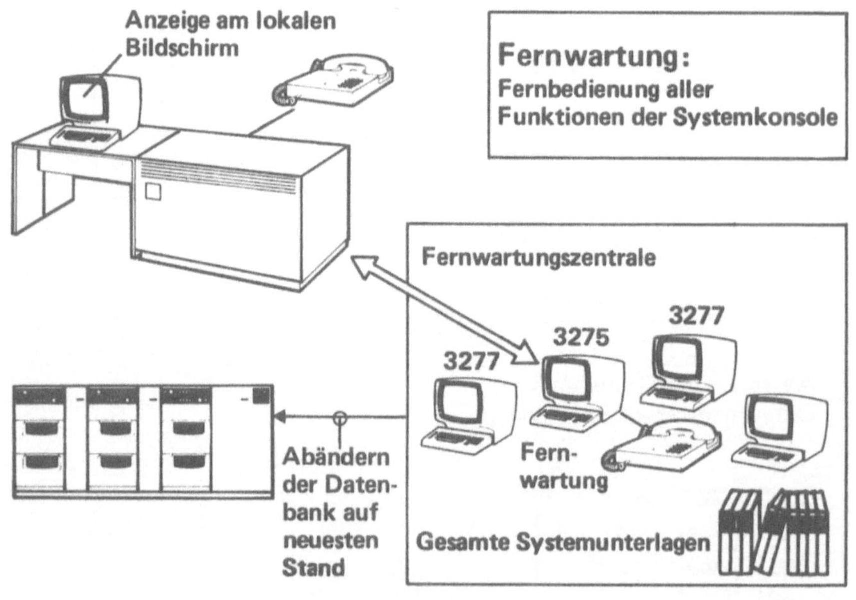

Reparatur mit Unterstützung der Fernwartungszentrale

Bild 8

Die IBM unterhält zur Unterstützung des Außendienstes zwei Datenbanken, eine in England für Europa und eine in USA. Da durch neue
Erkenntnisse der Informationsgehalt unterschiedlich sein kann,
werden die beiden Datenbanken jede Nacht verglichen und auf den
neuesten Stand gebracht. (Bild 9)

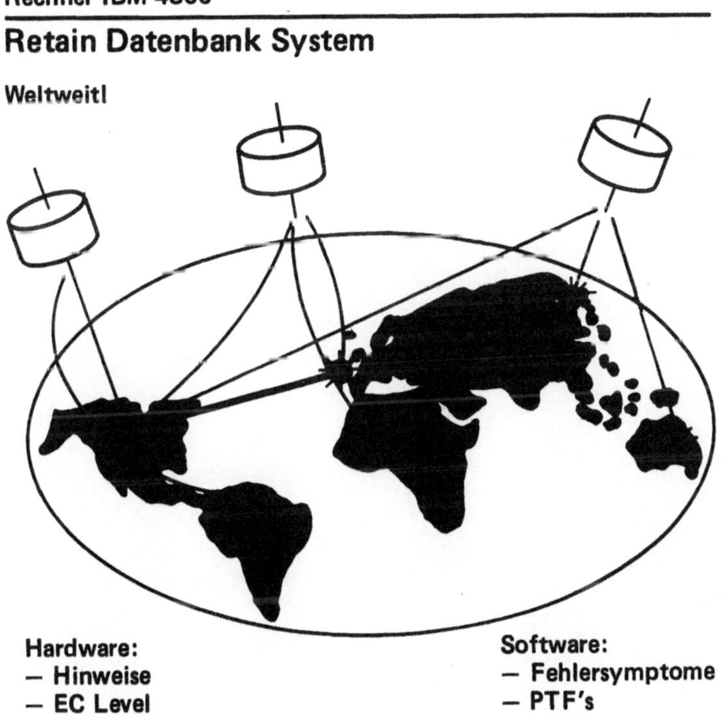

Bild 9

11. Zusammenfassung

Die Dokumentation und Wartung von Firmware stellt sich auch heute noch problematisch dar. Im vorliegenden Bericht ist eine Methode beschrieben, die es ermöglicht, einen Teil der bekannten Schwierigkeiten zu beseitigen.

Firmware Dokumentation und Wartung

<u>Übersicht</u>

1. Einleitung
2. Firmware im System-Design
3. Entwicklung, Prüfung und Dokumentation von Programmen
4. Programmierung
5. Automatische Erstellung von Flow Charts aus Programmlisten
6. Testen von Programmen am Testsystem
7. Verbinden (Link) sämtlicher Programme und Test
8. Programm-Freigabe und Kontrolle
9. Fehlererkennung und Wartung
10. Reparatur und Unterstützung durch die Fernwartungszentrale
11. Zusammenfassung

Vertikale Verlagerung - Verfahren, Voraussetzungen, Anwendung

Peter Albrich *

Siemens AG, Systemtechnische Entwicklung, Erlangen

__Zusammenfassung__   Nach einer Beschreibung der wichtigsten automatischen und manuellen Verfahren zur globalen Optimierung der Laufzeit von Programmen werden jene Voraussetzungen ausführlicher behandelt, die als Grundlagen für ein erfolgreiches Anwenden der vertikalen Verlagerung gelten können. Die Voraussetzungen enthalten einige Forderungen an die Software und Hardware einer zum Einsatz der vertikalen Verlagerung geeigneten Rechenanlage. Die Ausführungen schließen mit einen Ausblick auf die möglichen und sinnvollen Anwendungsbereiche für Verfahren zur vertikalen Verlagerung von Programmteilen.

1.   Einleitung

Der Wunsch mancher Hersteller von Rechenanlagen sowie auch derer Anwender nach Entwicklung eines praktikablen Verfahrens zur Optimierung von Systemleistung (im Sinne einer Reduzierung der Laufzeit bestimmter Programmsysteme in einen gegebenen Rechner) bestimmt seit einigen Jahren die Ziele der Forschungsarbeiten auf dem Gebiet der Verlagerung von Softwarefunktionen in andere Ebenen eines hierarchisch geschichteten Programmsystems (Vertical Migration [1]). Dabei ist zunächst unerheblich, auf welche Weise die Laufzeit von Programmen optimiert werden soll: durch das Anpassen der Maschinenarchitektur an die Problemstellung, d.h. das Entwerfen und Implementieren neuer Maschinenbefehle, oder durch das Verlagern von Funktionen aus dem Bereich der Anwenderprogramme, eines Datenverwaltungssystems oder aber ganz generell aus dem Bereich der Betriebssysteme. Die Motivation ist im allgemeinen stets die gleiche und die dazu verwendeten Verfahren lassen sich ebenfalls unabhängig vom Einsatzbereich betrachten.

Ausgehend von einer kurzen Beschreibung einiger bekannter Verfahren zur Verlagerung von Softwarefunktionen werden jene Voraussetzungen und Anforderungen zusammengetragen, die als Grundlagen für ein methodisches Anwenden der verschiedenen Verfahren angesehen werden müssen. Daraus lassen sich

---

* Diese Arbeit entstand am Institut für Informatik IV
  der Universität Karlsruhe

Hinweise ableiten, die vor allem für die Struktur der Hardware (im Sinne der
Mikroprogrammierbarkeit von Prozessoren) von Bedeutung sind. Bestimmte Hilfen
für die Leistungs- und Ablaufanalyse und einige Eigenschaften der Software
müssen dabei als unabdingbare Voraussetzungen für die systematischen Verfahren zur vertikalen Verlagerung vorausgesetzt werden.

Bei den nachfolgenden ausgeführten Überlegungen wird stets die Verlagerung
von Softwareteilen in Mikroprogramme betrachtet. Wir sprechen deshalb von
partiellen Verschiebungen der Hardware/Software-Schnittestellen und den Aus-
wirkungen dieser Verschiebungen auf das Leistungsvermögen einer Rechenanlage.
Andere denkbare Verlagerungen in höheren Schichtungen der Softwarehierarchie
(siehe auch [1]) werden hier nicht betrachtet. Ziel des Aufsatzes ist, den
momentanen Stand der Arbeiten in diesem zunehmend an Bedeutung gewinnenden
Forschungsgebiet aufzuzeigen und ein Problembewußtsein für die bei den Anwendungen auftretenden Schwierigkeiten zu schaffen.

2. <u>Verfahren zur vertikalen Verlagerung</u>

In der Definition von Stockenberg und van Dam ([1]) wird das Thema "vertikale Verlagerung" verstanden als:

> "systematische Verlagerung von Primitiven in hierarchisch
> geschichteten Hardware/Firmware/Software-Systemen mit dem
> Ziel der Leistungssteigerung von Rechenanlagen".

Mit Primitiven sind in diesen Zusammenhang zumindest Grund- oder Elementar-
funktionen von Programmsystemen gemeint. In einer etwas freieren Deutung
lassen sich auch besonders häufig auftretende Maschinenbefehlsfolgen oder
sogar zentrale **Dienstleistungsroutinen** darunter verstehen. Ganz allgemein
gesehen läßt sich die Grundidee der vertikalen Verlagerung so formulieren,
daß prozessorintensive Programmteile stets auf der prozessornächsten Ebene
der Software/Firmware-Hierarchie angesiedelt werden sollten. Dies ist die
Ebene der Mikroprogramme, kurz die FIRMWARE.

Die in der Definition geforderte Systematik bei der Verlagerung von Primitiven bezieht sich auf die Forderung, bereits durch die Art des Vorgehens
bei der Verlagerung garantieren zu können, daß eine Leistungssteigerung bei
der Verlagerung der Primitiven überhaupt erzielbar ist. Bei allen nachfolgenden beschriebenen Verfahren können daher vier mehr oder weniger ausgeprägte Phasen beim vertikalen Verlagern unterschieden werden:

PHASE 1:   Bestimmung von Verlagerungskandidaten

PHASE 2:   Prüfung der Verlagerbarkeit der Kandidaten in einer
           Durchführbarkeitsanalyse

PHASE 3:   Implementierung der Verlagerung

PHASE 4:   Nachweis des Leistungsgewinns

Die Bestimmung von Verlagerungskandidaten erfolgt in der Regel durch eine
Analyse des laufzeitmäßig zu optimierenden Programms. Dabei lassen sich zwei
Vorgehensweisen voneinander unterscheiden:

1. <u>Globale Optimierung</u>: Gegenstand der Analyse ist der bei der Übersetzung
   des Programms erzeugte Objektcode oder auch der während des Übersetzungs-
   weges entstehende Zwischencode ([2], [3]). Häufig auftretende Folgen von
   Maschinenbefehlen werden zu neuen Maschinenbefehlen zusammengefaßt und
   durch eine neue Mikroprogrammroutine interpretiert.

2. <u>Lokale Optimierung</u>: Durch Beobachtung bzw. Messung ermittelte Programmteile (z.B. Schleifen), die als Hauptursache für die langen Laufzeiten
   eines Programms erkannt wurden, können in die Mikroprogrammebene verlagert werden, wenn sie bestimmten Randbedingungen genügen.

Programme müssen also in einer geeigneten Weise statisch (durch Analyse des
erzeugten Objektcodes) oder dynamisch (durch Messungen während der Laufzeit)
ausgewertet werden, um Hinweise auf Verlagerungskandidaten zu erhalten. In
den nachfolgenden Abschnitten wird für jedes Verlagerungsverfahren die Be-
stimmungsmethode angegeben. Häufig ist im Anschluß an die Bestimmung von
Verlagerungskandidaten eine Durchführbarkeitsanalyse notwendig. Dies betrifft vor allem eine erste Abschätzung des erzielbaren Leistungsgewinns
und bei der lokalen Optimierung die grundsätzliche Entscheidung, ob der
ermittelte Kandidat (z.B. lineare Routine) überhaupt zur Verlagerung geeignet ist. Mögliche Einschränkungen der Verlagerbarkeit sind beispielsweise
durch die folgenden Randbedingungen gegeben ([3]):

"Eine lineare Routine bzw. eine Folge von Maschinenbefehlen in einem Programm ist genau dann zur Verlagerung geeignet wenn

1. es genau einen Eingangspunkt (erster Maschinenbefehl in der Folge) und
   genau einen Ausgangspunkt (letzter Befehl in der Folge) gibt,

2. alle Befehle der Routine sequentiell vom ersten bis zum letzten Befehl
   und ohne Verzweigung abgearbeitet werden und

3. eine solche Routine die längste zusammenhängende Folge von Maschinenbefehlen ist, die den Bedingungen 1 und 2 genügt."

Lineare Routinen treten häufig in Programmen auf (z.B. als innere Schleifen)
und können als ideale Kandidaten für die vertikale Verlagerung betrachtet
werden ([5], [7]). In Abhängigkeit vom Programmierstil und teilweise auch
bedingt durch die Eigenschaften der verwendeten Programmiersprachen müssen
teilweise als Verlagerungskandidaten ermittelte Programmteile in einem
Zerlegungsprozeß in eine Anzahl linearer Routinen aufgeteilt werden. Der
dann während der Laufzeit erforderliche Koordinierungsaufwand (Übergänge
zwischen den linearen Routinen) kann zu einem enormen Overhead führen und
das Erreichen des eigentlichen Ziels, eine Reduzierung der Gesamtlaufzeit
des zu optimierenden Programms, wieder in Frage stellen. Überhaupt muß
grundsätzlich festgestellt werden, daß der eigentliche Effekt der vertikalen
Verlagerung in der Reduzierung des Verwaltungsanteils bei der Ausführung
von Maschinenbefehlen und weniger in der Ausführung derselben begründet
ist (Bild 1).

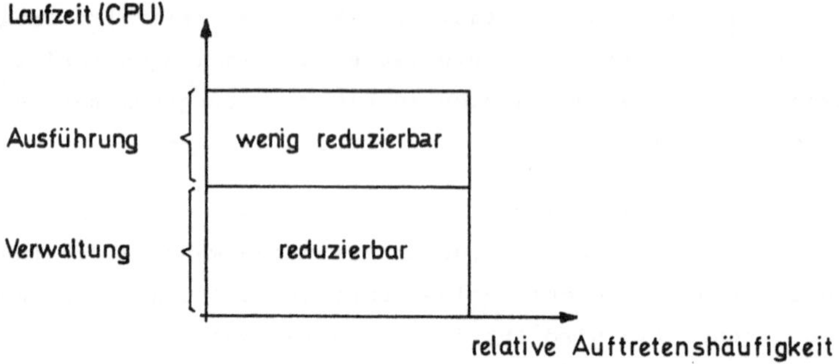

Bild 1:   Laufzeitanteile von Maschinenbefehlen

Der Verwaltungsanteil besteht im wesentlichen aus dem Holen der Maschinenbefehle aus dem Hauptspeicher, dem Entschlüsseln derselben, dem Berechnen
der Operandenadressen und dergleichen. Die Darstellung von Bild 1 gilt dann
sinngemäß auch für die eingangs definierten linearen Routinen. Bei der Verlagerung von Programmteilen in Mikroprogramme kann nämlich auch der Aufwand
zur Koordinierung linearer Routinen stark reduziert und dadurch das Laufzeitverhalten insgesamt verbessert werden.

Es bietet sich daher an, funktionsmäßig stark zusammenhängende lineare
Routinen in einem Block zu verlagern, um auf diese Weise auch den Koordinierungsaufwand zu reduzieren. Dabei kann es erforderlich werden, auch
Rekursionen im Übergang zwischen den einzelnen Schichten des Software/
Firmware-Systems zulassen zu müssen, um die funktionale Konsistenz zu
erhalten. Konkreter gesagt, es muß vielfach zugelassen werden, Software-
funktionen (z.B. Prozeduren) auch aus Mikroprogrammen aufrufen zu können.
Stände ein solcher Mechanismus in allgemein verwendbarer Form zur Verfügung, würden die eingangs genannten Einschränkungen in der Verlagerbarkeit
von Softwarefunktionen weitgehend entfallen und die Durchführbarkeitsanalyse
könnte ausschließlich auf die Fragen der Implementierung gerichtet werden
([6], [7]). Bei den meisten anschließend vorgestellten Verlagerungsverfahren
sind solche Mechanismen nicht vorhanden.

Ein weiteres Merkmal zur Klassifikation von Verlagerungsverfahren betrifft
die eigentliche Durchführung bzw. Implementierung der Verlagerung. Wir
unterscheiden dabei zwischen automatischen und manuellen Verfahren. Die
automatischen Verfahren werden zur Zeit hauptsächlich bei der globalen
Optimierung eingesetzt und erfordern entsprechend strukturierte Über-
setzungsverfahren mit der Möglichkeit zur automatischen Generierung von

Mikrocode. Man spricht dann von einer dynamischen und problemorientierten
Anpassung von Maschinenarchitekturen mit Hilfe der Mikroprogrammierung ([3]).
Bei der lokalen Optimierung werden in der Regel manuelle Verfahren eingesetzt obwohl es auch hier Ansätze zu automatischen oder zumindest halb-
automatischen Verfahren gibt ([2]). Zusammenfassend läßt sich sagen, daß
die automatischen Verfahren zur globalen Optimierung hauptsächlich zur
Architekturanpassung geeignet sind, während die manuellen Verfahren zur
lokalen Optimierung vor allem der Verlagerung von Funktionen dienen.

2.2   Architekturanpassung

In diesem Abschnitt werden automatische und halbautomatische Verfahren zur
globalen Optimierung vorgestellt. Aus der Fülle unterschiedlicher Ansätze
wurden jene Veröffentlichungen ausgewählt, die als repräsentativ für die
Entwicklung des hier besprochenen Arbeitsgebiets gelten können. Überschnei-
dungen in der Darstellung der Sache und der Vorgehensweisen wurden bewußt
nicht vermieden, um so die Übergänge von den heuristischen zu den eher
methodischen Ansätzen verdeutlichen zu können.

a) <u>Verfahren nach Abd-Alla und Karlgaard ([2]):</u>

Abd-Alla und Karlgaard entwickelten in einem heuristischen Ansatz einen
Algorithmus, der eine Folge von Maschinenbefehlen in äquivalenten Mikrocode
übersetzt. Der eigentlichen Verlagerung wird ein Suchprozeß vorgeschaltet,
der auf der Basis eines Programmtrace häufig auftretende Maschinenbefehlsfolgen auswählt (Kandidatenauswahl). Die Verlagerung beginnt damit, daß
nacheinander die Maschinenbefehle der zu verlagernden Folge durch den
bereits existierenden, sonst zu deren Interpretation verwendeten Mikrocode,
ersetzt werden. Dieser wird anschließend verkettet und in einem nicht näher
beschriebenen Verfahren optimiert. Die Einbettung in das System erfolgt
durch den Einbau des neuen, funktionell gleichwertigen Mikroprogrammstücks
in den Interpreter und Ersetzung der ursprünglichen Befehlsfolge durch
einen neuen Maschinenbefehl auf Softwareebene.

b) <u>Verfahren nach Agrawala und Rauscher ([3], [8]):</u>

Ein in der Zielrichtung ähnlicher, in der Verfahrensweise jedoch methodi-
scher Weg zur automatischen Verlagerung von Maschinenbefehlen wird in der
Arbeit von T.G. Rauscher ([8]) beschrieben. Er fügt dem normalen Übersetzungsprozeß, bei dem Zwischencode für eine später stattfindende Objekt-
codegenerierung erzeugt wird, eine zusätzliche Phase hinzu, die im

Zwischencode mehrfach auftretende Befehlsfolgen (Zweier-, Dreierfolgen, usw.) lokalisiert. Dieser zunächst statischen Analyse folgt eine dynamische Analyse, die erst endgültige Aussagen über die Häufigkeitsverteilung sowie den Zeit- und Speicherbedarf der statisch ermittelten Befehlsfolgen ermöglicht. Anschließend werden die Ergebnisse der statischen Analyse mit den Daten der dynamischen Analyse korreliert, was zu einer unterschiedlichen Gewichtung der ermittelten Befehlsfolgen führt. Alle Folgen, die eine hohe Bewertung erhalten haben und zusätzlichen Randbedingungen genügen (d.h. es müssen "lineare Routinen" sein), werden am Ort ihres Auftretens durch einen neuen Maschinenbefehl ersetzt und so mit in den Standard-Befehlssatz aufgenommen. Der zugehörige Mikrocode wird in den regulären Maschinenbefehlssatz-Interpreter integriert. Die Suche und Verlagerung von geeigneten Befehlsfolgen wird fortgesetzt, bis die Kapazität des Mikrobefehlsspeichers ausgeschöpft ist.

Für jedes global zu optimierende Programm, bzw. auch für unterschiedliche Anwendungsfälle, ließe sich so eine speziell angepaßte Maschinenarchitektur generieren. Bei Verwendung einer dynamisch mikroprogrammierbaren Maschine mit entsprechend großen Mikroprogrammspeicher (Writable Control Store) könnte dann die dem Benutzer sichtbare Maschinenarchitektur nach Belieben umdefiniert werden (T.G. Rauscher [8]: "Dynamic Problem-Oriented Redefinition of Computer Architecture via Microprogramming"). Die problemabhängige Umdefinition der Maschinenarchitektur ist dabei in den regulären Übersetzungsprozeß integriert (automatisches Verfahren).

c) <u>Verfahren nach Liu und Mowle ([5]):</u>

Die Überlegungen von Liu und Mowle zielen mehr auf die Lokalisierung und Verlagerung von inneren Programmschleifen (inner loops) aus FORTRAN-Programmen, die in ihrer Struktur ähnlich aufgebaut sein müssen wie die eingangs definierten linearen Routinen und im Gegensatz zu den äußeren Programmschleifen zu sehen sind. Liu und Mowle gehen dabei von der berechtigten Annahme aus, daß innere Programmschleifen in der Regel häufiger ausgeführt werden als die restlichen Programmteile. Innere Schleifen sollen dann vorzugsweise in Mikrocode geschrieben und direkt vom schnelleren Mikroprogrammspeicher ausgeführt werden. Die auf diese Weise entstehende Aufteilung der Ausführung von Fortran-Programmen (teilweise Hauptspeicher, teilweise Mikrospeicher) führt zur Definition des von Liu und Mowle verwendeten Leistungsmaßes:

$$G_{ET} = \frac{T_M}{T_{MC}}$$

mit den Bedeutungen: G_{ET} = Gewinn an Ausführungszeit

T_M = Ausführungszeit für ein Programm, das sich vollständig im Hauptspeicher befindet

T_{MC} = Ausführungszeit für ein Programm, das auf Hauptspeicher und Mikroprogrammspeicher verteilt ist

Der Erfolg des Verfahrens von Liu und Mowle wird dann wesentlich von der Beantwortung der folgenden Fragestellungen bestimmt:

1. Welche Teile eines Programms sollten aus dem Mikroprogrammspeicher ausgeführt werden?

2. Auf welche Weise und wann soll der beschreibbare Teil des Mikroprogrammspeichers geladen werden?

3. Welche Kapazität an beschreibbarem Mikroprogrammspeicher muß zur Erzielung eines signifikanten Leistungsgewinns bei gleichzeitig optimalen Preis/Leistungsverhältnis zur Verfügung gestellt werden?

Dabei wird immer von der Vorstellung ausgegangen, daß der Mikrospeicher in Teilen als ROM (für die Standard Mikroroutinen; außerdem billiger) und als RAM (für die zu verlagernden Routinen) zur Verfügung steht (Bild 2).

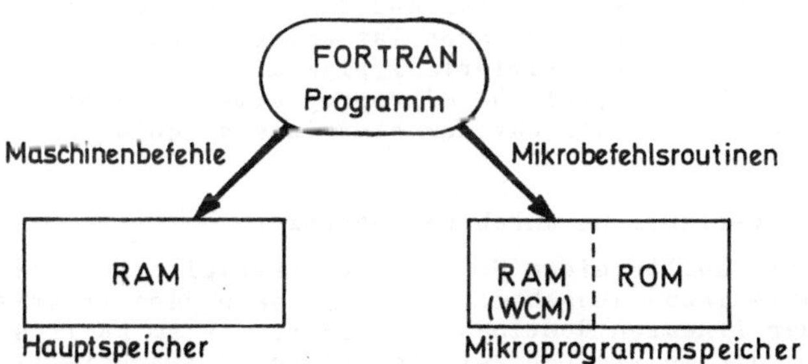

Bild 2: Aufteilung von FORTRAN-Programmen auf Hauptspeicher und Mikroprogrammspeicher

Auf der Basis des Verlagerns von inneren Programmschleifen (linearen Routinen) und der Forderung nach möglichst optimaler Ausnutzung des Mikroprogrammspeichers beschreiben Liu und Mowle vier Methoden zur vertikalen Verlagerung. Die drei ersten nachfolgend skizzierten Methoden gehen von der Annahme aus, daß keine das Laufzeitverhalten der Programme betreffenden Daten bzw. Statistiken vorhanden sind:

<u>Methode 1</u>: Statisches Laden innerer Programmschleifen

Innere Schleifen werden in der Reihenfolge ihres Auftretens in Mikroprogramme übersetzt. Der Übersetzungsprozeß bricht ab, sobald der verfügbare Platz im Mikroprogrammspeicher ausgefüllt ist. Die Konversion innerer Schleifen kann auf Quellprogramm- oder Objektprogrammebene durchgeführt werden (siehe auch Abd-Alla, Karlgaard).

Programmdaten (Variable und Konstanten), die in den inneren Schleifen benötigt werden, müssen auf geeignete Weise auf die Prozessorregister abgebildet werden. Das Laden und Retten solcher Daten erfordert zur Laufzeit eventuell einen großen Verwaltungsaufwand, weshalb häufig Daten einfach im Hauptspeicher belassen werden, wo auf sie direkt zugegriffen wird.

<u>Methode 2</u>: Selektives (und statisches) Laden innerer Schleifen

Innere Schleifen werden nach der Anzahl der ihnen zugehörigen äußeren Schleifen geordnet und damit prioritiert. Zur besseren Ausnutzung des meist nur begrenzt vorhandenen Mikroprogrammspeichers werden zuerst die höchstprioren und längsten (Codelänge) inneren Schleifen verlagert. Für Programmdaten gelten ebenfalls die Aussagen von Methode 1.

<u>Methode 3</u>: Dynamische Überlagerung innerer Schleifen

Der Mikroprogrammspeicher wird als Cache für Mikrobefehle organisiert. In Abhängigkeit von der Wortbreite der Mikrobefehle sind eventuell mehrere Hauptspeicherzyklen erforderlich, um ein Mikrowort zu laden. Der Verwaltungsaufwand für die Cacheorganisation und das dynamische Laden von Daten ist entsprechend hoch, kann aber durch eine mikroprogrammierte Implementierung gesenkt werden. Der für Methode 3 erforderliche Mikroprogrammspeicherplatz ist klein, wenn zu einem Zeitpunkt nur eine innere Schleife geladen ist.

<u>Methode 4</u>: Steuerung der Verlagerung durch den Benutzer

Sinnvollerweise sollte diese Methode von Laufzeitergebnissen (Programmstatistiken) ausgehen. Es werden dann jene Programmschleifen oder linearen Routinen verlagert, die am häufigsten sind und auch die meiste Laufzeit benötigen. Mit speziellen Anweisungen (siehe Abschnitt 3.2) steuert der Benutzer die Generierung von Mikrocode. Je nach Kapazität des zur Verfügung stehenden Mikroprogrammspeichers wird bezüglich des Ladens von Mikroprogrammen und Daten nach den Methoden 1, 2 oder 3 verfahren.

Liu und Mowle beschreiben in [5] ein Verfahren zur Zerlegung von inneren Programmschleifen, die den Bedingungen an die eingangs definierten "linearen Routinen" nicht genügen. Im wesentlichen geht es dabei um die Behandlung von mehrfachen Einsprüngen sowie auch Aussprüngen sowie um die Organisation des Zugriffs auf Daten und die Übergabe und Rückgabe von Parametern. Damit und mit der vorgestellten Methode 4, die im wesentlichen ein manuelles Verfahren darstellt, ist bereits der Übergang zur lokalen Optimierung, d.h. zur Verlagerung von Funktionen geschaffen.

Mit den automatischen Verfahren zur globalen Optimierung ([2], [3]) lassen
sich bis zu ca. 25 % der Gesamtlaufzeit eines Programms einsparen und anderen
Zwecken zuführen. Dies entspricht nach Liu/Mowle einem Gewinnfaktor von
ca. 1,3. Bei einer etwas genaueren Betrachtung der zugrundeliegenden Maschinenarchitekturen müssen auch noch die Einflüsse der Anzahl von Hardwareregi-
stern, der festverdrahteten Arithmetikfunktionen und natürlich der Kapazität
des beschreibbaren Mikroprogrammspeichers (WCM) berücksichtigt werden. Dabei
kann z.B. festgestellt werden, daß die Anzahl der leistungssteigernden Register zwar vom Anwendungsfall abhängig ist, aber bei einer Überschreitung der
Zahl 16 keine signifikanten Leistungsgewinne mehr erbringt. Ähnliche Aussagen
lassen sich für die Optimierung der Kapazität des Mikroprogrammspeichers machen, da bei Simulationen in [5] beispielsweise festgestellt wurde, daß für
alle Verlagerungsmethoden die mit wachsender Mikroprogrammspeicherkapazität
erzielbare differentielle Leistungssteigerung rasch verschwindet bzw. konstant
klein wird (Bild 3).

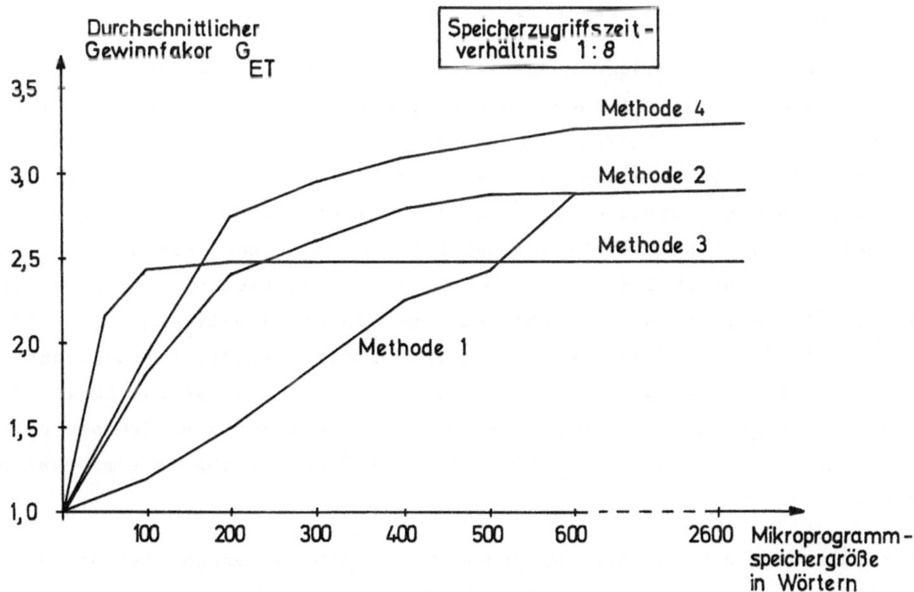

Bild 3: Abhängigkeit des durchschnittlichen Gewinnfaktors G_{ET}
von der Kapazität des Mikroprogrammspeichers
(qualitative Angaben nach [5])

Nach Bild 3 (Methode 4) und nach den allgemeinen Erfahrungen mit der vertikalen Verlagerung von Programmteilen lassen sich mit den auf exakten Analysen (statisch sowie dynamisch) basierenden manuellen Verlagerungsverfahren derzeit noch die besten Ergebnisse erzielen. Gegenstand genauerer Betrachtungen sind daher jene manuelle Verfahren, die bei der lokalen Optimierung und hier speziell bei der Verlagerung von Funktionen eingesetzt werden.

2.3 Verlagerung von Funktionen

Unter "Funktionen" werden hier solche Programmteile verstanden, die in einem Programmsystem einen zentralen Dienstleistungscharakter besitzen und damit auch einer entsprechend großen Aufrufhäufigkeit unterliegen. Ganz allgemein kann man sich darunter Programmoduln, Funktionsprozeduren, allgemeine Prozeduren, Unterprogramme oder auch Makros vorstellen, je nach Typ der als Basis der Betrachtungen dienenden Programmiersprache. Allen Funktionen ist jedoch gemeinsam, daß sie zur Ausführung eigene Datenbereiche (lokale Daten) und eventuell auch fremde Daten (globale Daten) benötigen sowie auch in der Lage sein müssen, Parameter zu akzeptieren und/oder auch zurückzugeben:

Im allgemeinen Fall muß sogar gewährleistet sein, daß aus einer Funktion (Prozedur) auch andere, auf gleicher Ebene oder auch höher liegende, Funktionen (Prozeduren) beliebig aufgerufen werden können, sofern sie sich im "Sichtbereich" (Scope) der betrachteten Funktion befinden. Funktionen haben insofern einen völlig anderen Charakter als die eingangs definierten linearen Routinen, als sie selbst aus einer Anzahl solcher Routinen bestehen, die durch Verzweigungen unterschiedlicher Art und dem Aufruf von Funktion verschiedener hierarchischer Stufen miteinander verbunden sind. In einen weitestgehenden Ansatz wird dann gefordert, daß als Verlagerungskandidaten ermittelte Funktionen vollständig und ohne Einschränkungen verlagert werden können sollen. Es zeigt sich, daß diese Forderung nur für solche Hardware/Firmware/Software-Systeme erfüllt werden kann, die bereits einige der in Kapitel 3 beschriebenen Voraussetzungen besitzen.

Zur Vereinfachung der Darstellung gehen wir in den folgenden Abschnitten davon aus, daß die zu optimierenden Programmsysteme in höheren, blockstrukturierten Programmiersprachen mit Prozedurkonzept geschrieben sind. Unter diesen Voraussetzungen werden die Begriffe "Funktion" und "Prozedur" synonym behandelt.

d) <u>Verfahren nach Kölsch und Flöthe ([4])</u>:

Gegenstand der Untersuchungen ist die Verlagerung von PASCAL-Prozeduren in Mikroprogramme auf den mikroprogrammierbaren Großrechner SIEMENS 7.755. Da der Anschluß von Mikroprogrammen aus höheren Programmiersprachen auf der Siemens-Anlage nicht unterstützt wird, wurde die Sprache PASCAL um das Wortsymbol MIKRO erweitert, das zur Kennzeichnung der in Mikroprogramme zu verlagernden Prozeduren dient:

      PROCEDURE <Bezeichner > (< Parameterliste >); MIKRO;

Die in der Parameterliste enthaltenen Größen werden beim Aufruf der Prozedur in maximal 7 zur Verfügung stehende Register geladen. Für das neue PASCAL-Statement "MIKRO" erzeugt der PASCAL-Compiler den ebenfalls neuen Maschinenbefehl

      "EXWCM".

Dieser sorgt während der Laufzeit für die Übergabe der Kontrolle an das zuvor übersetzte und in die richtige Mikroprogrammumgebung eingebundene Mikroprogramm. Bei der Anwendung des Verfahrens müssen die folgenden Randbedingungen und Einschränkungen beachtet werden:

- Die Anzahl der übertragbaren Parameter und Größen (z.B. die Adressen globaler Daten) ist stark eingeschränkt.
- Funktionen oder Prozeduren dürfen nicht als Parameter auftreten.
- Eine in ein Mikroprogramm verlagerte Prozedur darf keine PASCAL-Prozedur aufrufen, da der Rücksprung in das Mikroprogramm nicht möglich ist.
- Eine Marke im PASCAL-Programm kann aus dem Mikroprogramm nicht angesprungen werden.

Die Lokalisierung von Verlagerungskandidaten erfolgt mit der Unterstützung eines Softwaremonitors. Im ersten Schritt wird die Aufrufhäufigkeit der einzelnen Prozeduren, die von ihnen anteilmäßig verbrauchte Rechenzeit und ihr prozentualer Anteil an der Gesamtlaufzeit ermittelt. Anschließend wird eine Durchführbarkeitsanalyse für die Verlagerung der höchstgewichteten Prozeduren vorgenommen. Als Folge der Analyse ist eventuell eine Zerlegung der Verlagerungskandidaten in lineare Routinen (hier 'Basisblöcke') erforderlich. Das weitere Vorgehen entspricht dem Verfahren nach Liu/Mowle (Methode 4).

Bei der Verlagerung von Prozeduren aus PASCAL-Anwenderprogrammen wurden Gewinnfaktoren zwischen 5 und 10 erreicht. Diese Faktoren beziehen sich auf die Laufzeiten der einzelnen Prozeduren.

<u>e) Verfahren nach Stockenberg und van Dam ([1]):</u>

Stockenberg und van Dam haben ein recht komfortables Verfahren zur Lokalisierung von Verlagerungskandidaten entwickelt, das für die mikroprogrammierbaren IBM/370 Systeme entwickelt wurde und ein graphisches Programmsystem zur Darstellung der Leistungsdaten von Verlagerungskandidaten benutzt. Die zur Lokalisierung der Kandidaten benutzten Analysetechniken entsprechen jedoch weitgehend den bisher beschriebenen Verfahren (statische und dynamische Analysen).

Stockenberg und van Dam gehen davon aus, daß die Prozeduraufrufe in geschichteten Softwarehierarchien in einer wohlgeordneten aber (vom Programm und auch der Programmiersprache abhängigen) grundsätzlich beliebigen Reihenfolge stattfinden. Als Kandidaten für die Verlagerung sollen jedoch nur solche Prozeduren zugelassen werden, die einer definierten "Benutzungsrelation" unterliegen.

USES(P_i, P_j) heißt: "P_i ruft P_j auf bzw. benützt P_j zur Ausführung der Prozedur P_i". P_i muß dabei auf einer höheren Ebene angeordnet sein als P_j ($i > j$). Die niedrigste Ebene ist jene, für deren P_i keine P_j mehr existieren. Da nach der USES-Relation nur Aufrufe von höheren auf tiefere Ebenen erfolgen dürfen, ist eine Rekursion zwischen den Schichten automatisch verboten. Diese strenge Definition entspricht jedoch nicht den programmtechnischen Realitäten, weshalb die Autoren zwischen CALLs (im Sinne von USES) und TRAPs unterscheiden (Bild 4):

CALL: Aufruf einer niederen Ebene aus einer höheren Ebene mit Rücksprung.
TRAP: Aufruf einer höheren Ebene aus einer niederen Ebene ohne Rücksprung.

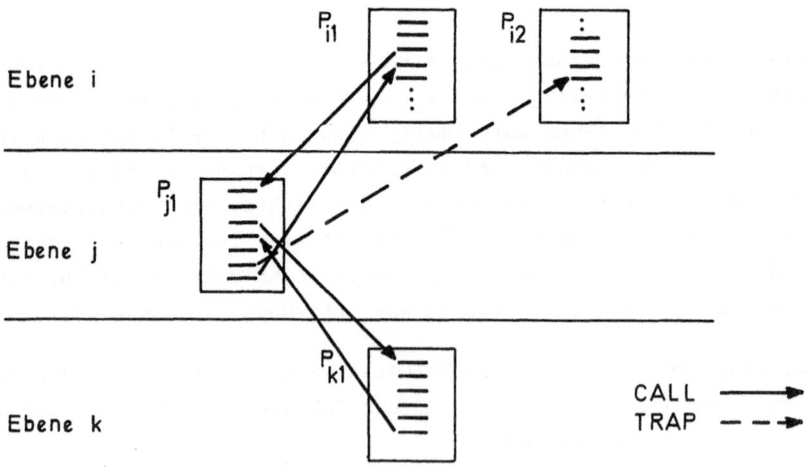

<u>Bild 4:</u> Bedeutung von CALLs und TRAPs

TRAP bedeutet das vorzeitige Verlassen einer aufgerufenen aber verlagerten
Funktion/Prozedur vor deren endgültigen Abarbeitung und ohne Rückkehr an die
verlassene Stelle (z.B. im Fehlerfall oder bei speziellen Ablaufbedingungen).
TRAP entspricht im wesentlichen dem bei Verfahren d) ausgeschlossenen Sprung
auf eine Marke der höher liegenden Ebene und ist hier zugelassen.

Um den Kreis der damit zugelassenen Verlagerungskandidaten etwas erweiten zu
können, unterscheiden Stockenberg und van Dam die folgenden zwei Fälle:

1. Programmteile mit unbedingten Prozeduraufruf sind keine Kandidaten für eine
   Verlagerung, es sei denn die aufzurufende Prozedur wird ebenfalls verlagert.

2. Programmteile mit bedingten Prozeduraufruf können dann verlagert werden,
   wenn der Aufruf in dem weniger häufig durchlaufenen Pfad der Programmver-
   zweigung liegt.

Für den zweiten Teil kann eine Verlagerung auf die in Bild 5 dargestellte
Weise vorgenommen werden.

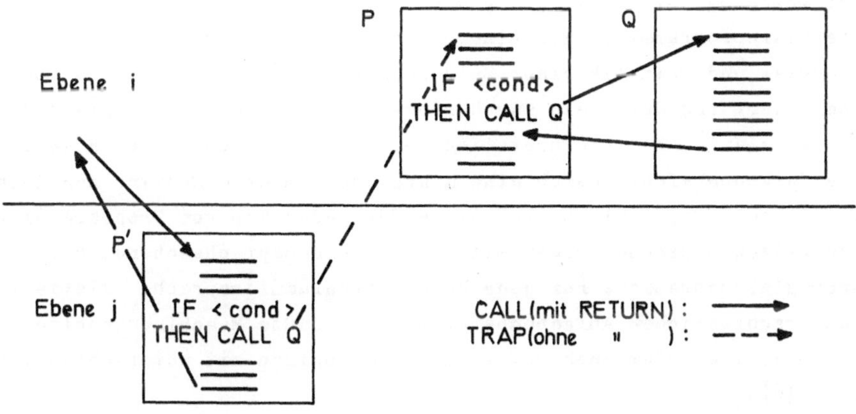

Bild 5: Erweiterung des Anwendungsbereiches der vertikalen Verlagerung über
den Einsatz von TRAPs

Die betreffende Funktion wird von Ebene i nach Ebene j verlagert (P'), die
Originalversion jedoch auf der ursprünglichen Ebene belassen (P). Während der
Laufzeit wird grundsätzlich die verlagerte Funktion P' unter der Annahme an-
gesprungen, daß der Aufruf von Q aus P' nur selten erforderlich ist und

deshalb P' in der Regel komplett abgearbeitet werden kann. Ist jedoch die Abfragebedingung wahr und deshalb ein Aufruf von Q erforderlich, so erfolgt ein TRAP auf den Beginn der Originalversion P. Bevor jedoch damit begonnen werden kann P auszuführen, müssen zunächst die von P' durchgeführten Aktionen rückgängig gemacht werden. Hierzu sind exakt definierte Informationen über die erforderlichen Aufsetzpunkte (z.B. Anfangszustand von P) erforderlich, washalb diese Technik bereits Ähnlichkeiten mit Wiederanlaufverfahren hat und somit in der Handhabung recht aufwendig werden kann.

Bei der Verlagerung von Prozeduren aus PL/360-Programmen wurden auf die Prozeduren bezogene Gewinnfaktoren zwischen 5 und 10 erreicht. Nach Einbettung der durch Mikroprogramme realisierten Prozeduren in die Programmumgebung, konnte ein um den Faktor 1 bis 2 insgesamt verbessertes Laufzeitverhalten ermittelt werden.

f) <u>Verfahren nach Meinke ([7])</u>:

Die Rechenanlagen der Familie Burroughs B 1700/B 1800/B 1900 besitzen eine flexible, an verschiedenen höheren Programmiersprachen orientierte, Rechnerarchitektur (Bild 6), die vollständig durch Mikroprogramme realisiert ist (dynamische Mikroprogrammierung). Eine bestimmte Rechnerarchitektur wird durch die Syntax und Semantik einer Zwischensprache (Objektebene des Übersetzers) definiert und durch ein zugehöriges Mikroprogramm (Interpreter) ablauffähig realisiert. Als Interpretation sei dabei die schrittweise Ausführung eines jeden Zwischenbefehls durch eine mikroprogrammierte Routine des Interpreters bezeichnet. Begrifflich sind diese für jeden Typ von Programmiersprache vorhandenen Zwischensprachenebenen mit den Maschinensprachenebenen herkömmlicher Rechner gleichzusetzen. Für jede höhere Programmiersprache existiert dann eine den unterschiedlichen Aufgabenbereichen angepaßte Maschinenarchitektur (z.B. Kellermaschinen oder auch Multiregistermaschinen mit unterschiedlichen Wortformaten [6]).

Die Maschinenebene der systemorientierten Implementierungssprache (Betriebssystem und alle Übersetzer) ist dabei als deskriptororientierte Kellermaschine ausgelegt. Durch die mikroprogrammierte Implementierung bedingt und wegen der freien Mikroprogrammierbarkeit der betrachteten Burroughs Systeme, lassen sich Experimente zur vertikalen Verlagerung besonders gut durchführen (siehe die nachfolgende Fallstudie und [6], [7]). Hier sei lediglich darauf hingewiesen, daß sich alle bisher besprochenen manuellen Verfahren zur globalen und lokalen Optimierung einsetzen lassen und teilweise sogar direkt durch die vom Hersteller mitgelieferte Software unterstützt werden.

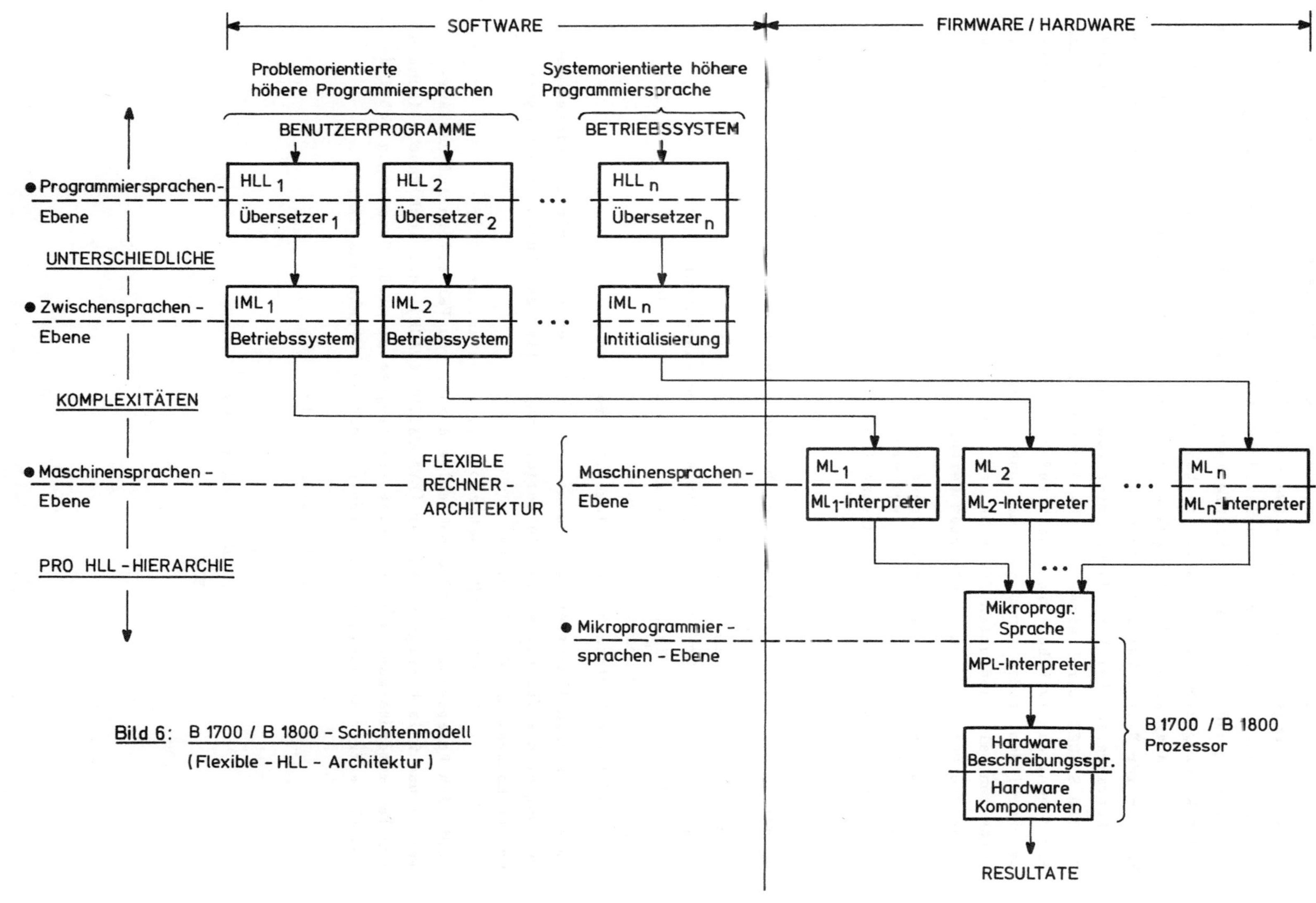

Bild 6: B 1700 / B 1800 – Schichtenmodell (Flexible – HLL – Architektur)

Durch eine Erweiterung der Maschinenarchitektur für die systemorientierte Implementierungssprache (SDL: Software Development Language - PL/1 ähnlich, blockstrukturiert, prozedurorientiert) ist es darüberhinaus gelungen, das von Stockenberg und van Dam nur unbefriedigend gelöste Problem des Prozeduraufrufs aus Mikroprogrammen in den Griff zu bekommen. Begünstigt wurde das Vorgehen durch die ausgeprägte Kellerstruktur der SDL-Maschine, in der neben mehreren Kellern für Daten, Zwischenergebnisse etc. ein Keller für die Speicherung von Rückkehradressen bei Prozeduraufrufen und dergleichen reserviert ist (PROGRAM POINTER STACK). Durch eine einfache Änderung der Kellerstruktur läßt sich dann erreichen, daß zwischen Prozeduraufrufen auf Softwareebene oder Firmwareebene unterschieden werden kann. Will man nun Prozeduren, die selbst Prozeduraufrufe enthalten, als Kandidaten für eine Verlagerung zulassen, so muß zunächst eine Reihe von Detailfragen beantwortet werden:

1. Ermittlung und Übergabe der Codeadressen aus dem Mikroprogramm aufzurufender Prozeduren sowie Übergabe weiterer Parameter.

2. Retten der nächsten Befehlsadresse (auf Softwareebene) und Eintritt in das Mikroprogramm.

3. Retten bereits übergebener aber später wieder benötigter Parameter (Adressen und Werte), falls das Mikroprogramm zwischendurch verlassen werden sollte.

4. Retten der bis zum Verlassen des Mikroprogramms bearbeiteten Daten, falls wieder zurückgekehrt wird.

5. Retten der nächsten Befehlsadresse (auf Firmwareebene).

6. Verlassen des Mikroprogramms (Software-Prozeduraufruf)

7. Rückkehr in das Mikroprogramm (aus Software-Prozedur)

8. Holen der zuvor geretteten Daten

9. Endgültiges Verlassen der verlagerten Prozedur

In der Systemimplementierungssprache SDL existieren standardmäßig einige Anweisungen, die für die vertikale Verlagerung beliebiger Funktionen eingesetzt werden können. Mit der Anweisung

EXECUTE (<Parameter 1> , ..., <Parameter n>);

läßt sich beispielsweise eine beliebige Anzahl von Parametern auf den Auswerte- und Zwischenergebniskeller (EVALUATION STACK), der auch ganz allgemein zur Parameterübergabe auf Softwareebene eingesetzt wird, übertragen wobei der vom Übersetzer abgesetzte SDL-Maschinencode so aufgebaut ist:

```
LOAD < Parameter 1>
      .
      .
      .
LOAD < Parameter n>
EXEC
```

Nach dem Ausführen der LOAD-Anweisungen befinden sich alle Parameter bzw. deren beschreibende Datenstrukturen (Deskriptoren) in umgekehrter Reihenfolge auf dem oben beschriebenen Keller und sind damit für die nachfolgende Anweisung EXEC unmittelbar zugänglich. EXEC ist in der Standard-Software leer bzw. führt auf den Hinweis "Invalid Operator" und zum Programmabbruch. Dies erlaubt dem System- oder Anwendungsprogrammierer, ein Mikroprogramm zum Ausführen einer Funktion seiner Wahl einzufügen. Ein bewährtes Vorgehen dabei ist, abgeschlossene Programmstücke mit klar definierten Schnittstellen (Prozeduren) funktionsmäßig durch ein Mikroprogramm nachzubilden. Ähnlich wie bei der Parameterübergabe erfolgt die Rückgabe ermittelter Werte (z.B. bei Funktionsprozeduren) ebenfalls über den Keller.

Ist es erforderlich, außerhalb des Wirkungskreises der zu verlagernden Prozedur existierende Variable oder Konstanten (globale Daten) ansprechen oder auch außerhalb liegenden Prozeduren aufrufen zu müssen, so können die Programmadressen mit einer speziellen Anweisung ermittelt und damit auch der Parameterübergabe zugänglich gemacht werden:

LOCATION (< Bezeichner >);

Für Bezeichner steht der Name einer Prozedur oder einer Variablen - der Übersetzer sorgt selbst für die formatgerechte Aufbereitung. Mit diesen und weiteren, hier nicht näher beschriebenen (siehe auch [7]), Anweisungen kann nahezu jede beliebige Information über den Parameterübergabemechanismus der Software-Firmwareschnittstelle an das nachfolgende, EXECersetzende, Mikroprogramm übergeben werden. Im Augenblick des Aufrufs besitzt das Mikroprogramm dann die volle Kontrolle über die Hardware und die SDL-Maschine mit allen in den verschiedenen Kellern enthaltenen Daten. Damit wird es möglich, den in der verlagerten Prozedur (Mikroprogramm) für lokale Daten, Zwischenergebnisse, Zustandsrettung und dergleichen eventuell benötigten Speicherplatz ebenfalls in den Kellern der SDL-Maschine unterzubringen. Hierfür bietet sich der ohnehin zur Laufzeit dynamisch auf- und abgebaute Datenkeller mit variabler Struktur an (NAME/VALUE STACK). Sofern von dem speziellen Mikroprogramm exakt die gleichen Schnittstellen zur Kellermanipulation (spezielle Mikroroutinen) verwendet werden, bleibt die zusätzliche Nutzung der Keller für die oberen Softwareschichten vollkommen transparent ([7]) - es ist bei der Initialisierung des Programms lediglich dafür Sorge zu tragen, daß die maximale Kellergröße auch der zusätzlichen Nutzung Rechnung trägt. Der nach der Verlagerung von Prozeduren insgesamt erforderliche Speicherplatz ist jedoch immer kleiner als der vor der Verlagerung benötigte Raum.

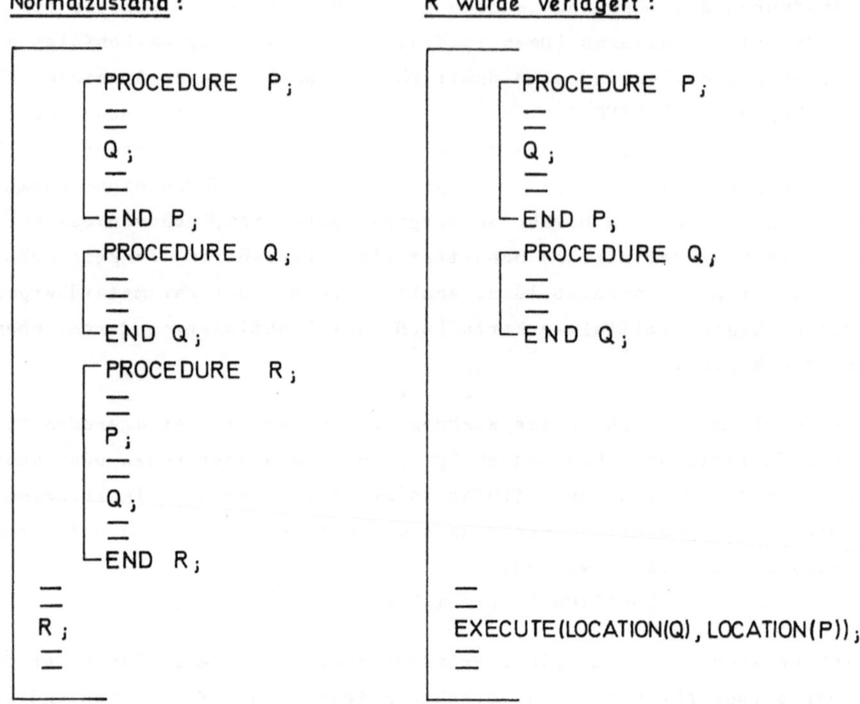

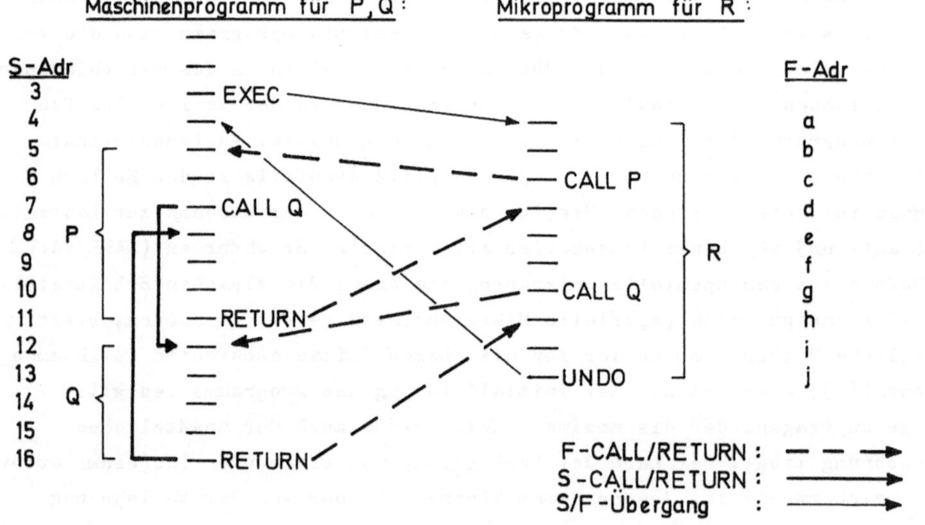

Bild 7: Beispiel einer Prozedurverlagerung

Zur Demonstration des Verfahrens seien drei Prozeduren P, Q und R innerhalb eines Blocks definiert (Bild 7). Nach einer Ablaufanalyse soll entschieden werden, daß die Prozedur R in die Firmware zu verlagern ist. Bei einer näheren Betrachtung zeigt es sich, daß R während des Ablaufs auch noch die Dienste von P und Q benötigt. Im Quelltext des Programms wird nun der Aufruf von R durch die Anweisung EXECUTE (LOCATION (Q), LOCATION (P); ersetzt, in der die formatgerechten Programmadressen von P und Q als Parameter an das Mikroprogramm übergeben werden. Die Beschreibung der Prozedur R wird auf der Softwareebene nicht mehr benötigt und kann entfallen. Ein der Prozedur R funktionsäquivalentes Mikroprogramm ist nun zu entwerfen und an die Stelle von EXEC in den Interpreter zu setzen.

Im Zuge der Interpretation des Maschinenprogramms des zu betrachtenden Blocks trifft der Interpreter auf den Maschinenbefehl EXEC (Bild 7) und führt hierzu das Mikroprogramm für R aus. In dieses Mikroprogramm sind wiederum einige Maschinenbefehle der Softwareebene eingelagert (CALL P, CALL Q, UNDO), Mikroprogramme also, die direkt von der EXEC-Mikroroutine aufgerufen werden und den Anschluß an die Softwareebene darstellen. Vor dem Verlassen der EXEC-Mikroroutine (d.h. der Firmware) muß jedoch analog zu den Vorgängen auf Softwareebene, die Rückkehradresse ins Mikroprogramm gerettet werden. Logischerweise dient hierzu der Rückkehradressenkeller der SDL-Maschine (Bild 8) in dem zusätzlich eine Kennung über die Herkunft der Rückkehradresse untergebracht ist. Bei den später auszuführenden RETURN, UNDO-Maschinenbefehlen muß nämlich immer zuerst festgestellt werden, wie die Rückkehradresse im Format und ihrer Bedeutung zu interpretieren ist (beispielsweise beim Verlassen von Q - siehe Bild 7). Die privaten Daten des Mikroprogramms EXEC sind in der bereits beschriebenen Weise im NAME/VALUE STACK untergebracht und werden somit nach jeder Rückkehr in EXEC wieder sichtbar (Bild 8b).

Das endgültige Verlassen der über EXEC in ein Mikroprogramm verlagerten Prozedur muß dann analog zu den Vorgängen auf Softwareebene geschehen. Hierzu wurde der SDL-Maschinenbefehl UNDO ausgewählt, der den Rückkehradressenkeller und den Namen/Wertekeller wieder in den Originalzustand vor Eintritt in das Mikroprogramm EXEC versetzt: die Wirkung einer solchen vertikalen Prozedurverlagerung entspricht damit den Einlagen einer DO-Schleife.

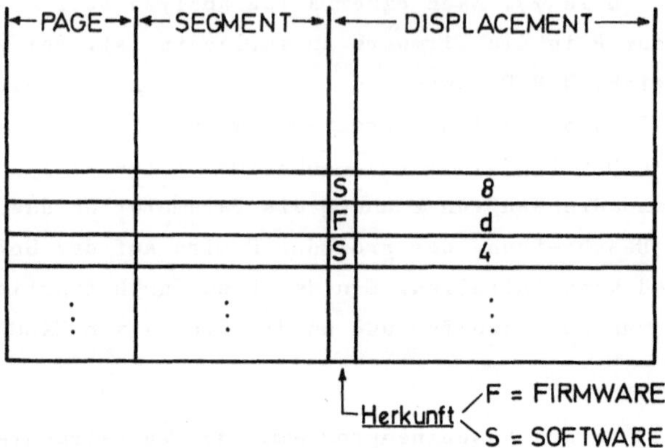

a) Rückkehradressenkeller der SDL-Maschine

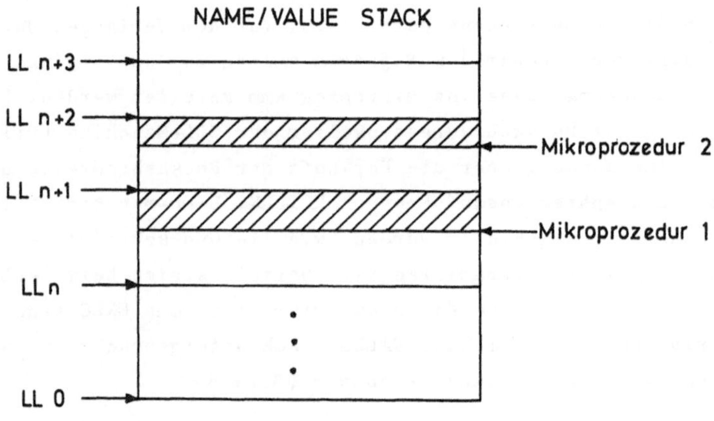

b) Datenkeller der SDL-Maschine

Bild 8: **Architekturerweiterungen im Bereich der SDL-Maschine**

Bei der Verlagerung von Prozeduren aus SDL-Programmen wurden Gewinnfaktoren zwischen 5 und 15 erreicht. Objekte der Verlagerung waren einige Prozeduren aus dem Bereich der Hauptspeicherverwaltung des B1700 Betriebssystems MCP II (siehe Kapitel 3).

2.4 <u>Zusammenfassung von Ergebnissen</u>

Die Auswahl des für einen bestimmten Anwendungsfall geeigneten Verfahrens wird
durch drei Kriterien stark beeinflußt:
1. Gibt es Einschränkungen in der Anwendung?
2. Wie groß ist die Leistungsfähigkeit (zu erwartender Gewinn)?
3. Wie gut wird die Verlagerung vom System unterstützt?

Grundsätzlich kann gesagt werden, daß der Grundaufwand bzw. die Entwicklungs-
kosten für Verfahren zur automatischen Verlagerungsimplementierung gegenüber der
manuellen Implementierung wesentlich höher eingestuft werden muß. Stellt man das
Kriterium "Gewinn" in den Vordergrund der Überlegungen, so werden vor allem Verfahren mit lokaler Wirkung (Funktionsverlagerung) zu berücksichtigen sein.

Eine zusammenfassende Beurteilung der verschiedenen Verfahren mit dem Versuch
einer Klassifikation ist aus Bild 9 zu entnehmen. Bei jedem Verfahren wird dabei
eine Beurteilung der Form: (< 1. Kriterium >, < 2. Kriterium >, <3. Kriterium >)
angegeben.

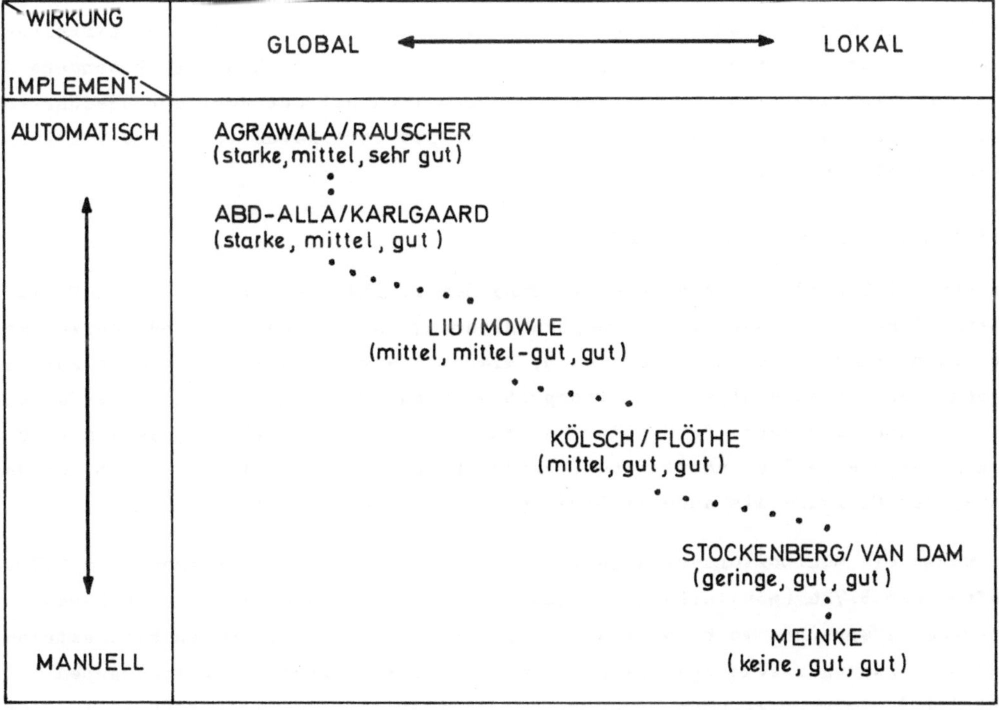

<u>Bild 9:</u> Klassifikation und Beurteilung von Verlagerungsverfahren

3. Voraussetzungen zur vertikalen Verlagerung (Fallstudie)

Für Forschungsarbeiten auf dem Gebiet der Rechnerarchitektur und Mikroprogrammierung steht am Institut für Informatik IV der Universität Karlsruhe seit Sommer 1975 eine Burroughs B1726 zur Verfügung. Im Verlaufe einer umfangreichen Analyse der B1700-Architektur und beim Erstellen mehrerer, unterschiedlich komplexer Mikroprogramme (z.B. Interpreter sowie Betriebssystemkern für CONCURRENT PASCAL, Emulator für SIEMENS 330/16 Bit, Interpreter für eine abstrakte Objektmaschine und den Treibern für nahezu alle Peripheriegeräte - insgesamt ca. 80 K Byte Mikroprogramme) hat sich gezeigt, daß einige System- und Softwareeigenschaften vorhanden sind, die sich für die vertikale Verlagerung von Software-Funktionen vorteilhaft verwenden lassen. In einer weiteren Arbeit ([7]) konnten Änderungen an der B1700-Architektur spezifiziert und implementiert werden, die den Einsatz des in Abschnitt 2.3 f) entwickelten, erweiterten Verfahrens zur Verlagerung von Software-Funktionen ermöglichen.

Die in den nachfolgenden Abschnitten aufgeführten Voraussetzungen zur vertikalen Verlagerung sind zum Teil als direkte Erkenntnisse aus den am Institut für Informatik IV durchgeführten Arbeiten zu betrachten und bestätigen im wesentlichen die Ansichten der im Literaturverzeichnis aufgeführten Veröffentlichungen. An Stelle einer Auflistung aller in der Literatur als notwendig und hinreichend erachteter Voraussetzungen werden daher in zeitlicher Reihenfolge besonders diejenigen Erfahrungen angeführt, die als wesentlich bei der dort durchgeführten Entwicklung eines systematischen Verfahrens zur vertikalen Verlagerung erkannt wurden (Fallstudie).

3.1 Leistungs- und Ablaufanalyse

In Kapitel 2 wurde für die Unterstützung der 1. Phase einer vertikalen Verlagerung (Bestimmung des Verlagerungskandidaten) auf die Analyse des laufzeitmäßig zu optimierenden Programms verwiesen. Hierzu bieten sich zwei Methoden zur Leistungs- und Ablaufanalyse an: Stichprobenverfahren und Aufzeichnungsverfahren. Diese, unter den Begriff "Monitoring" zusammengefaßten Methoden, lassen sich mit einem geeigneten Instrumentarium (Geräte, Programme) sowohl im Bereich der Hardware, der Firmware als auch im Bereich der Software einsetzen.

Es wurde ein Monitoringsystem entwickelt, das einen bereits vorhandenen Mikrobefehl der B1726 (Monitorbefehl) benutzt, um über ebenfalls in den höheren Programmiersprachen vorhandene Anschlüsse Systeminformationen an eine externe Geräteanordnung zwecks Speicherung oder direkter Auswertung weiterzugeben (Bild 10). Im vorliegenden Einsatzfall wurde speziell Monitor A (Bild 10) für die Verfolgung von Prozeßabläufen in unterschiedlichen Detaillierungsgraden verwendet:

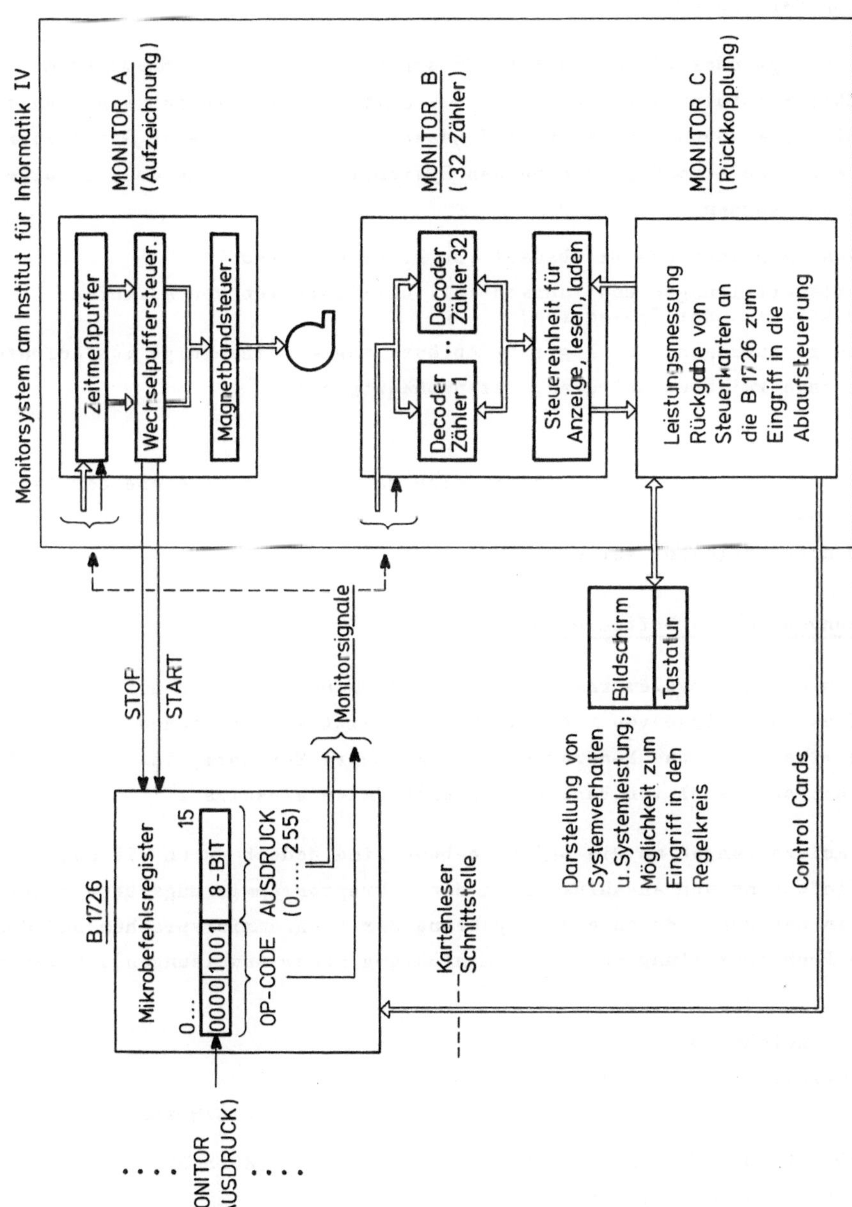

Bild 10 : Monitorsystem zur Leistungsmessung und Ablaufverfolgung

- Aufzeichnung jeden Maschinenbefehls
- Aufzeichnung ausgewählter Maschinenbefehle (z.B. Sprünge, Kellerzugriffe, etc.)
- Verfolgung von Prozeduraufrufen
- Verfolgung der Prozeßkommunikation

Monitor A verfügt über ein mit der B1726 synchronisiertes Zeitmeßsystem, das
Aussagen über Zeitintervalle zwischen zwei auftretenden Ereignissen (Monitor-
signale) mit einer Genauigkeit von $1/3$ μsec zuläßt. Mit dieser Gerätezuordnung
und weiteren, standardmäßig vorhandenen Systemprogrammen konnten die folgenden
Ziele erreicht werden:

- exakte Aussagen über den Zeitbedarf von Programmteilen
- Häufigkeitsverteilungen und Wahrscheinlichkeitsdichten von Aufrufen
  (z.B. Funktionen oder Prozeduren)
- vollständige Aussagen über logische Abläufe sowie Reihenfolge von Aufrufen
- Zusammenhänge zwischen Aufrufen, Datenabhängigkeiten

Bemerkung:

Die vorhandenen Systemprogramme lassen sich gut für alle Bereiche der Datenauf-
zeichnung einsetzen. Aussagen über den Zeitbedarf einzelner Komponenten können
damit aber nicht erreicht werden.

3.2 Forderungen an die Software-Ebene

Die Existenz einiger Systemprogramme, speziell mancher Optionen in den Compilern,
die zur direkten Analyse von Programmen eingesetzt werden können, hat sich als
nützlich erwiesen. Solche Programme (bzw. Software-Monitore) lassen sich flexi-
bel für eine Vorauswahl von Verlagerungskandidaten einsetzen.

Spezielle Anforderungen an die Softwareebene sind jedoch durch die Notwendigkeit des Einführens von Anschlüssen an die Mikroprogrammierungsebene gegeben.
Dies wird in der Regel durch eine Anpassung der Programmiersprachen und Compiler an die Problemstellung erreicht (Einführung neuer Anweisungen). Beispiele
sind:

a) . HELP <Bezeichner> ;

         <Liste von Anweisungen>

   . END;   (LIU/MOWLE)

b)   PROCEDUR (<Bezeichner>); MIKRO;   (KÖLSCH/FLÖTHE)

c)   EXECUTE (<Parameterliste>);

  oder EXECUTE (<Mikroprogramm>);   (MEINKE)

Bei der Beschreibung des Verfahrens nach Meinke wurde in diesem Zusammenhang
deutlich, welche Rolle der Mechanismus zur Parameterübergabe bei der Verlagerung von Funktionen spielt. Im Sinne einer möglichst breiten Anwendbarkeit
dieser Techniken wird daher gefordert, daß ein von beiden Seiten (d.h. von der
Sprachabarbeitung im Bereich der Software sowie auch von der Firmware) zugäng-
licher, verallgemeinerter Prozedurmechanismus in der Objektmaschine des Übersetzers vorgesehen wird. Zu berücksichtigen sind dabei die folgenden Forderungen:

- möglichst keine Register bei der Parameterübergabe verwenden (d.h. möglichst
  Kellermechanismus vorsehen),
- keine Beschränkungen der Parameterzahl,
- es soll möglich sein, Raum für private (lokale) Daten sowie auch für die
  Datenrettung schaffen zu können.

3.3 Forderungen an die Firmware-Ebene

Bei dem Versuch der zielstrebigen und schnellen Implementierung einer Technik
zur vertikalen Verlagerung von Funktionen hat sich die mangelhafte Systemdokumentation (Software wie Firmware) als größtes Hindernis erwiesen. Dies betrifft
speziell das Auftreten unerwarteter Nebenwirkungen bei dem Versuch, einige als
zentrale Dienstleistungen erkannte Mikroprogrammroutinen für die eigenen Zwecke
mitzuverwenden. Für die Mikroprogrammierung sollte der Einsatz von Techniken
strukturierter Programmierung, eine klare Definition von Schnittstellen und
eine vollständige Dokumentation ebenso eine Selbstverständlichkeit werden, wie
sie auf der Seite der Software seit längerer Zeit gepredigt wird.

Hilfreich sind sicherlich höhere Programmiersprachen zur Mikroprogrammierung,
wenngleich die in der Literatur bisher vorgestellten Sprachen etwas Zweifel in
Bezug auf ihre Ansprüche auf allgemeine Verwendbarkeit aufkommen lassen (speziell betreffend die Probleme der optimalen Codeerzeugung für sehr vertikal bis
sehr horizontal mikroprogrammierbare Maschinenarchitekturen). Gelingt es,
Lösungen für die wichtigen Probleme der Programmverifikation und Korrektheitsbeweise über die Verwendung von entsprechend vorbereiteten höheren Programmiersprachen aufzuzeigen, so bieten diese einen wesentlichen Vorteil gegenüber den
ansonsten maschinenangepaßten und damit meist leistungsfähigeren niederen Programmiersprachen (Mikroassembler). Techniken zur separaten Übersetzung und zum
Binden sollten aber auf jeden Fall vorgesehen sein.

Für den Test von Mikroprogrammen sollten zwei Verfahren in der folgenden Reihenfolge vorgesehen sein:

1. Testen auf einem Simulator.

   <u>Ziel:</u> Nachweis der Korrektheit des Mikroprogramms im Bezug auf die Verwendung von Schnittstellen zu anderen Mikroprogrammen und die internen logischen Abläufe.

2. Testen auf der Zielmaschine (On-line)

   <u>Ziel:</u> Nachweis der Korrektheit des Mikroprogramms betreffend die Zeitbedingungen in der realen Umgebung.

Beim Testen und Einsetzen von Mikroprogrammen muß stets berücksichtigt werden, daß jedes neue Mikroprogramm die Maschine in einen bisher nicht erreichten und damit nicht ausgetesteten Zustand überführt und dadurch auch bisher noch nicht erkannte Hardwarefehler provozieren kann. Dies ist ein fundamentaler Unterschied zum Softwarebereich, der in der Regel auf einer begrenzten und ausgetesteten Menge von Mikroprogrammen aufsetzt.

3.4 <u>Forderungen an die Hardware-Ebene</u>

Neben der eher grundsätzlichen Forderung, im Bereich der Hardware Hilfen zum Testen von Mikroprogrammen einzuplanen (z.B. Setzen von Haltepunkten, die beim Auftreten programmierbarer Werte im Adreßregister wirksam werden; Möglichkeiten zur Ablaufverfolgung in Mikroprogrammen durch Monitorbefehle, etc.), sind einige Punkte speziell für die Implementierung vertikaler Verlagerungstechniken zu nennen:

- das Mikrobefehlsadreßregister soll lesbar sein und auch geladen werden können,
- es sollte ein Hardware-Keller für Mikrobefehlsadressen (und Parameter im Bereich der internen Mikroprogrammierung) vorhanden sein (Größe 16 bis 32 Plätze),
- eine programmierbare Zeitüberwachung (watch dog) mit automatischer Unterbrechung des Mikroprogramms sollte vorhanden sein,
- Mikroprogramme sollten grundsätzlich unterbrechbar sein.

Die beiden letzten Punkte sind speziell als Sicherungen gegen evtl. auftretende Mikroprogrammschleifen gedacht. Überhaupt sollten bereits im Bereich der Hardware einige Sicherheitsanforderungen beachtet werden, vor allem wenn vorgesehen ist, die Mikroprogrammierungsebene auch dem Benutzer freizugeben. Im wesentlichen betrifft dies die Abschottung von Benutzer-Mikroprogrammen, d.h. der Schutz vor unbefugten Zugriff auf fremde Programme und Daten durch das Einführen von hardwareunterstützten Überwachungsmechanismen (capabilities, access rights).

4. Anwendungsbeispiel (Fallstudie)

Als Testfall für die vertikale Verlagerungstechnik nach Meinke ([7]) und als Anwendungsbeispiel sollten wesentliche Teile der Hauptspeicherverwaltung der Burroughs B1725 verlagert werden. Als erste Prozedur wurde die Freigabe von Speicherplatz analysiert und mit den folgenden Ergebnissen verlagert:

FORGETSPACE (WHERE):

$$\text{SDL-PROGRAMM} \begin{cases} \text{Anteil an der Systemzeit} & 1~\% \\ \text{Ausführungszeit} & 1,3~\text{msec} \end{cases}$$

$$\text{MIKROPROGRAMM} \begin{cases} \text{Ausführungszeit} & 130~\mu\text{sec} \\ \text{Anteil an der Systemzeit} & 0,1~\% \end{cases}$$

Eine Ersparnis von 0,9 % ist nicht sonderlich signifikant. Es zeigt sich jedoch, daß durch die schrittweise Verlagerung mehrerer Prozeduren (iterative Vorgehensweise) insgesamt höhere Werte erzielt werden, wie das Beispiel der Speicherplatzvergabe beweist:

ALLOCATE.MEMORY (<Parameterliste>);

Prozedur	Verlagerungsort	Gewinnfaktor
MARK. SD. DISK	Interpreter	2,2
MARK. SAVE. BITS	"	4,0
LINK. IN	"	7,7
CLEAN. UP. LINKS	"	1,9
FORGETSPACE	BS-Kern	2,7

Durch die weitgehende Verlagerung der Hauptspeicherverwaltung in Mikroprogramme wurde eine Ersparnis von insgesamt 3,5 % der Betriebssystemlaufzeit erbracht, die damit unmittelbar dem Benutzer zur Verfügung steht. In weiteren iterativen Schritten lassen sich andere Komplexe des Betriebssystems verlagern und somit den Gewinn für den Benutzer erhöhen. Bemerkenswert ist, daß in allen Fällen die Mikroprogramme aus dem Hauptspeicher interpretiert wurden. Der Gewinn wurde also erzielt durch:

1. Reduktion an Verwaltungsaufwand und
2. Sprach-/Funktion-Vorteile auf Mikroebene.

Geht man davon aus, daß ein ausreichend großer Mikroprogrammspeicher zur Verfügung steht, so läßt sich durch

3. Technologische Vorteile (Verhältnis der Zugriffszeit Mikroprogrammspeicher zu Hauptspeicher)

im Falle der B1726 ein zusätzlicher Faktor von 4,6 angeben.

Eine genauere Analyse der verlagerten Programme zeigte, daß Gewinne vor allem dann signifikant hoch ausfielen, wenn programmierte Schleifen verlagert wurden (DO FOREVER, WHILE, FOR). Eine Anwendung dieser Erkenntnisse auf verschiedene Benutzerprogramme (z.B. Konvertierungsroutinen, Suchalgorithmen) erbrachten Faktoren zwischen 15 und 250 für die Verlagerungsimplementierung. Zu bedenken ist dabei jedoch, daß in solchen Fällen der Benutzer über einen evtl. nicht tolerierbar langen Zeitraum die vollständige Kontrolle über die Maschine behält. Darüber hinaus ist der Gewinn an Systemzeit oft recht gering, da zwar der Gewinnfaktor hoch, die systembezogene Auftretenshäufigkeit aber meist klein ist.

5. Schlußbemerkungen

Bei der Optimierung des Laufzeitverhaltens einzelner Programmteile kann, in
Abhängigkeit von dem zur Anwendung kommenden Verfahren, durch den Einsatz
vertikaler Verlagerungstechniken ein Gewinnfaktor im Bereich 3 bis 10 erwartet
werden. Nach der Einbettung in die Programmumgebung entspricht dies in der Regel einem Laufzeitgewinn von 2-4 %. Erst bei einer wiederholten und systematischen Anwendung von Funktionsverlagerungen lassen sich Gewinne erzielen, die
den Einsatz solcher Techniken und den hierzu erforderlichen Aufwand rechtfertigen.

Unter der Annahme, daß der entscheidende Schritt bei der Entwicklung eines
neuen Systems wohl der Entwurf einer geeigneten und optimal an die zukünftig
zu erfüllenden Aufgaben angepaßte Systemarchitektur (dies betrifft die eigentliche Maschine und das Betriebssystem) ist, die evtl. unter der Zuhilfenahme
von "Mikroprogrammierung" realisiert und unterstützt wird, können sich an-
schließende Optimierungsmaßnahmen nur auf die Beseitigung lokaler Engpässe und
die Anpassung auf spezielle Lastsituationen beziehen. Die vertikale Verlagerung
von Programmteilen auf die prozessornächste Ausführungsebene (Mikroprogramm)
sollte daher das letzte Glied in einer Reihe von Optimierungsmaßnahmen sein,
aber bereits bei der Konzeption eines Systems berücksichtigt werden. Gerade
bei der Beschreibung der einzelnen Verfahren zur Verlagerung von Funktionen
(Abschnitt 2.3) wurde deutlich, welche Schwierigkeiten bei der späteren Anpassung solcher Techniken auftreten können, wenn das Zielsystem für diese
Aufgaben nicht ausreichend vorbereitet ist.

6. <u>Literaturverzeichnis</u>

[1] Stockenberg, J.
    van Dam, A.
Vertical Migration for Performance Enhancement in Layered Hardware/Firmware/Software Systems
Computer, Vol. 11, Nr. 5, 1978, S. 35-50

[2] Abd-Alla, A.M.
    Karlgaard, D.C.
Heuristic Syntheses of Microprogrammed Computer Architecture
IEEE Trans. Computers, Vol. C-23, Nr. 8, 1974
S. 802-807

[3] Agrawala, A.K.
    Rauscher, T.G.
Dynamic Problem-Oriented Redefinition of Computer Architecture via Microprogramming
IEEE Trans. Computers, Vol. C-27, Nr. 11, 1978,
S. 1006-1014

[4] Flöthe, J.
    Kölsch, R.T.
Mikroprogramme als externe PASCAL-Prozeduren
Berichte des German Chapter of the ACM, Band 1,
1979, B.G. Teubner Verlag, Stuttgart

[5] Liu, P.S.
    Mowle, F.J.
Techniques of Program Execution with a Writable Control Memory
IEEE Trans. Computers, Vol. C-27, Nr. 9, 1978,
S. 816-827

[6] Albrich, P.
Verlagerung von Betriebssystemfunktionen in Mikroprogramme
Fachgespräch Mikroprogrammierung, 8. Jahrestagung der GI, Berlin 1978

[7] Meinke, P.
Verlagerung von Softwarefunktionen in Mikroprogramme
Diplomarbeit am Institut für Informatik IV,
Universität Karlsruhe, 1979

[8] Rauscher, T.G.
Dynamic Problem-Oriented Redefinition of Computer Architecture via Microprogramming
Ph.D. Dissertation, Dep. of Computer Science,
University of Maryland, 1975.

EIN MIKROPROGRAMMIERTES UNTERBRECHUNGSWERK FÜR EINEN PROZESSRECHNER

Rolf Klett, AEG—TELEFUNKEN, Konstanz

Das zeitliche Verhalten und die Leistungsfähigkeit eines Prozeßrechners werden wesentlich bestimmt durch die zeit- und prioritätsgerechte Abarbeitung der anstehenden Unterbrechungen.

Für den Prozeßrechner AEG 80—60 wurde deshalb ein Unterbrechungswerk entwickelt, bei dem die vollständige Analyse anstehender Unterbrechungen durch Mikroprogramme durchgeführt wird. Dadurch laufen im Vergleich zu einer Lösung mit den Mitteln der Software diese Vorgänge nicht nur schneller ab, sondern es werden nicht erwünschte, oder zu diesem Zeitpunkt nicht erwünschte, Statuswechsel gänzlich vermieden.

AEG 80—60 ist ein großer und leistungsfähiger Prozeßrechner mit einer Wortlänge von 32 Bits (Tabelle und Bild 1).

Das Unterbrechungswerk dieses Prozeßrechners unterscheidet sich von den üblichen Unterbrechungswerken durch die folgenden neuen Eigenschaften:

—   Den Unterbrechungseingängen werden vom Programm Prioritäten zugewiesen. Von festverdrahteten Prioritäten wird nur bei den Alarmen und nur zur Vereinzelung mehrerer gleichzeitig anliegender Unterbrechungsanforderungen Gebrauch gemacht.

—   Die mit der prioritätsgerechten Abarbeitung von Unterbrechungswünschen verbundenen Vorgänge werden durch die Verlagerung der Steuerung von der Software in die Firmware automatisiert. Das Unterbrechungswerk sorgt dafür, daß ein Unterbrechungswunsch nur dann zur Unterbrechung eines laufenden Komplexes führt, wenn die Priorität des ihm zugeordneten Komplexes größer als die des laufenden Komplexes ist.

Diese Realisierung der Unterbrechungsverarbeitung bedeutet nicht eine einfache Verlagerung der Abläufe von der Software in die Firmware, sondern sie schafft eine neue Eigenschaft: Bei einer Software-Lösung erfordert bereits die Analyse der Unterbrechungen einen Statuswechsel, der bei diesem Rechner die Ablage und Aufnahme von bis zu 19 Registern in bzw. aus dem Hauptspeicher umfaßt. Die Firmware-Lösung hingegen verändert während der Unterbrechungsanalyse keines der programmierbaren Register, sondern benutzt hierzu lediglich die Hilfsregister des Zentralprozessors und zugeordnete Mikroprogramme.

Das Unterbrechungswerk hat in der Hardware acht interne Eingänge für Alarme und bis zu 32 externe Unterbrechungseingänge. Der erste externe Unterbrechungseingang hat eine spezielle Funktion: Er realisiert durch ein umfangreiches Mikroprogramm die Funktion eines integrierten Multiplexkanalwerks mit automatischer Ein-/Ausgabe (s. unten).

Dieser Eingang und die acht internen Eingänge haben eine feste Priorität (0 bis 7). Den weiteren externen Eingängen können Prioritäten zwischen 8 und 255 durch Steuerwörter im Hauptspeicher zugeordnet werden. Da die Prioritäten erst nach Abruf von Steuerworten aus dem Speicher ermittelt werden können, sind den externen Unterbrechungseingängen 1 bis 31 in der Vereinzelungsphase die Einlaufprioritäten 9 bis 39 fest zugeordnet. Die Priorität entspricht der dem Komplex zugewiesenen Komplexnummer (KXN). Als Komplex werden Programmbausteine bezeichnet, die gegenüber dem Zentralprozessor als Anforderer auftreten. Komplexe werden vom Unterbrechungswerk und von Programmen durch ihre Komplexnummern identifiziert.

Die Firmware-Abläufe werden im wesentlichen gesteuert durch vier Listen im Hauptspeicher:

— Unterbrechungssteuerwortliste, in der jedem Unterbrechungseingang eine Komplexnummer zugeordnet
   wird und in der die Unterbrechungen gezählt werden und festgelegt ist, ob immer oder nur beim Null-
   durchgang des Zählers der Unterbrechungskomplex gestartet wird (Bild 2).

— Komplexliste, in die für jeden Komplex eingetragen wird, ob eine oder mehrere externe Unterbrechungen vorliegen, ob der Komplex unterbrochen ist und ob er auf einen Start durch eine Unterbrechung
   wartet. Die reale Byte-Adresse verweist auf den Komplexblock (Bild 2).

— Der jedem Komplex zugeordnete Komplexblock enthält für diesen Komplex die Statusinformationen,
   die beispielsweise beim Fortsetzungsstatus aus 19 Registern (Laufzeitschrankenregister, 16 Arbeitsregister, 2 Statuswörter einschließlich Befehlszähler) bestehen (Bild 3).

— Startliste, die für jeden der 255 Komplexe angibt, ob der Komplex beauftragt ist oder ob für ihn
   eine Zuteilungssperre besteht (Bild 3).

Läuft nun eine Normalunterbrechung (externe Eingänge 1 bis 31) ein, die nicht durch das Außenmasken-
register in der Hardware zurückgewiesen wird, dann wird — falls spezifiziert — der Unterbrechungszähler in
der Unterbrechungssteuerwortliste dekrementiert und gegebenenfalls ein Startauftrag für diesen Unterbrechungskomplex gegeben. Durch Vergleich der Komplexnummer in der Unterbrechungssteuerwortliste mit
der Komplexnummer im Systemregister werden die Prioritätsverhältnisse geprüft. Ist die Komplexwechselbedingung nicht erfüllt, also die Laufpriorität der Unterbrechung nicht höher als die des laufenden Komplexes, dann wird der laufende Komplex fortgesetzt, für den zurückgestellten Komplex jedoch das Beauftragungsbit (B) in der Startliste gesetzt. Ist die Komplexwechselbedingung erfüllt, dann wird der Fortsetzungsstatus des unterbrochenen Komplexes in dem zu diesem Komplex gehörenden Komplexblock abgelegt und für diesen Komplex in der Startliste das Beauftragungsbit und in der Komplexliste das Kennzeichen für "Komplex unterbrochen" (KU-Bit) gesetzt; dies ist ein Merker dafür, daß dieser Komplex beauftragt, aber unterbrochen ist. Zu diesem Zeitpunkt wird geprüft, ob eine weitere Unterbrechung eingelaufen
ist, die unter Umständen eine höhere Priorität hat. Hierzu läuft gegebenenfalls die ganze Analysephase
nochmals ab. Je nach der Vorgeschichte, die durch das KU-Bit und das KW-Bit beschrieben ist, wird dann
für den neuen Komplex der Start- oder Fortsetzungsstatus aus der Komplexliste aufgenommen und die
Bits KU und KW in der Komplexliste gelöscht. Wenn in der Startliste kein Auftrag verzeichnet ist, geht
der Zentralprozessor in den HALT-Zustand. Nach der Aufnahme des Status für den neuen Komplex wird
die Regie an die Software übergeben, die dann sofort mit der Ausführung dieses Programms beginnen kann.
Wenn ein Normalkomplex sein Programm beendet, dann geschieht dies mit dem Befehl "Zentralprozessor-
Abgabe". Mit diesem Befehl wird die Startliste auf Beauftragungen abgesucht und der Zentralprozessor an
den Komplex mit der höchsten Priorität abgegeben, d.h. der Start- oder Fortsetzungsstatus dieses Komplexes wird geladen.

Bei einer Alarmunterbrechung laufen ähnliche Vorgänge ab. Der Unterschied liegt darin, daß die Komplexwechselbedingung immer erfüllt ist, weil der Vergleich der Komplexnummern in der Hardware durchgeführt
wird, und daß grundsätzlich der Startstatus des entsprechenden Alarmkomplexes geladen wird. Der Alarmkomplex beendet sein Programm mit dem Befehl "Kehre aus Alarmkomplex zurück". Hierdurch wird der
Fortsetzungsstatus des unterbrochenen Komplexes geladen. Bei der Aufnahme des Alarmkomplexes werden
in den Arbeitsregistern 0 und 1 die Fehlerursache mit umfangreichen Spezifikationen und die Komplexnummer des verursachenden Komplexes abgelegt. Diese Alarmunterbrechungen werden hervorgerufen durch
sogenannte systemspezifische Alarme. Sie werden ausgelöst durch fehlerhafte oder außergewöhnliche Vor-

gänge, die nicht von dem reproduzierbaren Ablauf eines bestimmten Befehls in einem Anwenderkomplex herrühren, sondern von solchen Fehlern, die sich möglicherweise auf jeden Komplex störend auswirken können. Solche Alarme können zum Beispiel ausgelöst werden durch:

— Spannungsausfall, Spannungswiederkehr

— Keine Rückmeldung vom Speicher

— Paritätsfehler im Speicher

— Paritätsfehler auf dem Übertragungsweg zum Speicher

— Komplexlaufzeitschrankenregister abgelaufen

— Komplexspezifischer Alarm im Systemmodus.

Neben den systemspezifischen Alarmen gibt es die komplexspezifischen Alarme, die eindeutig einem Komplex zugeordnet werden können. Bei diesen Alarmen wird direkt aus dem Mikroprogramm des Befehlsablaufs in eine entsprechende Alarmroutine eingesprungen. Diese Routine führt einen Statuswechsel ohne Komplexwechsel durch: Der Teilstatus des gerade arbeitenden Komplexes wird im Speicher abgelegt und in die freigewordenen Register wird der Startstatus des Alarmmoduls geladen. Der Alarmmodul bearbeitet die komplexspezifischen Alarme; er ist für alle Komplexe nur einmal vorhanden und läuft als spezieller Modul des jeweiligen Komplexes ab. Die Rückkehr aus dem Alarmmodul erfolgt durch den Befehl "Kehre aus dem Alarmmodul zurück", mit dem der Teilstatus des unterbrochenen Komplexes wieder geladen und das Programm fortgesetzt wird. Beispiele für solche komplexspezifischen Alarme sind:

— Arithmetische Alarme

— Systemdienstaufruf (SVC)

— Adressierungsalarme

— Aufruf eines Systembefehls im Normalmodus.

Wie bereits erwähnt, wird der erste externe Unterbrechungseingang als Unterbrechungseingang für ein Integriertes Multiplexkanalwerk (IMX) benutzt. Dieses IMX erlaubt mit den Hardware-Mitteln des Zentralprozessors und einem umfangreichen speziellen Mikroprogramm die quasiparallele Bedienung von bis zu 4095 Geräten im Einzelzeichen- oder Blocktransfer an einem EA-Bus. Bei einer Unterbrechung an diesem Eingang wird zunächst die Adresse des verursachenden Geräts identifiziert, dann in ein jedem Gerät durch Steuerwörter im Hauptspeicher zugeordnetes Kanalprogramm mit sehr vielen Spezifikationsmöglichkeiten verzweigt und die entsprechende EA-Funktion ausgeführt. Dieser Vorgang läuft ohne einen Statuswechsel ab, weil hierzu lediglich die Hilfsregister des Zentralprozessors benutzt werden. Nur beim Abschluß eines Blocktransfers oder beim Auftreten von Fehlern im EA-Verkehr wird ein Statuswechsel angefordert. Dieses integrierte Multiplexkanalwerk ist deshalb aus der Sicht der Software identisch mit einem autonomen Multiplexkanalwerk, das für höhere Durchsatzforderungen auch zur Verfügung steht.

Die Mikroprogramme für das Unterbrechungswerk und das IMX haben einen Umfang von ca. 800 Mikroinstruktionen. Sie haben damit fast den gleichen Umfang wie die Mikroprogramme, die zur Realisierung der gesamten Befehlsliste von 218 Befehlen erforderlich waren.

Zentralprozessor

Verkehrsstruktur	Wortlänge	32 Bits		Hauptspeicher	Speicherart	Kernspeicher
	Verarbeitung	32-Bit-parallel				32 Bits + 1 Paritätsbit od.
		Festpunkt				Halbleiterspeicher
		Gleitpunkt				32 Bits + 7 Korrekturbits (ECC)
	Datenformate	Doppelwort	64 Bits			Simultaner Zugriff vom
		Wort	32 Bits			Zentralprozessor und den
		Halbwort	16 Bits			EA-Prozessoren an mehrere
		Byte	8 Bits			Speichermoduln
		Bitfeld	1–32 Bits		Kapazität	min. 64 KBytes bis
	Arbeitsregister	16				max. 1024 KBytes
					Ausbaustufen	in Blöcken von 64 KBytes
Befehlswerk		mikroprogrammiert				(1 Speichermodul =
	Befehlsformate	16 Bits: 16M, 16R				4 Speicherblöcke)
		32 Bits: 32M, 32SI			Zykluszeit	0,65 μs
		48 Bits: 48MBF			Speicherschutz	Schlüsselvergleich,
	Anzahl	218 Befehle insgesamt				Schreib- und
	Ausführungszeiten	$\sim$ 0,5 μs Reg./Reg. (16R)				Ausführungsschutz
	(Beisp.)	im Mittel				
	(Festpunktadd.)	$\sim$ 2,0 μs Reg./Speich. (32M)		EA-System		
	Adressierung im	— basisrelativ		Selektorkanalwerk	Anzahl	max. 12
	Hauptspeicher	— Indizierung (mehrf.)				(max. je 4 in einem EA-Modul)
		— Ersetzung (absolut oder			Übertragungs-	max. 700 000 byte/s
		relativ)			geschwindigkeit	bei serieller Schnittstelle oder
		— real bis 1024 KBytes				2 500 000 byte/s bei
		virtuell bis 4096 KBytes				paralleler Schnittstelle
		paging		Autonomes	Anzahl	max. 3
Unterbrechungswerk		8 interne Unterbrechungs-		Multiplexkanalwerk		(max. je 1 in einem EA-Modul)
		eingänge für Alarme			Übertragungs-	max. 100 k Datenzyklen/s
		8 bis 32 externe Unter-			geschwindigkeit	
		brechungseingänge, denen				
		247 programmierbare Prio-		Integrierter	Anzahl	1
		ritätsebenen zugeordnet		Multiplexkanal		
		werden können, davon			Übertragungs-	max. 50 k Datenzyklen/s
		1 Unterbrechungseingang			geschwindigkeit	
		mit max. 4096 Unter-				
		brechungspunkten				

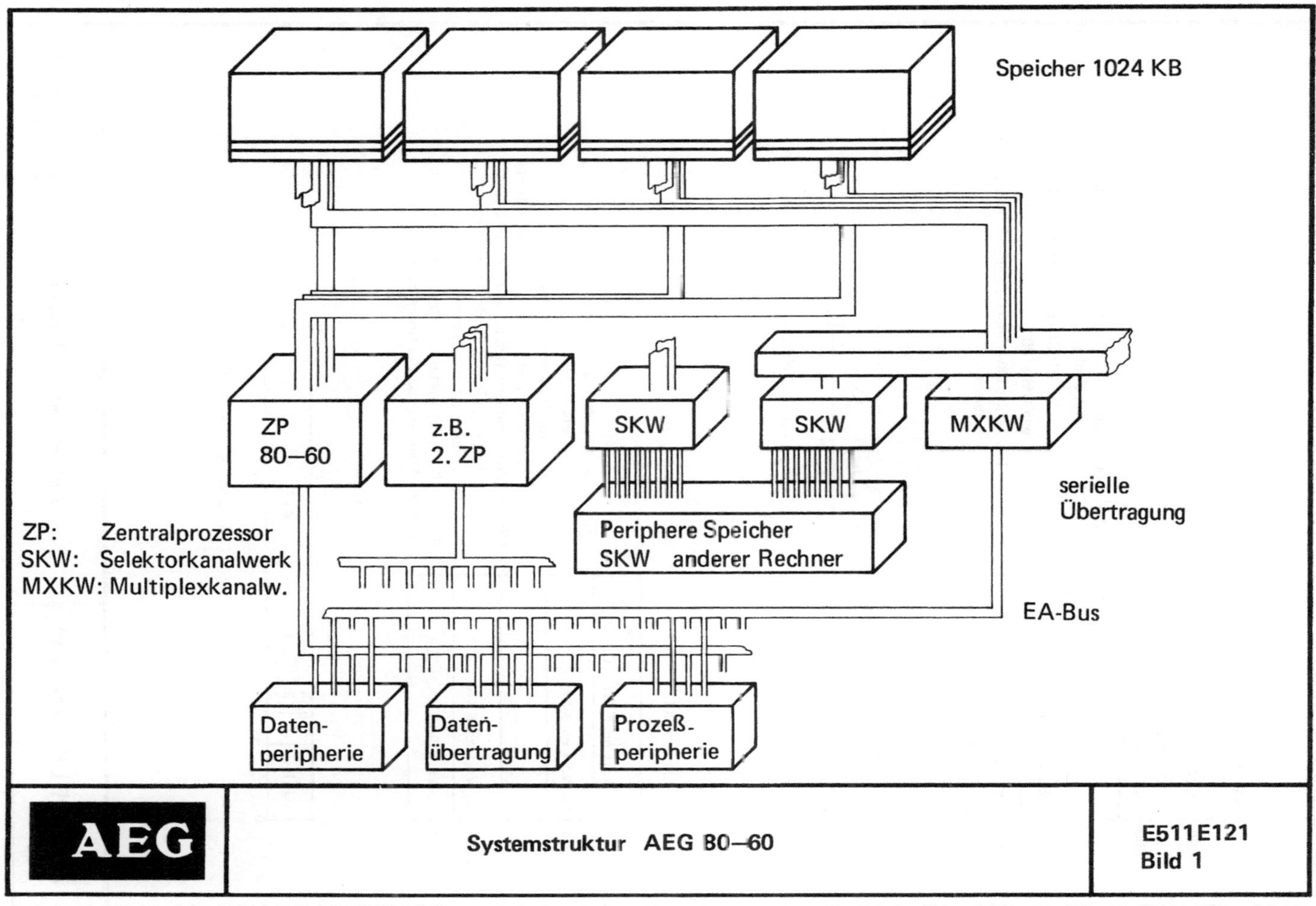

Speicher 1024 KB
ZP 80—60
z.B. 2. ZP
SKW
SKW
MXKW
serielle Übertragung
Periphere Speicher SKW   anderer Rechner
EA-Bus
ZP: Zentralprozessor
SKW: Selektorkanalwerk
MXKW: Multiplexkanalw.
Daten-peripherie
Daten-übertragung
Prozeß-peripherie
AEG
Systemstruktur AEG 80—60
E511E121
Bild 1

Unterbrechungs-Steuerwortliste USL

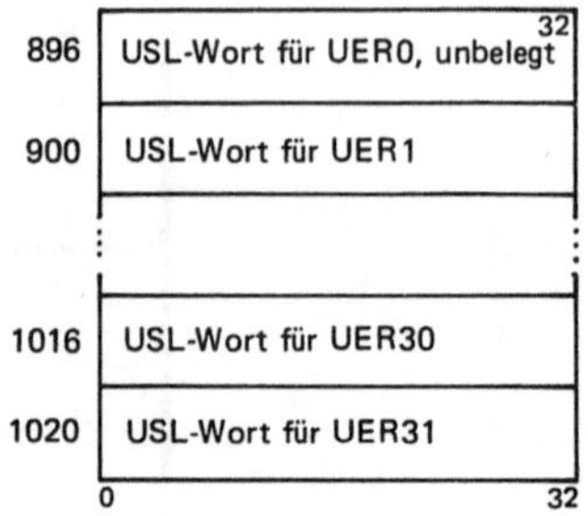

896	USL-Wort für UER0, unbelegt [32]
900	USL-Wort für UER1
	⋮
1016	USL-Wort für UER30
1020	USL-Wort für UER31

0 ... 32

UM = 00: Zähler −1; Start Unterbrechungskomplex,
wenn Zähler = 0

01: Zähler −1; Start Unterbrechungskomplex

10: wie UM = 00

11: Zähler unverändert; Start Unterbrechungskomplex

Unterbrechungszähler [16]	0 [6]	UM [2]	KXN [8]

0 ... 16 ... 22 24 ... 32

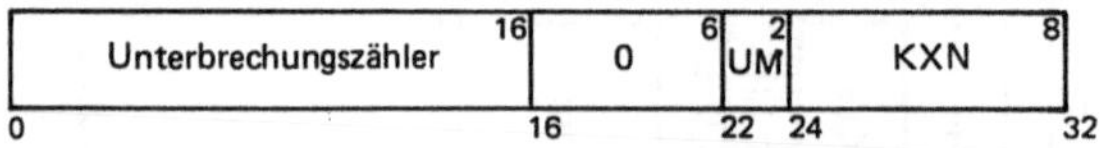

Gliederung eines USL-Wortes

Komplexliste KL

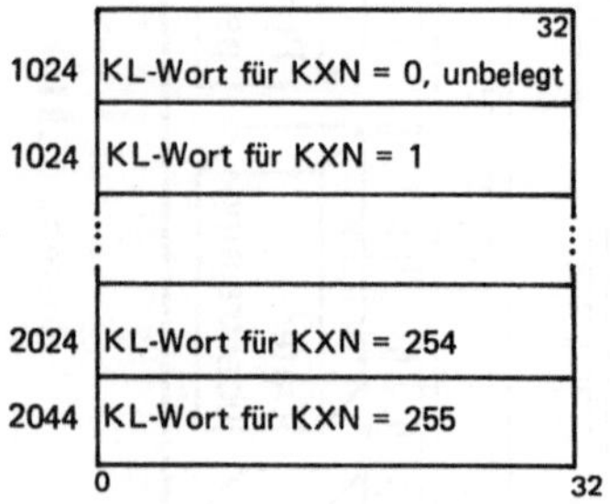

1024	KL-Wort für KXN = 0, unbelegt [32]
1024	KL-Wort für KXN = 1
	⋮
2024	KL-Wort für KXN = 254
2044	KL-Wort für KXN = 255

0 ... 32

UEN = Unterbrechungseingangs-Nr.
$1 \leqslant UEN \leqslant 31$

UE = Externe Unterbrechung liegt vor

UEM = Mehrfache externe Unterbrechung liegt vor

UP = Programmierte Beauftragung durch Befehl
"Programmierter Eingriff" liegt vor

KU = Komplex ist unterbrochen

KW = Komplex wartet auf Start durch Unterbrechg.

AKB = Reale Adresse des Komplexblocks

UEN [5]	0 [2]	UE [U EM]	UP [U]	KU [K]	KW [K]	AKB [20]

0 ... 5 ... 7 ... 9 ... 12 ... 32

Gliederung eines KL-Wortes

AEG-TELEFUNKEN	AEG 80−60: USL und KL	E511E121 Bild 2

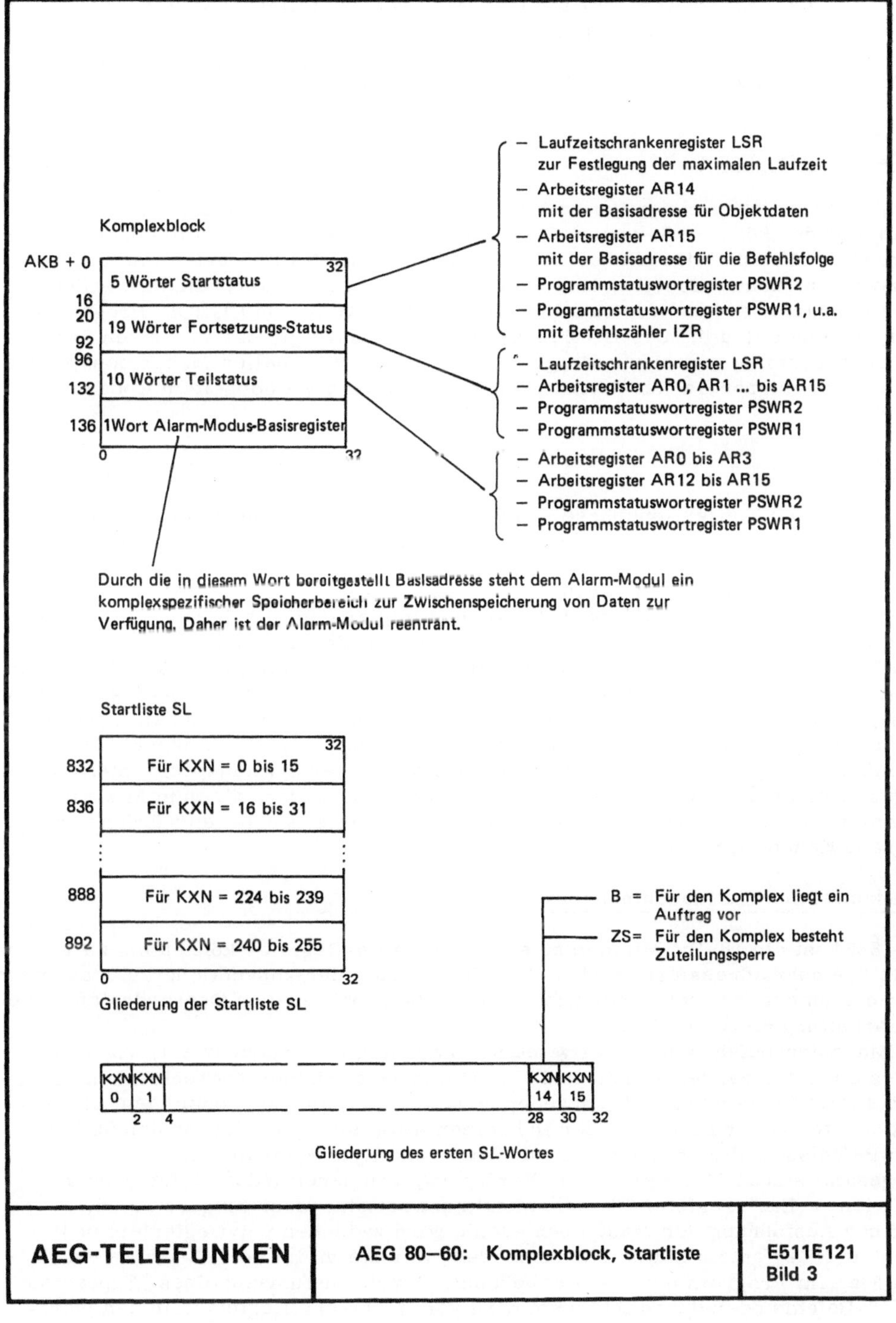

AEG-TELEFUNKEN	AEG 80—60: Komplexblock, Startliste	E511E121 Bild 3

DIE VERTIKALE VERLAGERUNG VON SYSTEMFUNKTIONEN
IM SYSTEM NIXDORF 8864

G. Schleich, Nixdorf Computer AG, Paderborn

Zusammenfassung:

Die Möglichkeiten zur vertikalen Verlagerung (Vertical Migration) von Programmen der höheren Software-Ebenen in Mikroprogramme des Rechnerkerns
werden am Beispiel des Nixdorf Systems 8864 dargestellt. Wesentliche Eigenschaften der konventionellen Maschinensprache und der Mikrobefehle werden
kurz erläutert. Anhand von Routinen zur Interpretation von COBOL-Programm-
men und einer Routine des Betriebssystems wird gezeigt, daß in diesem System
Mikroprogramme gegenüber Programmen der konventionellen Maschinensprache
etwa vierfach größere Geschwindigkeit besitzen bei etwa doppeltem Codeauf-
wand.

Einleitung

Bereits in der Konzeptionsphase des Systems 8864 wurde die spätere Übernahme
bestimmter Routinen des Betriebssystems in die Firmware vorgesehen. Diese
Routinen wurden zunächst in konventioneller Maschinensprache implementiert
und werden in dieser Form auch jetzt noch in einer billigeren Zentraleinheit
eingesetzt. Die gesicherte Spezifikation und Implementation dieser Routinen war
eine wesentliche Voraussetzung für ihre vertikale Verlagerung.
Die Maschine bietet die Möglichkeit, nahezu beliebige weitere Funktionen in das
Mikroprogramm des Rechnerkerns zu übernehmen. Es muß jedoch einschränkend
gesagt werden, daß die direkte Nutzung dieser Möglichkeit durch den Anwender
nicht unterstützt wird. Zum einen, weil die Anwender im Markt der 8864 meist
 schlüsselfertige Lösungen übernehmen und nicht über Systemspezialisten verfügen, zum anderen wären die Hilfsmittel recht aufwendig, die dem Mikroprogrammierer eine effektive Nutzung aller Möglichkeiten gestatten würden, ohne
 genaue Kenntnisse des Prozessors vorrauszusetzen.

Die konventionelle Maschinensprache

Die 8864 ist ein 16-Bit Minicomputer. Über Basis-Register können bis zu 1-Mio-
Byte Speicher adressiert werden. Der Befehlssatz der konventionellen Maschinen-
sprache unterstützt neben der worteweisen Verarbeitung von Operanden auch die
Verarbeitung einzelner Bytes.
Im Maschinenbefehl sind im allgemeinen zwei Register spezifiziert, von denen
eines einen Operanden enthält und vom Operationsergebnis überschrieben wird.
Das zweite Register enthält entweder den zweiten Operanden oder dient als In-
dexregister zur indizierten oder indirekten Adressierung. Ferner ermöglicht
der Befehlssatz die Verknüpfung mit Wort- und Byte-Konstanten.
Insgesamt stehen 16 Register zur Verfügung, von denen jedoch 8 für Sonder-
funktionen (Basisregister, Programmstatuswort etc.) fest vergeben sind.
Bei der Ausführung der Maschinenbefehle wird zwischen privilegiertem und
nicht-privilegiertem Status unterschieden. Der Status ist der Hardware durch
ein Flag im Programmstatuswort bekannt. Durch Ausführung eines "Supervisor
Call"-Befehls oder durch Interrupt wird vom nicht-privilegierten in den privilegierten Status gewechselt.

Die Ausführung der Mikroinstruktionen

Das Mikroinstruktionsformat ist vertikal. Die Mikroinstruktionen werden direkt
von der Hardware ausgeführt. Jeder Mikrobefehl beschreibt einen Maschinen-
zyklus von 200 Nanosekunden. Abbildung 1 zeigt, wie parallel zur Ausführung
eines Mikrobefehls die Erzeugung der Kontrollsignale für die Ausführung des
nächsten und die Berechnung der Adresse des übernächsten Mikrobefehls erfolgt. Damit können die Rechenergebnisse eines Mikrobefehls frühestens im
nächsten Mikrobefehl abgefragt werden und auf die Adresse des übernächsten
Einfluß nehmen.
Voraussetzung ist, daß sie eine gewisse Zeit vor der Clock-Flanke entstehen,
so daß sie die Adresse noch modifizieren können, bevor diese im Mikro-Adress-
Register gespeichert wird. Insbesondere folgt, daß die Berechnung eines Sprung-
Zieles im Rechenwerk bereits vor dem eigentlichen Sprungbefehl erfolgen muß.
Der Zugriff zum Hauptspeicher erfolgt asynchron. Das Mikroprogramm kann
einen Hauptspeicherzugriff starten und parallel dazu weiterarbeiten. Erst vor
dem Verarbeiten der gelesenen Information muß es das Ende des Speicherzu-
griffs durch Anhalten des Maschinen-Clocks abwarten.

Dieses Ausnutzen der Parallelität von

- Mikroadressberechnung

- Erzeugung der Kontrollsignale

- Rechenwerksoperationen

und der Parallelität von

- Verarbeitung von Operanden in Mikroprogrammen

- Hauptspeicherzugriff auf weitere Operanden

trägt entscheidend zur Leistungsfähigkeit einer mikroprogrammierbaren Maschine bei, ist aber zugleich auch die wesentliche Schwierigkeit beim Entwurf
eines korrekten und effektiven Mikroprogramms.

Das Mikrobefehlsformat

Abbildung 2 und 3 geben einen Überblick über die Mikroinstruktionen.
Die Breite des Mikrobefehlswortes beträgt 32 Bit. Die rechte Worthälfte hat bei
allen Mikrobefehlen das gleiche Format und enthält

OAD 9 Bit   Operatoradresse zum Auslesen des Kontrollvektors aus dem Kon-
trollsignal-Prom

OAA 3 Bit   Schlüssel zur Auswahl der Verknüpfungsart im Rechenwerk

FILE 4 Bit   Registeradresse

Die linke Hälfte des Mikrobefehls enthält in den wichtigsten Fällen den Code zur
Bestimmung der Folgeadresse. Mit bedingbaren Sprüngen und Unterprogramm-
sprüngen kann man + 256 Adressen relativ zum Absprung erreichen. Mit unbedingten absoluten und relativen Sprüngen kann man den gesamten Mikro-Adress-
raum erreichen. Damit ist es möglich, Mikroprogramme so zu programmieren,
daß sie verschieblich sind.
In weiteren Befehlscodes dient das linke Halbwort dazu, eine Konstante oder eine
zweite Registeradresse anzugeben.

Die Befehle zum Laden bzw. Lesen des Mikrospeichers dienen im wesentlichen
zum Laden von Mikroprogrammen bzw. Lesen von Einsprung-Tabellen. Die Verwendung des Mikroprogrammspeichers als Daten- und Arbeitsspeicher wird
nicht unterstützt und erscheint auch nur in Ausnahmefällen sinnvoll, da bei Ope-
randenzugriffen auf den Mikrospeicher das ständige Auslesen von Mikroinstruktionen unterbrochen werden muß. Ferner können aus Zeitgründen Operanden aus
dem Mikrospeicher nicht direkt im Rechenwerk verarbeitet werden. Da keine
Parallelarbeit möglich ist, folgt, daß Operandenzugriffe zum Mikrospeicher
keinen Geschwindigkeitsvorteil gegenüber Zugriffen zum Hauptspeicher bringen.
Außerdem wird aus Aufwandsgründen der Inhalt des Mikroprogrammspeichers
bei Ausfall der Netzversorgung nicht geschützt.

Das Mikrobefehlswort mag zunächst aufwendig breit erscheinen, indem es Pro-
grammverzweigungen und Operationen im Rechenwerk gleichzeitig zuläßt. Eine
Auswertung der bisher erstellten ladbaren Mikroprogramme (ca. 2800 Mikrobefehle) zeigt, daß der Anteil der Sprungbefehle, die keine Operation im Rechenwerk ausführen etwa 17 % beträgt (7, 7 % bezogen auf die Gesamtzahl der Befehle). Der Anteil der Befehle, die den Adressteil im linken Mikrobefehlshalb-
wort nicht benutzen, beträgt etwa 25 %. Die dadurch hervorgerufene Vergeudung
von Mikrospeicher beträgt 13, 2 %. Dieser Wert erscheint vertretbar angesichts
des hohen Anteils Sprungbefehle, die parallel Operationen im Rechenwerk durchführen.

Der Mikrospeicher

Der Mikrospeicher der 8864 umfaßt einen PROM-Teil und einen RAM-Teil
(Abb. 4). Das PROM enthält alle Mikroprogrammeingänge, die über Befehlscodes
der Konventionellen Maschinensprache erreicht werden können. Es enthält alle
Routinen zur Interpretation der Befehle der konventionellen Maschinensprache,
zum Laden des RAM-Teils des Mikroprogrammspeichers, zum Testen der Funk-
tionsfähigkeit des RAM-Teils und insbesondere eine Routine zum Aufrufen von
ladbaren Mikroprogrammen.
Das RAM enthält auf Adresse 0 die Längenangabe einer anschließenden Tabelle,
die auf die Eingänge der geladenen Mikroprogramme verweist. Ferner enthält
die Tabelle Kennungen, denen entnommen wird, ob die einzelnen Mikroprogramme in privilegiertem oder nichtprivilegiertem Status aufgerufen werden dürfen.

Mikroprogrammbeispiele

Der Aufruf der ladbaren Mikroroutine geschieht über einen besonderen Befehlscode "Branch-to-Hardware Subroutine". Dieser Befehlscode enthält die Angabe
eines Rechenregisters zur Adressierung eines Parametersatzes oder eines Operanden und in einem weiteren Wort die Adresse eines Eintrages der Einsprung-
tabelle des ladbaren Mikroprogramms. Damit ist eine großzügige Erweiterung
des Befehlssatzes der konventionellen Maschinensprache möglich.
Abbildung 5 zeigt das Geschwindigkeitsverhältnis zwischen Programmen in konventioneller Maschinensprache und Realisierung in Mikroprogrammen des Rechnerkerns. Die betrachteten Routinen sind Teil eines Programmpaketes, das die
Interpretation von COBOL-Programmen unterstützt. Die Mikroprogramme wurden mit Hilfe eines Metaassemblers auf dem Assembler der konventionellen Maschinensprache erstellt. Sie umfassen etwa 2800 Mikrobefehle entsprechend
11200 Bytes. Das entsprechende Programmpaket in konventioneller Maschinensprache hat einen Code-Umfang von 2100 Befehlen in 5670 Bytes.

Die Programme in konventioneller Maschinensprache stellten die Definition der Funktion der Mikroprogramme dar. Die Programmabläufe selbst wurden meist neu entworfen und hinsichtlich der Parallelität von Hauptspeicherzugriff und Verarbeitung optimiert.

Die Routinen in Abbildung 5 haben folgende Funktionen:

MVC   führt einen Zeichenketten-Transport durch,

CLC   vergleicht zwei Zeichenketten von links,

FEC   durchsuchen Zeichenketten nach Zeichen, die in

FUC   bestimmten Untermengen enthalten bzw. nicht enthalten sind,

A P   führt eine BCD Festkomma-Addition durch mit bis zu 32 Dezimalstellen.

Bei kleinen Operandenlängen wird das Geschwindigkeitsverhältnis im wesentlichen durch die Dekodierung der Befehlsparameter bestimmt. Hier wird die mikroprogrammierte Version durch zusätzliche Hardware-Entschlüsselungen unterstützt. Gleiches gilt insgesamt für die Additionsroutine. Im allgemeinen sind die hier für große Operandenlängen angegebenen Zahlen für den Geschwindigkeitsgewinn durch "Vertical Migration" realistischer. Dies zeigt noch ein weiteres Beispiel einer Betriebssystemfunktion. Die Routine "Betriebsmittelverwaltung" steuert das Belegen eines Betriebsmittels durch ein Programm, das Einreihen weiterer Anforderungen in eine Warteschlange, und umgekehrt die Freigabe des Betriebsmittels mit dem Reaktivieren des nächsten wartenden Programms.

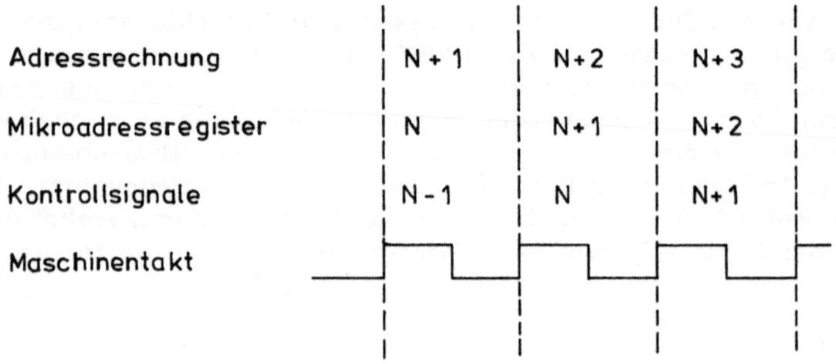

(alle Register flankengetriggert)

Abb.1   Überlappung von Adressrechnung
und Befehlsausführung im Mikroprogramm.

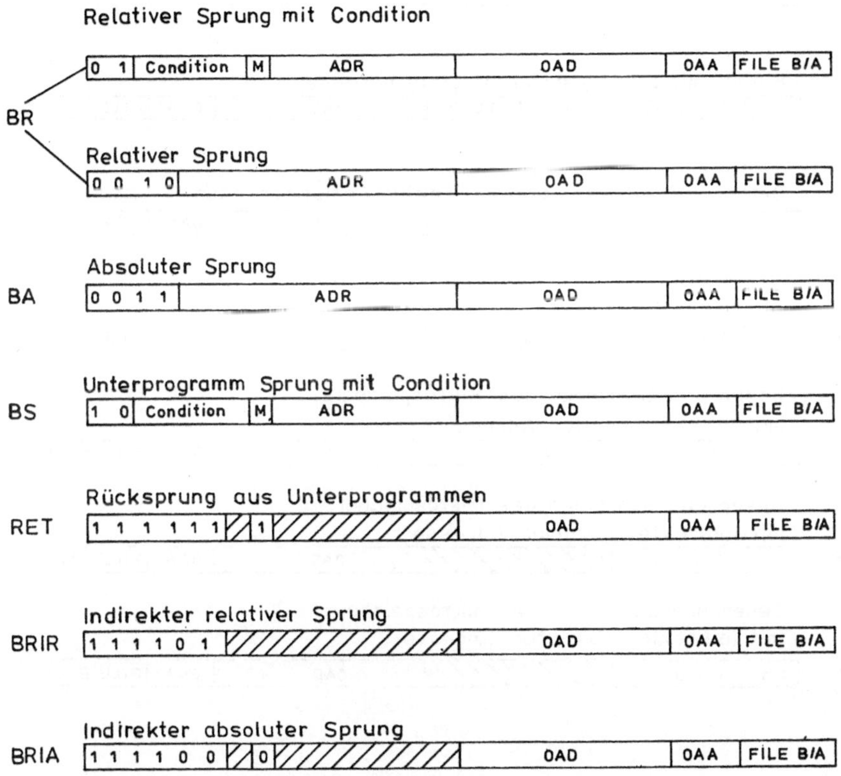

Abb. 2   Mikro-Befehlssatz
Befehle mit Folgeadress-Kontrolle

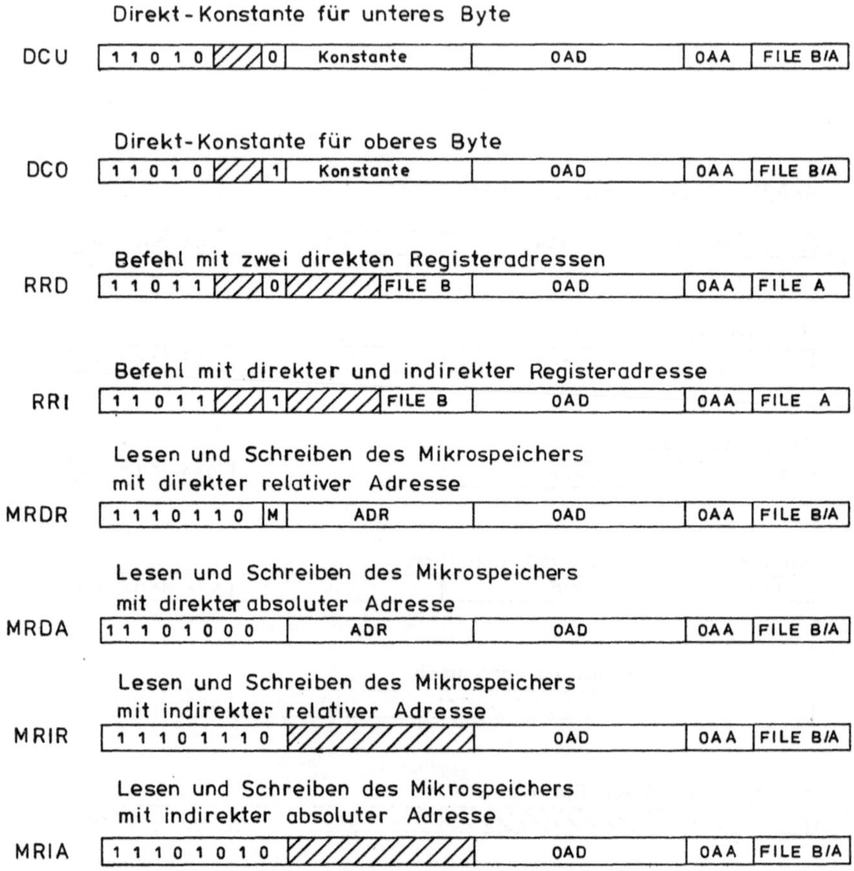

Direkt - Konstante für unteres Byte

DCU | 1 1 0 1 0 ///0 | Konstante | OAD | OAA | FILE B/A |

Direkt-Konstante für oberes Byte

DCO | 1 1 0 1 0 ///1 | Konstante | OAD | OAA | FILE B/A |

Befehl mit zwei direkten Registeradressen

RRD | 1 1 0 1 1 ///0/////FILE B | OAD | OAA | FILE A |

Befehl mit direkter und indirekter Registeradresse

RRI | 1 1 0 1 1 ///1/////FILE B | OAD | OAA | FILE A |

Lesen und Schreiben des Mikrospeichers
mit direkter relativer Adresse

MRDR | 1 1 1 0 1 1 0 M | ADR | OAD | OAA | FILE B/A |

Lesen und Schreiben des Mikrospeichers
mit direkter absoluter Adresse

MRDA | 1 1 1 0 1 0 0 0 | ADR | OAD | OAA | FILE B/A |

Lesen und Schreiben des Mikrospeichers
mit indirekter relativer Adresse

MRIR | 1 1 1 0 1 1 1 0 ///////// | OAD | OAA | FILE B/A |

Lesen und Schreiben des Mikrospeichers
mit indirekter absoluter Adresse

MRIA | 1 1 1 0 1 0 1 0 ///////// | OAD | OAA | FILE B/A |

Abb. 3   Mikrobefehlssatz
         Befehle ohne Folgeadress-Kontrolle

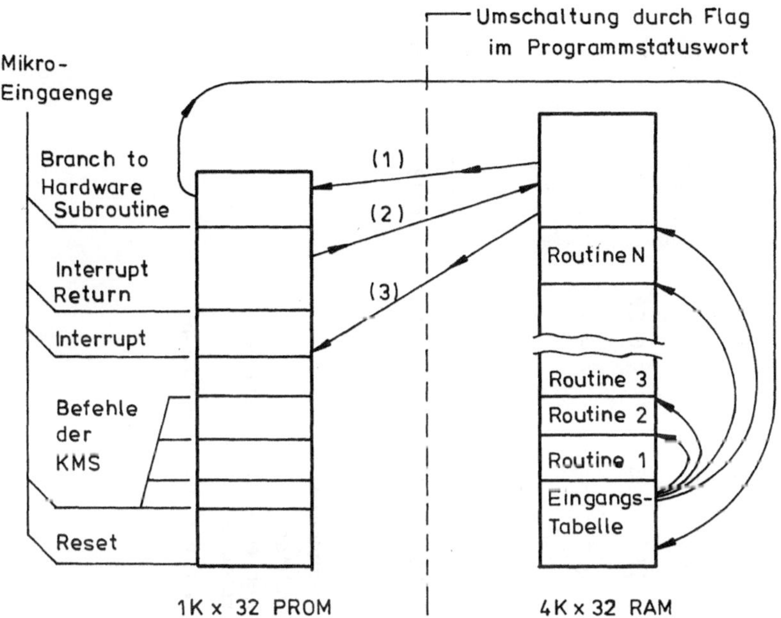

(1)   Abschluss einer Routine des ladbaren Mikroprogramms

(2)   Rueckkehr aus Interrupt in ladbare Mikroroutine

(3)   Unterbrechung in ladbarer Mikroroutine

Abb. 4   Aufbau und Belegung des Mikroprogramm-Speichers

Mikro Routine	Operandenlaenge in Bytes							
	1	2	4	8	16	32	64	128
MVC	19.63	19.74	17.36	15.23	12.41	9.33	6.96	5.31
CLC	19.11	20.35	18.58	16.64	14.11	11.30	8.55	6.86
FEC	19.26	13.96	9.83	7.07	6.10	6.08	6.30	
FUC	19.42	13.41	9.49	6.74	5.60	5.78	5.72	
	1	2	3	4	5	6	7	8
AP	21.94	22.03	18.31	18.38	15.64	15.73	13.13	12.94

Abb. 5   Geschwindigkeitsverhaeltnis bei
Zeichenketten-Routinen
Mikro-Sprache / Konventionelle Maschinen-sprache

in Abhängigkeit von der Operandenlaenge

	Mikro - Sprache	Konventionelle Maschinen - Sprache
Freies Betriebs - mittel belegen	10.5	44
2. Anforderung einketten	15.5	63
3. Anforderung einketten	17	68
4. Anforderung einketten	17	68
1. Freigabe	15	70
2. Freigabe	14.5	70
3. Freigabe	15	72
4. Freigabe	12	48
Gesamt Laufzeit	117	503 Mikrosekunden
Befehle	99	77 (Statisch)
Code - Umfang	396	192 Bytes

Verhältnisse :

   Geschwindigkeit : 4.3 : 1
   Anzahl Befehle : 1.3 : 1
   Code - Umfang   : 2 : 1

Abb. 6 Laufzeiten und Realisierungsaufwand
       der Funktion Betriebsmittel
          Belegen / Freigeben

Lecture Notes in Computer Science

Vol. 22: Formal Aspects of Cognitive Processes. Proceedings 1972. Edited by T. Storer and D. Winter. V, 214 pages. 1975.

Vol. 23: Programming Methodology. 4th Informatik Symposium, IBM Germany Wildbad, September 25-27, 1974. Edited by C. E. Hackl. VI, 501 pages. 1975.

Vol. 24: Parallel Processing. Proceedings 1974. Edited by T. Feng. VI, 433 pages. 1975.

Vol. 25: Category Theory Applied to Computation and Control. Proceedings 1974. Edited by E. G. Manes. X, 245 pages. 1975.

Vol. 26: GI-4. Jahrestagung, Berlin, 9.-12. Oktober 1974. Herausgegeben im Auftrag der GI von D. Siefkes. IX, 748 Seiten. 1975.

Vol. 27: Optimization Techniques. IFIP Technical Conference. Novosibirsk, July 1-7, 1974. (Series: I.F.I.P. TC7 Optimization Conferences.) Edited by G. I. Marchuk. VIII, 507 pages. 1975.

Vol. 28: Mathematical Foundations of Computer Science. 3rd Symposium at Jadwisin near Warsaw, June 17-22, 1974. Edited by A. Blikle. VII, 484 pages. 1975.

Vol. 29: Interval Mathematics. Procedings 1975. Edited by K. Nickel. VI, 331 pages. 1975.

Vol. 30: Software Engineering. An Advanced Course. Edited by F. L. Bauer. (Formerly published 1973 as Lecture Notes in Economics and Mathematical Systems, Vol. 81) XII, 545 pages. 1975.

Vol. 31: S. H. Fuller, Analysis of Drum and Disk Storage Units. IX, 283 pages. 1975.

Vol. 32: Mathematical Foundations of Computer Science 1975. Proceedings 1975. Edited by J. Bečvář. X, 476 pages. 1975.

Vol. 33: Automata Theory and Formal Languages, Kaiserslautern, May 20-23, 1975. Edited by H. Brakhage on behalf of GI. VIII, 292 Seiten. 1975.

Vol. 34: GI - 5. Jahrestagung, Dortmund 8.-10. Oktober 1975. Herausgegeben im Auftrag der GI von J. Mühlbacher. X, 755 Seiten. 1975.

Vol. 35: W. Everling, Exercises in Computer Systems Analysis. (Formerly published 1972 as Lecture Notes in Economics and Mathematical Systems, Vol. 65) VIII, 184 pages. 1975.

Vol. 36: S. A. Greibach, Theory of Program Structures: Schemes, Semantics, Verification. XV, 364 pages. 1975.

Vol. 37: C. Böhm, λ-Calculus and Computer Science Theory. Proceedings 1975. XII, 370 pages. 1975.

Vol. 38: P. Branquart, J.-P. Cardinael, J. Lewi, J.-P. Delescaille, M. Vanbegin. An Optimized Translation Process and Its Application to ALGOL 68. IX, 334 pages. 1976.

Vol. 39: Data Base Systems. Proceedings, 5th Informatik Symposium, IBM Germany, Bad Homburg v. d. H., September 1975. Edited by H. Hasselmeier and W. G. Spruth. VI, 386 pages. 1976.

Vol. 40: Optimization Techniques. Modeling and Optimization in the Service of Man. Part 1. Proceedings, 7th IFIP Conference, Nice, September 1975. Edited by J. Cea. XIV, 854 pages. 1976.

Vol. 41: Optimization Techniques. Modeling and Optimization in the Service of Man. Part 2. Proceedings, 7th IFIP Conference, Nice, September 1975. Edited by J. Cea. XIV, 852 pages. 1976.

Vol. 42: J. E. Donahue: Complementary Definitions of Programming Language Semantics. VIII, 172 pages. 1976.

Vol. 43: E. Specker, V. Strassen: Komplexität von Entscheidungsproblemen. Ein Seminar. VI, 217 Seiten. 1976.

Vol. 44: ECI Conference 1976. Proceedings of the 1st Conference of the European Cooperation in Informatics, Amsterdam, August 1976. Edited by K. Samelson. VIII, 322 pages. 1976.

Vol. 45: Mathematical Foundations of Computer Science 1976. Proceedings, 5th Symposium, Gdańsk, September 1976. Edited by A. Mazurkiewicz. XII, 606 pages. 1976.

Vol. 46: Language Hierarchies and Interfaces. International Summer School. Edited by F. L. Bauer and K. Samelson. X, 428 pages. 1976.

Vol. 47: Methods of Algorithmic Language Implementation. Edited by A. Ershov and C. H. A. Koster. VIII, 351 pages. 1977.

Vol. 48: Theoretical Computer Science, Darmstadt, March 1977. Edited by H. Tzschach, H. Waldschmidt and H.-G. Walter on behalf of GI. VIII, 418 pages. 1977.

Vol. 49: Interactive Systems. Proceedings 1976. Edited by A. Blaser and C. Hackl. VI, 380 pages. 1976.

Vol. 50: A. C. Hartmann, A Concurrent Pascal Compiler for Minicomputers. VI, 119 pages. 1977.

Vol. 51: B. S. Garbow, Matrix Eigensystem Routines - Eispack Guide Extension. VIII, 343 pages. 1977.

Vol. 52: Automata, Languages and Programming. Fourth Colloquium, University of Turku, July 1977. Edited by A. Salomaa and M. Steinby. X, 569 pages. 1977.

Vol. 53: Mathematical Foundations of Computer Science. Proceedings 1977. Edited by J. Gruska. XII, 608 pages. 1977.

Vol. 54: Design and Implementation of Programming Languages. Proceedings 1976. Edited by J. H. Williams and D. A. Fisher. X, 496 pages. 1977.

Vol. 55: A. Gerbier, Mes premières constructions de programmes. XII, 256 pages. 1977.

Vol. 56: Fundamentals of Computation Theory. Proceedings 1977. Edited by M. Karpiński. XII, 542 pages. 1977.

Vol. 57: Portability of Numerical Software. Proceedings 1976. Edited by W. Cowell. VIII, 539 pages. 1977.

Vol. 58: M. J. O'Donnell, Computing in Systems Described by Equations. XIV, 111 pages. 1977.

Vol. 59: E. Hill, Jr., A Comparative Study of Very Large Data Bases. X, 140 pages. 1978.

Vol. 60: Operating Systems, An Advanced Course. Edited by R. Bayer, R. M. Graham, and G. Seegmüller. X, 593 pages. 1978.

Vol. 61: The Vienna Development Method: The Meta-Language. Edited by D. Bjørner and C. B. Jones. XVIII, 382 pages. 1978.

Vol. 62: Automata, Languages and Programming. Proceedings 1978. Edited by G. Ausiello and C. Böhm. VIII, 508 pages. 1978.

Vol. 63: Natural Language Communication with Computers. Edited by Leonard Bolc. VI, 292 pages. 1978.

Vol. 64: Mathematical Foundations of Computer Science. Proceedings 1978. Edited by J. Winkowski. X, 551 pages. 1978.

Vol. 65: Information Systems Methodology. Proceedings, 1978. Edited by G. Bracchi and P. C. Lockemann. XII, 696 pages. 1978.

Vol. 66: N. D. Jones and S. S. Muchnick, TEMPO: A Unified Treatment of Binding Time and Parameter Passing Concepts in Programming Languages. IX, 118 pages. 1978.

Vol. 67: Theoretical Computer Science, 4th GI Conference, Aachen, March 1979. Edited by K. Weihrauch. VII, 324 pages. 1979.

Vol. 68: D. Harel, First-Order Dynamic Logic. X, 133 pages. 1979.

Vol. 69: Program Construction. International Summer School. Edited by F. L. Bauer and M. Broy. VII, 651 pages. 1979.

Vol. 70: Semantics of Concurrent Computation. Proceedings 1979. Edited by G. Kahn. VI, 368 pages. 1979.

Vol. 71: Automata, Languages and Programming. Proceedings 1979. Edited by H. A. Maurer. IX, 684 pages. 1979.

Vol. 72: Symbolic and Algebraic Computation. Proceedings 1979. Edited by E. W. Ng. XV, 557 pages. 1979.

Vol. 73: Graph-Grammars and Their Application to Computer Science and Biology. Proceedings 1978. Edited by V. Claus, H. Ehrig and G. Rozenberg. VII, 477 pages. 1979.

Vol. 74: Mathematical Foundations of Computer Science. Proceedings 1979. Edited by J. Bečvář. IX, 580 pages. 1979.